U0578545

权威·前沿·原创

皮书系列为
"十二五""十三五"国家重点图书出版规划项目

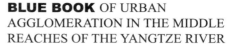

长江中游城市群蓝皮书

BLUE BOOK OF URBAN
AGGLOMERATION IN THE MIDDLE
REACHES OF THE YANGTZE RIVER

长江中游城市群新型城镇化
与产业协同发展报告（2016）

ANNUAL REPORT ON THE COORDINATED DEVELOPMENT OF NEW
TYPE OF URBANIZATION AND INDUSTRIAL OF URBAN AGGLOMERATION
IN THE MIDDLE REACHES OF THE YANGTZE RIVER (2016)

主　编／杨刚强　张建清

社会科学文献出版社
SOCIAL SCIENCES ACADEMIC PRESS（CHINA）

图书在版编目（CIP）数据

长江中游城市群新型城镇化与产业协同发展报告：
2016 ／ 杨刚强，张建清主编 . -- 北京：社会科学文献
出版社，2016.11
（长江中游城市群蓝皮书）
ISBN 978 - 7 - 5097 - 9731 - 0

Ⅰ . ①长… Ⅱ . ①杨… ②张… Ⅲ . ①长江 - 中游 -
城市化 - 研究报告 - 2016 ②长江 - 中游 - 城市群 - 产业发
展 - 研究报告 - 2016 Ⅳ . ①F299.27

中国版本图书馆 CIP 数据核字（2016）第 224966 号

长江中游城市群蓝皮书
长江中游城市群新型城镇化与产业协同发展报告（2016）

主　　编／杨刚强　张建清

出 版 人／谢寿光
项目统筹／任文武
责任编辑／高振华　张丽丽

出　　版／社会科学文献出版社·皮书出版分社（010）59367127
　　　　　地址：北京市北三环中路甲 29 号院华龙大厦　邮编：100029
　　　　　网址：www. ssap. com. cn
发　　行／市场营销中心（010）59367081　59367018
印　　装／北京季蜂印刷有限公司

规　　格／开　本：787mm × 1092mm　1/16
　　　　　印　张：14.75　字　数：198 千字
版　　次／2016 年 11 月第 1 版　2016 年 11 月第 1 次印刷
书　　号／ISBN 978 - 7 - 5097 - 9731 - 0
定　　价／78.00 元

皮书序列号／B - 2016 - 546

主要编撰者简介

杨刚强　武汉大学中国中部发展研究院副教授，硕士生导师，武汉大学珞珈青年学者（武汉大学 351 人才），杜克大学访问学者，研究方向为城镇化、公共资源配置与区域协调发展。在《中国软科学》、《财政研究》、《宏观经济研究》、《光明日报》（理论版）、《经济日报》（理论版）等发表学术论文 20 多篇。先后主持国家社科基金一般项目、教育部青年基金项目、国家发改委项目、湖北省发改委项目、中国博士后科学基金项目、武汉大学自主科研项目等 20 余项。

张建清　武汉大学经济与管理学院教授，博士生导师，中国中部发展研究院常务副院长，研究方向为区域经济协调发展、国际贸易、国际投资等。在《经济研究》《世界经济》《数量经济技术研究》等发表学术论文 60 多篇。先后主持完成国际、国家社会科学基金项目等各类型科研项目 50 余项。

贺清云　湖南师范大学资源与环境科学学院教授、博士生导师。主要从事人文地理、区域经济学领域的教学与科研工作，近年来承担国家自然科学基金项目等课题 30 余项，发表论文 20 多篇，出版专著、教材多部。

王　磊　美国哥伦比亚大学城市规划博士，武汉大学中国中部发展研究院副教授，中国区域科学协会理事，中国区域经济学会副秘书长。主要研究转型背景下的区域经济发展与空间结构演化。先后主持教育部人文社科基金、美国林肯土地政策研究院研究基金、日本东京财团优秀青年基金、韩国高等教育财团等科研项目，在国内外重要刊物发表论文 40 余篇，出版英文专著 1 部，译著《正义的理念》被新华网评为"2012 年度中国影响力图书"。

李雪松　武汉大学经济与管理学院经济系副主任，副教授，硕士生导师，主要研究方向为区域经济、资源经济和环境经济。在《宏观经济研究》《保险研究》《中国软科学》等发表学术论文 30 余篇。先后主持国家社科基金一般项目、教育部人文社会科学规划项目、司法部国家法治与法学理论研究项目、湖北省社科基金项目、武汉市社科基金项目、武汉大学人文自主科研项目等 10 余项。

孙元元　武汉大学博士、博士后，武汉大学中国中部发展研究院讲师，研究方向为空间经济与世界经济。在《经济研究》、《世界经济研究》、《中国软科学》、《光明日报》（理论版）等发表学术论文 10 余篇。主持国家自然科学基金青年项目、武汉大学自主科研项目、中国博士后科学基金项目等多项科研项目。

范　斐　武汉大学经济与管理学院区域经济学博士后，武汉大学中国中部发展研究院讲师，主要研究方向为城市与区域创新政策。在《系统工程理论与实践》《科学学研究》《中国软科学》《地理学报》等发表学术论文 20 余篇。主持国家自然科学基金青年项目、中国博士后科学基金特别资助项目、湖北省软科学面上项目、武汉市软科学重点项目等 10 余项。

摘　要

　　长江中游城市群涵盖了我国"两型社会"建设的试验区和重要的生态经济区，是长江经济带的重要组成部分和国家推进新型城镇化的重点区域，在区域发展格局中占有重要地位。全面推进长江中游城市群新型城镇化与产业协同发展，对于优化长江中游城镇和产业布局，加快长江中游城市群资源优势互补、产业分工协作、城市互动合作，实现"以产促城、以城兴产，产城融合"具有重要现实意义。

　　本书以"长江中游城市群新型城镇化与产业协同发展"为主题，以总报告、区域报告、专题报告等形式，多层次、多视角地分析了长江中游城市群新型城镇化与产业协同发展态势、协同发展模式、协同发展路径、协同发展政策，对推动长江中游城市群新型城镇化与产业协同发展具有重要的指导意义和参考价值。

　　本研究认为，推进长江中游城市群新型城镇化与产业协同发展，应牢固树立和贯彻落实创新、协调、绿色、开放、共享的发展理念，坚持生态优先、绿色发展，坚持走以人为本、四化同步、优化布局、生态文明、文化传承的中国特色新型城镇化道路，立足于城市功能和产业发展空间，以人的城镇化为核心，以促进城市经济结构转型升级为抓手，增强产业对城镇化的推动作用，推动大中小城市和小城镇协调发展、产业和城镇融合发展。从具体政策而言，一是坚持创新发展，促进城镇化质量提升与产业结构转型升级。长江中游城市群应充分发挥创新优势，以创新技术产业化促进产业结构优化升级，以新兴技术的产业化成果提高人民生活水平和城镇化质量。二是坚持协调发展，促进城镇化与产业协同发展。积极促进长江中游城市群城镇化、工业化、信息化和农业现代化同步发展，促进产业结构优化升级和合理布局，促进小城镇和县域经济健康发展。三是坚持绿色发展，促进城市和产业可持续发展。把生态文明理念和原则全面融入城镇化全过程，走集约、智能、绿色、低碳的新型城镇化道路。以"两型"社会建设为抓手，坚持绿色发展、循环发展、低碳发展，转变生产生活方式，推进资源节约和循环经济建设，加强自然生态环境保护与治理，打造低碳生活方式和宜居环境。四是坚持开放发展，促进城市与产业开放、包容发展。加快以武汉、长沙、南昌等内陆中心城市和武汉城市圈、长株潭城市群、环鄱阳湖城市群为依托，建设内陆开放战略支撑带。积极发展外向型产业集群，形成各有侧重的对外开放基地，大力发展内陆开放型经济，不断深化国内外区域合作，在更大范围、更广领域、更高水平上实现资源要素优化配置。五是坚持共享发展，促进城市产、城、人融合发展。加强公共服务交流合作，建立健全资源要素优化配置、共建共享、流转顺畅、协作管理的社会公共事务管理机制，实现基本公共服务均等化，促进产业发展、人口集聚与城市建设协同布局，实现产业与城市融合发展、人口与产业协同集聚。

关键词：长江中游城市群　新型城镇化　产业协同发展

前　言

　　近年来，在区域发展总体战略的指引下，国家出台了一系列重大区域规划和政策文件，区域经济增长格局进一步优化，特别是通过重点地区的辐射带动，推动了区域经济整体发展，促使区域发展的协调性明显增强，有力地支撑了国民经济的持续健康发展。

　　新时期，党中央对促进区域协调发展提出了新的要求。党的十八大将基本建成促进区域协调发展的体制机制作为全面建成小康社会的重要目标；十八届三中全会对创新区域发展制度体系做了总体部署；2015年底召开的中央经济工作会议提出要继续完善区域政策，促进各地区协调发展、协同发展、共同发展，并把推进新型城镇化健康发展作为优化经济发展空间格局的重要内容。我国幅员辽阔、人口众多，各地区发展条件各有特色，经济社会发展水平也存在一定差异。中部地区、长江流域是缩小我国区域发展差距的突破之地，长江中游城市群作为中部沿江地带最主要的经济和人口集聚地带，在全国区域发展和推进城镇化进程中具有重要地位。

　　国家深入实施区域发展总体战略和新型城镇化战略，全面深化改革开放，大力推进生态文明建设，积极谋划区域发展新棋局、推动经济增长空间从沿海向沿江内陆拓展，依托长江黄金水道推动长江经济带发展，为长江中游城市群全面提高城镇化质量、推动城乡区域协调发展、加快转变经济发展方式提供了强大动力与有力保障，也为长江中游城市群提升开发开放水平、增强整体实力和竞争力创造了良好条件，长江中游城市群的比较优势和内需潜力将得以充分发挥，在全国发展中的地位和作用将进一步凸显。

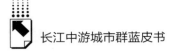

　　长江中游城市群是长江经济带三大重点城市群之一，也是实施长江经济带发展战略和促进中部地区崛起战略、全方位深化改革开放和推进新型城镇化的重点区域，在我国区域发展格局中占有十分重要的战略地位。全面推进长江中游城市群新型城镇化与产业协同发展，既是牢固树立和贯彻创新、协调、绿色、开放、共享发展理念的重大举措，也是全面推进以人为本、四化同步、优化布局、生态文明、文化传承的中国特色新型城镇化战略的重要内容，对于优化长江中游城市群城镇和产业布局，加快长江中游城市群资源优势互补、产业分工协作、城市互动合作，实现"以产促城、以城兴产，产城融合"具有重要的现实意义。

　　在国家深入实施区域发展总体战略、全面推进长江经济带发展的新阶段，武汉大学为服务于国家促进长江中游城市群的发展战略，组织广大专家学者就长江中游城市群发展过程中出现的新情况、新问题进行研究，提出有效促进长江中游城市群发展的新思路、新举措，并将研究成果以"长江中游城市群蓝皮书"的形式公开出版。本书的研究出版，得到了国家发展和改革委员会地区经济司、湖北省发展和改革委员会、湖南省发展和改革委员会、江西省发展和改革委员会的关心指导与大力支持，搭建了国家区域研究和交流合作的共享平台，汇聚了国内本领域的学术力量，推进了长江中游城市群发展战略的研究工作和实践应用。希冀能够对国家有关部门和长江中游地区省市制定相关政策提供参考并产生积极影响，能够对致力于研究长江中游城市群发展的专家学者有所裨益。

目　录

Ⅰ　总报告

Ⅱ　区域报告

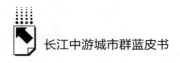
Ⅲ　专题报告

皮书数据库阅读 **使用指南**

总 报 告

General Report

B.1

长江中游城市群新型城镇化与产业
协同发展实践与战略*

杨刚强　边　娜**

摘　要：　推进新型城镇化与产业协同发展，是我国新型城镇化
　　　　　战略的重要内容，也是促进长江中游城市群实现资源
　　　　　优势互补、产业分工协作、城市互动合作的内在要求。
　　　　　本文分析了长江中游城市群新型城镇化与产业协同发

---

* 本研究报告为国家发展和改革委员会课题"长江中游城市群新型城镇化与产业协同发展研
究"研究成果，武汉大学自主科研项目（人文社会科学）研究成果，得到"中央高校基本
业务经费专项资金"资助，得到湖北省发展和改革委员会"长江流域专项研究经费"的资
助。
** 课题主持人：杨刚强，武汉大学中国中部发展研究院副教授，武汉大学珞珈青年学者（武汉
大学 351 人才），杜克大学访问学者，研究方向为城镇化、公共资源配置与区域协调发展。
先后主持国家社科基金一般项目、教育部青年基金项目、国家发改委项目、中国博士后基金
项目、武汉大学自主科研项目等 20 余项。边娜，武汉大学中国中部发展研究院硕士研究生，
研究方向为产业集聚与区域经济协调发展。

展的宏观环境和发展态势，提出了新常态下长江中游各城市推进城镇化与产业协同发展的模式、路径和政策建议。

关键词： 长江中游城市群　新型城镇化　产城融合

　　城市的内涵既有产业又有城市，产业是城市发展的基础，城市是产业发展的载体，城市与产业相伴相生、协同发展。[①] 在我国转型发展的新阶段，积极稳妥地推进城镇化，全面地提高城镇化质量，必须处理好城镇化与产业发展之间的关系，推动形成城镇化与产业协同发展的新型格局。党的十八大报告提出："坚持走中国特色新型工业化、信息化、城镇化、农业现代化道路，推动信息化和工业化深度融合、工业化和城镇化良性互动、城镇化和农业现代化相互协调，促进工业化、信息化、城镇化、农业现代化同步发展。"党的十八届三中全会再次提出："坚持走中国特色新型城镇化道路，推进以人为核心的城镇化，推动大中小城市和小城镇协调发展、产业和城镇融合发展。"因此，如何实现城镇化与产业协同发展，是我国推进新型城镇化进程中迫切需要解决的重大现实问题。

　　长江中游城市群涵盖了我国"两型社会"建设的试验区和重要的生态经济区，是长江经济带的重要组成部分和国家推进新型城镇化的重点区域，在区域发展格局中占有重要地位。[②] 近年来，以武汉、长沙、南昌为中心，以武汉城市圈、环长株潭城市群、环鄱阳湖城市群为主体形成的特大型城市群发展迅速，城镇化水平大幅提升。但受原有

---

① 李文彬、陈浩：《产城融合内涵解析与规划建议》，《城市规划学刊》2012 年第 7 期。
② 杨刚强、孟霞：《长江城市群新型城镇化的重点》，《经济日报》（理论版）2015 年 7 月 30日。

城镇化模式、路径等多方面的影响，长江中游城市群部分大城市出现了
"摊大饼"式扩张和"城市病"，部分中小城市存在集聚产业和人口不足
等问题，严重制约着城市空间结构的优化、公共资源的合理配置，使得
城镇化的水平和质量难以有效提升，产业转型升级和基本公共服务均等
化的进程缓慢。因此，运用"产城融合"的理念引领新型城镇化，全面
推进新型城镇化与产业的协同发展，对于优化长江中游城镇和产业布局，
加快长江中游城市群资源优势互补、产业分工协作、城市互动合作，实
现"以产促城、以城兴产，产城融合"具有重要的现实意义。

一　长江中游城市群新型城镇化与
产业协同发展态势

　　长江中游城市群是以武汉城市圈、环长株潭城市群、环鄱阳湖城
市群为主体形成的特大型城市群，是我国长江经济带的重要组成部
分，辖区面积约 31.7 万平方公里，分别占中部和全国的 34.18% 和
3.3%（见图 1）。近年来，以武汉、长沙、南昌为中心的武汉城市
圈、环长株潭城市群、环鄱阳湖城市群发展迅速，形成了一批各具特
色的中小城市和小城镇，形成了以装备制造、汽车及交通运输设备制
造、航空、冶金、石油化工、家电等为主导的现代产业体系，战略性
新兴产业和服务业发展迅速。2014 年实现地区生产总值 6 万亿元，
年末总人口 1.21 亿人，常住人口城镇化率超过 55%。长江中游城市
群承东启西、连南接北，是长江经济带的重要组成部分，也是实施促
进中部地区崛起战略、全方位深化改革开放和推进新型城镇化的重点
区域，在我国区域发展格局中占有重要地位。[①]
　　城镇化与产业协同发展指的是城市与产业之间的融合与发展，是建

---

① 《长江中游城市群发展规划》，国家发展和改革委员会官网，2015。

图1 长江中游城市群规划范围示意

立在城市基础之上的产业发展，包括产业空间布局、产业结构升级等，是以产业为保障，促使城市配套设施逐步完善，实现城市自身的升级，要求产业与城市功能融合，进行城市空间整合，以达到产业、城市、人之间持续向上良性发展的模式。① 近年来，随着国家《国家新型城镇化规划（2014～2020）》《长江经济带发展规划纲要》《长江中游城市群发展规划》等的实施，长江中游城市群各城市新型城镇化进程加快推进，产业转型升级步伐加快，产业与城市相互渗透、复合发展的趋势明显增强，但长江中游城市群诸多城市在城镇化进程中依然面临着产城融合不紧密、产业集聚和人口集聚不同步、城镇化滞后于工业化等现实问题。

① 孔翔、杨帆：《"产城融合"发展与开发区的转型升级：基于对江苏昆山的实地调研》，《经济问题探索》2013年第5期。

（一）城镇化与产业协同发展度不断提高

"十二五"以来，以武汉、长沙、南昌为中心的武汉城市圈、环长株潭城市群、环鄱阳湖城市群发展迅速，城市化水平和产业结构发展水平呈不同程度的逐年提高，其中城市化水平上升趋势尤为明显。2010 年以来，长江中游城市群各城市的城市化水平均有大幅提升，到 2014 年平均增幅在 6.5 个百分点以上。其中，仙桃、孝感、潜江、宜昌、常德、娄底、吉安、宜春、荆门等中小城市的城市化水平增幅较大，平均增幅在 7 个百分点以上（见图 2）。

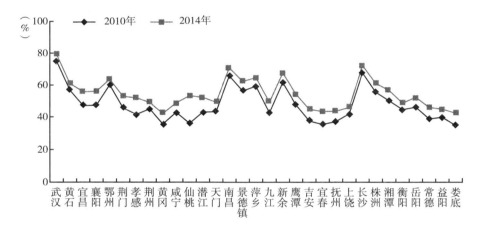

图 2　2010 年和 2014 年长江中游城市群城市的城市化水平

长江中游城市群城镇化与产业结构的协同发展趋势不断提升。2010～2012 年，长江中游城市群的产城融合度①呈缓慢下降的趋势，

---

① 课题组构建了城镇化与产业协同发展融合度的评价指标体系，主要分为四级，一级指标 1 个，为城镇化与产业协同发展融合度；二级指标 4 个，根据一级指标的内涵与外延确定，包括城镇化建设水平、产业发展水平、人的发展水平、产城人融合水平；三级指标 21 个，以二级指标的主要特征及出现频度高、数据易获得为原则确定，并使用两步动态主成分分析方法来确定长江中游城市群城镇化与产业融合度的水平。

由 2010 年的 0.930 下降到 2012 年的 0.864，2013 年以来呈稳步上升的态势，由 2013 年的 1.079 上升到 2014 年的 1.130（见图 3）。

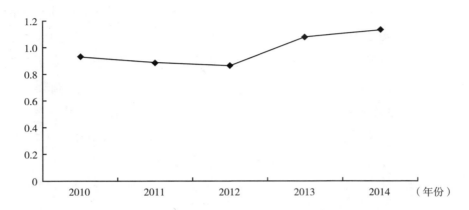

图 3　2010~2014 年长江中游城市群产城融合度

表 1　2014 年长江中游城市群各城市产城融合度

城　　市	产城融合度	城　　市	产城融合度
武　汉	3.117	娄　底	0.953
长　沙	2.955	新　余	0.867
南　昌	2.094	吉　安	0.861
湘　潭	1.512	萍　乡	0.838
衡　阳	1.397	宜　春	0.797
株　洲	1.378	益　阳	0.699
宜　昌	1.356	抚　州	0.663
襄　阳	1.353	荆　门	0.655
九　江	1.326	鄂　州	0.646
岳　阳	1.292	黄　石	0.637
景德镇	1.159	黄　冈	0.486
上　饶	1.151	咸　宁	0.477
鹰　潭	1.130	荆　州	0.467
常　德	0.976	孝　感	0.391

特别说明：由于湖北省仙桃市、潜江市、天门市相关数据存在较大的缺失，长江中游城市群产城融合度的计算不包含以上三市。

　　分城市而言，鄂州、黄石、黄冈、咸宁、荆州、孝感等小城市的产城融合度总体呈现下降趋势，武汉、长沙、南昌、湘潭、衡阳、株洲、宜昌、襄阳、九江、岳阳、景德镇、上饶、鹰潭、常德、娄底等城市的产城融合度呈逐年上升态势。其中，武汉、长沙、南昌、湘潭、株洲等城市的产城融合度均大于1，是长江中游城市群产城融合水平较高的城市（见表1）。

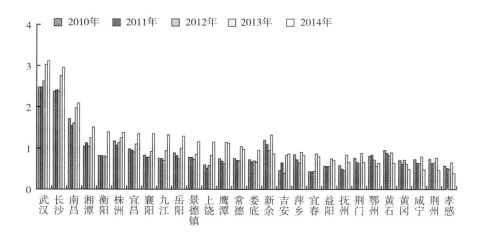

图4　长江中游城市群各城市产城融合度

　　分年度而言，长江中游城市群产城融合度上升的城市数量不断增加。2010年长江中游城市群产城融合度大于1的城市有武汉、长沙、南昌、株洲、湘潭、新余6个，到2014年产城融合度大于1的城市增加到13个，包括武汉、长沙、南昌、衡阳、湘潭、株洲、宜昌、襄阳、九江、岳阳、景德镇、上饶、鹰潭（见图4、图5、图6、图7）。

　　但不平衡、不协调的结构问题依然存在，城镇化与产业协同发展的融合水平有待提高。一方面，从长江中游城市群城市类别来看，武汉、长沙、南昌、湘潭、株洲等中心城市的城镇化发展水平最高，2014年分别达到79.3%、72.34%、70.86%、56.55%、61.00%，具

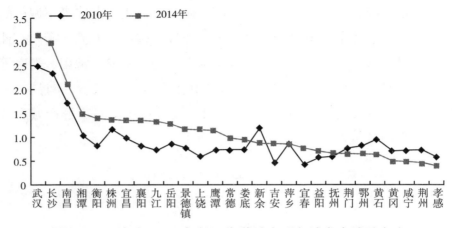

图5　2010年和2014年长江中游城市群各城市产城融合度

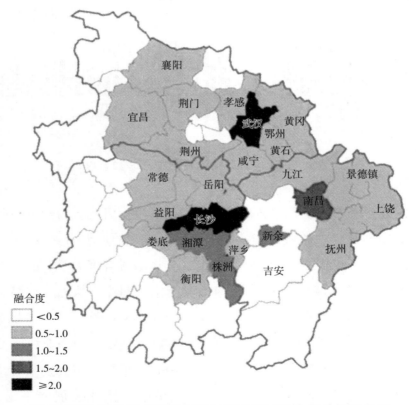

图6　2010年长江中游城市群各城市产城融合度分段设色图

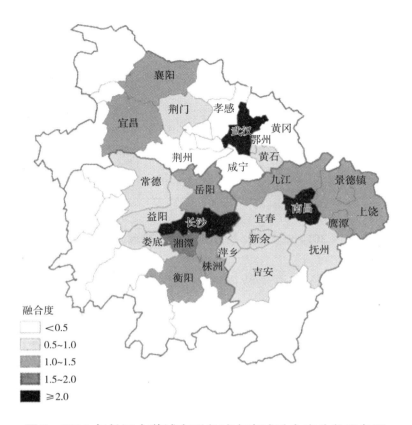

图7 2014 年长江中游城市群各城市产城融合度分段设色图

有较强的产业集聚和人口集聚能力，城镇化与产业协同发展程度最高。武汉、长沙、南昌的产城融合度，由 2010 年的 2.476、2.370、1.716 提高到 2014 年的 3.117、2.955、2.094，产城融合度呈现出明显的增长态势（见图 8）。而其他中小城市的规模偏小、经济实力有限，彼此之间的联系较弱，产业与城市人口空间分布脱节，城镇化与产业融合程度较低。部分中小城市，如荆州、黄冈、孝感、咸宁等，由于缺乏具有竞争力的产业，限制了其经济和城镇化进程的发展，削弱了其承接比邻大中型城市产业转移的能力，制约了这些城市未来的产城协同发展。总的来看，产城融合发展水平从高到低依次为：大城市、中等城市、小城市。

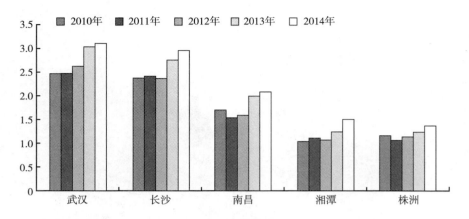

图8 2010~2014年武汉、长沙、南昌、湘潭、株洲的产城融合度

另一方面，长江中游城市群城镇化与工业化发展阶段不相适应。根据钱纳里标准，观察长江中游城市群现状可以发现，2008年长江中游城市群城镇化率为43%，大致处于钱纳里标准的第4级，而此时长江中游城市群工业就业比重、工业增加值比重均高于钱纳里一般标准，这说明该区域城镇化滞后于工业化。到2013年，长江中游城市群城镇化率为50.4%，处于钱纳里标准的第5级和第6级之间，工业就业比重、工业增加值比重仍高于钱纳里标准，城镇化水平与工业化水平的阶段不相适应问题更加突出（见表2、表3）。

表2 城镇化与产业结构变动的钱纳里标准

单位：%

级次	产业结构		就业结构		城镇化
	工业	非农产业	工业	非农产业	
1	12.5	47.8	7.8	28.8	12.8
2	14.9	54.8	9.1	34.2	22.0
3	21.5	67.3	16.4	44.3	36.2

续表

级次	产业结构		就业结构		城镇化
	工业	非农产业	工业	非农产业	
4	25.1	73.4	20.6	51.1	43.9
5	27.6	77.2	23.5	56.2	49.0
6	29.4	79.8	25.8	60.5	52.7
7	33.1	84.4	30.3	70.0	60.1
8	34.7	86.2	32.5	74.8	63.4
9	37.9	87.3	36.8	84.1	65.8

资料来源：霍利斯·钱纳里、摩尔塞斯·赛尔昆：《发展的格局（1950~1970）》，李小青等译，中国财政经济出版社，1989。

表3 2008~2013年长江中游城市群城镇化与产业结构变动趋势

单位：%

年份	产业结构		就业结构		城镇化
	工业	非农产业	工业	非农产业	
2008	45.8	84.1	23.0	56.4	43.0
2009	46.5	85.6	23.4	57.1	44.1
2010	48.8	86.3	23.8	57.8	45.6
2011	50.1	86.8	24.2	58.6	47.5
2012	49.9	87.1	24.6	59.6	49.1
2013	48.7	88.0	25.0	60.7	50.4

资料来源：根据《湖北统计年鉴（2014）》《湖南统计年鉴（2014）》《江西统计年鉴（2014）》整理。

（二）城镇化助推产业结构升级作用有待增强

城镇化是加快产业结构转型升级的重要抓手，加快发展服务业是产业结构优化升级的主攻方向。城镇化与服务业发展密切相关，服务业是就业的最大容纳器。[①] 城镇化过程中的人口集聚、生活方式的变革、生活水平的提高，都会扩大生活性服务需求；生产要素的优化配置、三次产业的联动、社会分工的细化，也会扩大生产性服务需求。[②] 城镇化带来的创新要素集聚和知识传播扩散，有利于增强创新活力，驱动传统产业升级和新兴产业发展。

目前，与快速扩张的城镇化相比，长江中游城市群区域的服务业发展水平明显滞后。2014年长江中游城市群服务业增加值占国内生产总值比重仅为43.11%，与全国平均水平的46.1%，与发达国家74.0%的平均水平相距甚远，与中等收入国家53.0%的平均水平也有较大差距。一方面，半城镇化阻碍服务业快速发展。除武汉、长沙、南昌等省会城市外，其他中小城市的经济发展水平和基本公共服务发展相对滞后且发展不均衡，对促进区域人口合理分布的贡献能力有限，带动产业发展的能力较弱。另一方面，城市集聚能力不足阻碍服务业转型升级。长江中游城市群中小城市较多，且集聚能力不足，城市发展对服务业带动作用有限。目前，中小城市集聚效应不足影响到服务业发展。尽管这些城市交通运输、商业餐饮等传统服务业发展迅速，但建立在精细产业分工基础上的生产性服务业发展仍然滞后。

（三）产业集聚与人口集聚区域差异明显

产业集聚是工业化发展到一定阶段的必然结果，产业集聚在一定程度上能够优化城市的功能。[③] 产业集聚与城市空间集聚之间存在长期均衡关系，但产业集聚对城市空间集聚的正向作用明显强于城市空

---

① 王国平：《新型城镇化应与产业发展相契合》，《上海行政学院学报》2014年第4期。
② 郭小燕：《新型城镇化背景下老工业基地调整改造研究》，《中州学刊》2015年第3期。
③ 范恒山、陶良虎：《中国城市化进程》，人民出版社，2009。

间集聚对产业集聚的反向影响。^①

长江中游城市群制造业存在着全局空间自相关性，制造业相似的区域一直存在着空间集聚效应。^② 2010 年以来，长江中游城市群制造业集聚程度逐年提高，由 2010 年的 0.2445 提高到 2014 年的 0.5070（见图 9）。

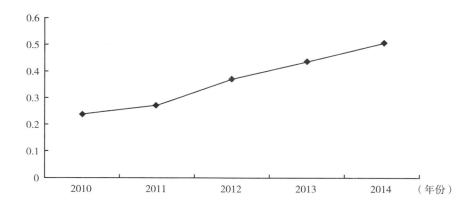

图 9　2010～2014 年长江中游地区制造业集聚程度

但其也存在明显的区域差异，从总体趋势来看，为"高—高"集聚和"低—低"集聚的城市较多，为"低—高"集聚和"高—低"集聚的城市较少。2010 年制造业高值集聚的城市主要集中在武汉城市圈和长株潭地区，到 2014 年主要是武汉、黄石、鄂州、咸宁、宜昌、襄阳、荆门等城市。

---

① 刘乃全、叶菁文：《产业集聚与空间集聚的协调发展研究》，《当代经济管理》2011 年第 7 期。

② 本文利用全局空间自相关（GSA）方法分析了长江中游城市群制造业集聚情况，且正态统计量的 Z 值均大于正态分布函数在 5% 水平下的临界值 1.65，表明区域滑动在空间分布上具有明显的正相关性，这意味着相邻区域的类似特征值出现了集聚效应。Moran'sI 的取值范围一般为 $-1 \leqslant \text{Moran'sI} \leqslant 1$，大于 0 表示空间正相关，等于 0 表示空间不相关，小于 0 表示空间负相关。

表4　2010～2014 年长江中游城市群全局 Moran'sI 散点图对应城市

年份	高—高	低—低	高—低	低—高
2010	武汉、黄石、鄂州、孝感、黄冈、长沙、湘潭、衡阳、娄底	宜昌、襄阳、荆州、荆门、岳阳、常德、九江、景德镇、鹰潭、上饶、新余、抚州、吉安	南昌、萍乡	咸宁、黄冈、益阳、株洲、宜春
2011	武汉、黄石、鄂州、孝感、黄冈、长沙、湘潭、衡阳、娄底	宜昌、襄阳、荆门、常德、景德镇、鹰潭、上饶、新余、抚州、吉安	荆州、南昌、萍乡	咸宁、岳阳、益阳、株洲、九江、宜春
2012	武汉、黄石、鄂州、咸宁、宜昌、襄阳、荆门	岳阳、益阳、株洲、湘潭、衡阳、娄底、南昌、九江、景德镇、鹰潭、上饶、抚州、宜春、萍乡、吉安	长沙、新余	孝感、黄冈、荆州、常德
2013	武汉、黄石、鄂州、孝感、咸宁、宜昌、襄阳、荆门	岳阳、益阳、株洲、湘潭、衡阳、娄底、南昌、九江、景德镇、鹰潭、上饶、抚州、宜春、萍乡、吉安	长沙、新余	黄冈、荆州、常德
2014	武汉、黄石、鄂州、孝感、咸宁、宜昌、襄阳、荆门	岳阳、益阳、株洲、湘潭、衡阳、娄底、南昌、九江、景德镇、鹰潭、上饶、新余、抚州、宜春、萍乡、吉安	长沙	黄冈、荆州、常德

　　城镇化与产业集聚耦合互动的程度和失衡的状况具有较大的地区差异。[①] 武汉、黄石、鄂州、孝感、咸宁、宜昌、襄阳、荆门等城市在城镇化与产业集聚方面相对好于其他城市，但在城镇化与产业集聚的耦合互动方面却有相反的表现。武汉城市圈部分城市

[①] 按照张勇、蒲勇健、陈立泰（2013）的研究方法，笔者计算了 2013 年长江中游城市群城镇化与制造业耦合互动的关系。

形成了城镇化与产业集聚良好的耦合机制，产业集聚对促进城市空间集聚发挥了重要的作用。而长株潭城市群、鄱阳湖生态经济区相对具有较高的人口集聚能力（见图10、图11），但它们的产业集聚程度较低。城市空间集聚水平的提高对产业集聚虽有一定的正面作用，但强度不大。

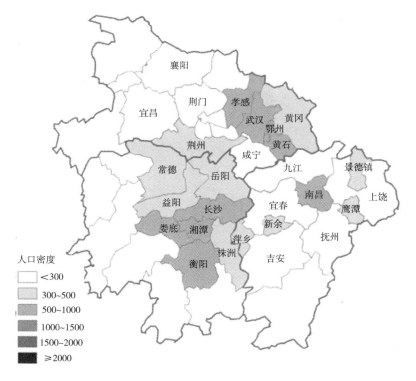

图10 2010年长江中游城市群人口密度

（四）城市群内部分工集群效应有待提高

城市是产业发展和升级的空间载体，城市产业发展演进轨迹代表了一个区域的产业发展路径。长江中游城市群产业的发展应顺应国家产业发展进入后工业化时代的趋势，实现由资本要素主导阶段向知识

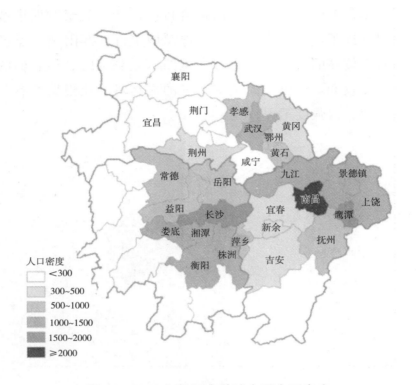

图 11　2014 年长江中游城市群人口密度

信息要素主导阶段的过渡。创新驱动是当前城市产业转型升级的主攻方向，也是现阶段全面提升城镇化质量的重要任务。但目前，长江中游城市群城市规模不够合理，城市群内产业分工不够协调，城市集群和产业集群效应有待提升。一方面，城镇空间分布和规模不合理，武汉、南昌等大城市在其所在城市群内一家独大，具有很强的产业和人口集聚效应，导致其主城区人口压力偏大，出现了明显的"城市病"，并与其综合承载能力之间的矛盾不断加剧。而其他中小城市承载集聚产业和人口能力不足，潜力没有得到充分挖掘。另一方面，城市群内产业结构雷同现象明显，产业内部结构不够合理，城市产业转型升级动力不足，阻碍城镇化健康发展。长江中游城市群多数城市产业结构高度趋同，特别是工业部门的许多行业出现不同程度的产能过剩问题。湘鄂赣三省都是主要以汽车、钢铁、有色金属等为主要产业，产业相似度超过了90%，彼此在产业合作方面的空间狭小。[①] 同时，产业空间调整、升级困难。由于地方政府的政绩考核体系不完善，以 GDP 为导向的现行政绩考核体系容易扭曲地方政府行为，经济发达的城市为了"截留"传统产业而出台各种形式的补贴政策，从而滞缓了城市产业结构调整升级的步伐。同样，经济欠发达的城市为了承接产业转移，不惜动用各种资源和采取优厚的补贴条件以确保项目落地，由此容易形成新一轮产能同质化扩张。此外，科技创新投入不够合理。长江中游城市群区域每万人从业人员中的研发人员数、研发经费支出远低于长三角、珠三角和京津冀地区。从研发的构成来讲，投入非常分散，效益不高，企业尚未真正成为自主创新的市场主体，并且在研发类型方面，政府对基础研发和应用研发的投入不足，科研资金主要由企业筹集，而研发经费主要投向实验，基础研究十分薄弱，难以为技术创新提供有力支撑。

（五）工业园区产城融合带动作用有待增强

工业园区是促进产城融合的重点区域，在推动新型工业化和新型城镇化融合发展等方面发挥着重要作用。近年来，国家在长江中游地区设立了一批国家级新区、临空经济示范区等特殊功能区，这些特殊功能区在推动产业和城镇融合发展、加快培育一批新的经济增长点或增长极方面发挥了重要的作用。

长江中游城市群各类工业园区、开发区大多聚集了装备制造、电子信息、生物医药等资金密集型产业，食品加工、纺织服装等劳动力密集型产业，以及创新创业的高新技术产业，产业门类较齐全，产业

---

① 秦尊文：《长江中游城市群发展报告（2013~2014）》，社会科学文献出版社，2015。

集聚效应明显。但这些园区的人口集聚效应尚未得到充分发挥，园区正处于从单纯的工业区向综合功能区转变的发展阶段，处于产城融合的成长期。① 一是产业孤岛、"二元特征"明显。多数工业园区立足于产业需求，寻求产业的快速发展，并以此带动城市的经济发展。但是，它们忽视产业与城市功能的协调发展，造成城市发展需求与产业定位、选择不匹配，产业空间与城市空间分离。二是功能单一、配套不足。多数工业园区内部以生产为主，生活承载能力较差，公共服务配套不足，城市服务功能过多地依赖中心城区，居住与生产呈离散状态，导致园区内部空间活力不足，影响园区进一步健康发展。三是政府主导模式弊端凸显。工业园区大多由政府主导开发（如政府为园区发展提供大量资金、土地等），这种模式在园区发展初期起到了一定的作用。但随着市场经济体制的不断完善，政策干预过多、机构膨胀及效率低下、园区只依赖于外部力量的投入而促进经济总量的扩张等问题开始凸显。② 这些问题导致长江中游城市群工业园区产城融合程度不够高，对于区域总体经济发展的带动效应不强。

二 长江中游城市群新型城镇化与
产业协同发展思路

推进长江中游城市群新型城镇化与产业协同发展，应牢固树立和贯彻落实创新、协调、绿色、开放、共享的发展理念，坚持生态优

---

① 李文彬、陈浩（2012）将开发区的发展历程总结为三个发展阶段。第一阶段：成型期，以工业为主导的开发区，与母城关系较为松散，极化效应明显；第二阶段：成长期，从单纯的工业区向综合功能区转变，各类服务设施逐渐完善；第三阶段：成熟期，由一个产业功能主导区逐渐转变为产城融合发展的新城区，城市服务设施逐渐完善，配套能级不断提升。

② 曾振、周剑峰、肖时禹：《产城融合背景下传统工业园区的转型与重构》，《规划师》2013年第12期。

先、绿色发展，坚持走以人为本、四化同步、优化布局、生态文明、文化传承的中国特色新型城镇化道路，立足于城市功能和产业发展空间优化，以人的城镇化为核心，以提高质量为关键，以促进经济结构转型升级为抓手，增强产业对城镇化的推动作用，强化城镇化的载体和平台功能，推动大中小城市和小城镇协调发展、产业和城镇融合发展，推动人口经济布局更加合理、区域发展更加协调，形成长江中游城市群"以产促城、以城兴产，产城融合"的发展格局。

（一）长江中游城市群新型城镇化与产业协同发展模式①

推动长江中游城市群实现城镇化与产业协同发展，应遵循各城市城镇化与产业发展的现实基础，合理选择城镇化与产业协同发展的模式。

1. 推进开发区的产城融合

各级各类产业园区、开发区是产业布局的重要载体，也是推动产业布局与人口分布相匹配，实现产业、城市、人三者相融合的重点区域。长江中游城市群有众多国家级新区、产业园区、经济技术开发区，推动这些园区按照生产和生活相融合促进的理念，以产业发展为重点，以完善城市功能为保障，加快城市与产业共同升级发展成为实现城镇化与产业协同发展的重要模式。长江中游城市群各类园区应根据产业特性、人口分布和空间容量，加强现有开发区城市功能改造，进一步拓展或完善城市功能，推动开发区由单一生产功能区向综合型城市转型，为促进人口集聚、发展服务经济拓展空间。积极推进现代产业园区的建设，全面完善园区配套设施和环境，完善投资环境，加快人口向园区及周边聚集，从而在推动产业发展的同时，带动当地经济发展和城镇化水平提高，促进产城融合发展。

---

① 叶振宇：《我国产城融合分类发展的探讨》，《城市经济》2016 年第 2 期。

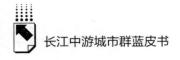

2. 推进农产品优势主产区的产城融合

长江中游城市群是我国重要的粮食主产区，农业资源优势明显。因此，将农业资源开发与精深加工业、三次产业融合发展有机结合在一起，走出一条以农业产业化带动粮食主产区转型和城镇化内生发展的道路，是长江中游城市群实现城镇化与产业协同发展的重要模式。长江中游城市群应以鄱阳湖平原、洞庭湖平原、江汉平原粮食主产区，江汉平原、洞庭湖平原、鄱阳湖平原等棉花优势主产区，洞庭湖、鄱阳湖、洪湖、梁子湖、龙感湖水产品主产区为基础，大力发展农产品深加工，打造绿色食品产业集群。加快培育一批专业大户、家庭农场、农民合作社等新型农业经营主体，积极引导龙头企业与农户建立紧密型的利益联结机制，有效吸纳农业转移人口，提升农业转移人口就业、创业的空间。

3. 推进特色旅游资源区的产城融合

长江中游城市群部分城市特色旅游资源得天独厚，旅游业已具有较好的基础。推动特色旅游产业发展，是实现人口集聚、产业集群，助推城市功能完善的重要途径。许多旅游资源成功开发的经验表明，特色旅游产业的发展，对于促进城市基础设施完善配套、高品质品牌形象塑造、产业发展至关重要，是实现产、城、人融合的重要途径。

4. 推进城区老工业区和棚户区的产城融合

推动长江中游城市群城区老工业区改造升级，是我国城镇化建设的重要组成部分。在全面深化改革的背景下，产城融合发展能够助推城区老工业区突破困境和推进新型城镇化。推进城区老工业区和棚户区改造提升，有利于加快经济结构转型升级，推进现代服务业的发展，扩大就业规模；有利于进一步完善城市基础设施和基本公共服务，为产业发展、人口集聚提供重要的基础。

5. 推进承接中心城区功能疏解区的产城融合

近年来，武汉、长沙和南昌等大中型城市发展迅速，中心城区发展空间趋近饱和，产业和人口过密问题比较突出，城市拥堵等"城市病"逐渐凸显，在城市外围地区开建新城新区成为大势所趋。而武汉城市圈、长株潭城市群、鄱阳湖城市群内的其他中小城市，具有广阔的发展空间。推进城市群内中小城市积极承接中心城区功能，实现产业、人口、基本公共服务的有效衔接，既可以疏散中心城区日益剧增的人口和产业项目，也可以让新城新区成为提升城市功能、引领城市产业转型升级的载体和实现区域跨越发展的新增长极。

6. 推进培育创新性区域的产城融合

随着我国创新战略的实施，创新性产业①得到快速发展，逐渐形成一个集聚高端研发机构、企业集群及创新创业、企业孵化器及支持机构的城市特定功能区域——创新新区。长江中游城市群科教资源优势明显，各类科技园区集聚优质要素的功能较强。因此，应依托大学、科研院所等科教创新资源，积极建设创新新区②，积极建设科技新城，推动完善相关配套功能，促进要素、产业和功能合理集聚；依托科技园区建设产业新城，有效促进形成产城科教融合的创新综合体，优化各类要素的空间配置，实现创新产业布局与科技人才分布的融合。

（二）长江中游城市群促进城镇化与产业协同发展的路径

1. 注重城市规模与产业体系的匹配

合理评估长江中游城市群大中小城市资源要素禀赋、产业基础和比较优势，构建与城市承载能力、城市规模相匹配的产业体系，发展一批基于区域分工的优势产业和特色产业，加快产业转型升级，提升产业和产品竞争力，推动形成长江中游城市群产业协同化、集群化发

---

① 童昕、王缉慈在研究北京和上海的创新性产业时，把创新性产业分为三类：高科技制造业、知识密集型服务业和内容创意产业。

② 目前，长江中游城市群设立了两个国家级新区：湖南湘江新区和江西赣江新区。

展的格局。① 武汉、长沙、南昌等大城市应进一步突出高端性、集约性和服务性，大力提高现代商贸、金融、信息等第三产业在社会经济发展中的比例，主要突出其在整个城市群中的中央商务、总部管理、信息技术、科研设计、文化教育、进出口等服务和管理功能，而其生产功能应主要集中在高端装备制造、新能源新材料、生物医药等优势明显、前沿性强的战略性新兴产业上，引导资源加工型、劳动密集型产业向周边地区转移，建立生产基地、布局配套企业。其他中小城市应立足于城市综合承载能力，积极推进跨区域产业转移与承接，积极延伸产业链，强化与周边城区产业衔接、促进空间布局优化，形成具有专业化分工优势的垂直分工体系，以实现产业、城市、人三者有活力、持续向上的发展。推动小城镇发展与疏解大城市中心城区功能相结合、与特色产业发展相结合，推动有条件的开发区由单一生产功能向城市综合功能转型，加快城区老工业区、独立工矿区的搬迁改造。②

2. 注重城镇化与产业发展空间的融合

产城融合发展是社会经济发展到一定阶段，反映在空间上的一种表征，是资本积累到一定阶段寻求新的生产空间的必然产物，也是资本进入第三重循环提升创新能力、提高人的素质的必然要求。③ 功能复合把经济社会发展、城市、土地利用、园区和环保等规划叠加起来，尽可能实现"产城融合"的模式。

长江中游城市群应将优化城市空间结构、优化城市产业结构放到突出的位置上。推动武汉、长沙、南昌等中心城区部分功能向卫星城疏散，完善中心城区功能组合，统筹规划地上地下空间开发，推动生产、生活生态三类空间的合理布局与综合利用开发。适应制造业转

---

① 秦尊文、张静：《长江中游城市集群论坛综述》，《江汉论坛》2012 年第 4 期。
② 《长江中游城市群发展规划》，国家发展和改革委员会官网，2015。
③ 殷洁、罗小龙：《资本、权力与空间的生产的解析》，《人文地理》2012 年第 2 期。

型升级要求，引导生产性服务业在中心城市、制造业密集区域集聚，强化城市间专业化分工协作，增强中小城市产业承接能力，构建大中小城市和小城镇特色鲜明、优势互补的产业空间发展格局。严格规范新城新区建设，统筹生产区、办公区、生活区、商业区等功能区规划建设，推进功能混合和产城融合，在集聚产业的同时集聚人口，防止新城新区空心化。①

3. 注重各类要素在产城间的循环流动

产城融合是一个变化的系统，其构成要素包括人、城镇、产业、环境等实体要素，也包括政策、观念、社会环境等非实体要素。长江中游城市群推进城镇化与产业协同发展必须要遵循城乡和产城的要素流动规律，建立顺畅的要素流动机制，引导农业转移人口就近向城镇集中，实现就地就近从业。拓宽资本流动渠道，吸引城市工商资本下乡服务农业现代化，为其注入活力、动力。统筹城乡建设用地增减挂钩，优化配置土地资源，实现以城带乡、以工哺农。探索建立城市群管理协调机制，创新城市群要素市场管理，破除行政壁垒和垄断，促进生产要素自由流动和优化配置。

4. 注重城市间基本公共服务的共建共享

新型城镇化的核心是人的城镇化，本质是基本公共服务的均等化。加快长江中游城市群基本公共服务共建共享，是实现人口集聚、产业集聚、人口空间合理分布的首要基础，是推进城镇化和产业融合的客观需求和重要途径。长江中游各城市应加强公共服务交流合作，建立健全资源要素优化配置、共建共享、流转顺畅、协作管理的社会公共事务管理机制，提升基本公共服务均等化水平。按照统一规划、统一建设、统一管理的原则，加快各城市交通、能源、供水、环保、电信和供气等基础设施互联互通，长江中游城市群的一体化发展。根

---

① 《国家新型城镇化规划（2014～2020）》，人民出版社，2016。

据长江中游城市群常住人口增长趋势和空间分布特征，统筹布局建设学校、医疗卫生机构、文化设施、体育场所等公共服务设施。搭建城市间基本公共服务共建共享的平台，推进各城市间基本公共服务的一体化、均等化。

5. 注重产城间社会关系的深度融合

产城融合的本质是从功能主义导向向人本主义导向的一种回归，是居住人群和就业人群结构的匹配[①]，也是产城间社会关系深度融合的过程。社会关系融合是个体与个体之间，不同群体之间或不同文化之间相互配合、互相适应的过程，并以构筑良性和谐的社会为目标。创新、文化、改革是推进城市健康发展的重要动力，也是实现产程融合发展的动力，而这种动力之源是融于社会关系中的再创造、再协调。长江中游地区各城市山水相连、人文相亲，自古以来就有着特殊的文化渊源和很强的社会认同感，为实现不同城市间农业转移人口市民化，实现居住和就业关系的和谐奠定了坚实的基础。各城市间现实社会关系深度融合，要致力于消除不同社会群体居住空间、生活空间和工作空间的人为分割，注重不同社会群体的社会关系特点，统筹考虑产城融合过程中各类群体的利益诉求，形成产、城、人融合的发展格局。

三 长江中游城市群新型城镇化与产业协同发展政策建议

城镇化建设与产业结构升级的基本内涵及本质要求具有内在一致性。长江中游城市群应以推进新型城镇化战略为重要战略机遇，优化城镇化布局和形态，加快产业结构的优化升级，促进农业转移人口的市民化，改革完善城镇化建设与产业融合发展的体制机制，提高城市

---

① 李文彬、陈浩：《产城融合内涵解析与规划建议》，《城市规划学刊》2012 年第 7 期。

的可持续发展能力，推动大中小城市和小城镇协调发展、产业和城镇融合发展。

（一）坚持创新发展，促进城镇化质量提升与产业结构转型升级

城镇化和产业发展会激发城市创新环境的形成，城市的集聚经济有助于创新的产生，创新会有力地促进产业的发展。长江中游城市群是我国中部地区科教资源最为丰富的地区，应充分发挥长江中游城市群的创新优势，以创新技术产业化促进产业结构优化升级，以新兴技术的产业化成果提高人民生活水平和城镇化质量。[①]

1. 加快新型城市建设

长江中游各城市应根据资源环境承载能力，适时调整城市规模。加强现代信息基础设施建设，推进大数据和物联网发展，建设智慧城市。充分发挥大众创业、万众创新和"互联网＋"集众智汇众力的乘数效应，以长江中游城市群国家自主创新示范区、国家级新区、国家级经济技术开发区和全面创新改革试验区等为重要载体，在武汉、长沙、南昌等城市建设具有强大带动力的区域创新中心，形成若干高水平、有特色优势的战略性新兴产业聚集区。积极鼓励科研院所与长江中游城市群各城市的企业开展各类合作，推进协同创新。推进长江中游城市群知识产权区域布局试点，培育一批知识产权试点示范城市、知识产权强市强县。发挥长江中游城市群创新资源密集优势，充分挖掘各地方的优势，打造创新乐园和创新摇篮，发挥扩散效应，建设创新城市，提高城镇化的质量和水平，促进城市人口集聚、产业集聚。

2. 推进产业创新发展

城市的集聚经济有助于创新的产生，创新会有力地促进产业结构

---

① 孙久文、闫昊生：《城镇化与产业协同发展研究》，《中国国情国力》2015 年第 6 期。

优化升级。应依靠创新加快调整优化产业结构，提升城市群的综合竞争力。应强化产业创新，围绕产业链部署创新链，依托长江中游城市群科技优势和产业基础，以技术的群体性突破支撑引领新兴产业集群发展，使长江中游城市群产业的科技含量更高、附加值更高。以信息技术、生命健康、智能制造三大领域为核心，构建以企业为主体，"产业链、创新链、人才链、资金链、政策链"五链统筹的产业创新生态体系。大力推进高新技术产业和科技服务业发展。依靠科技创新加速改造饮料食品、纺织化工、冶金建材等传统产业，向产业链、价值链中高端迈进。支持和引导企业探索新的商业模式和盈利模式，支持企业提高自身整合利用国内外市场成熟技术的能力，强化技术集成和市场应用，推动高新技术与传统产业的融合渗透，鼓励和支持新业态的发展，为企业开展商业模式创新营造良好的产业生态环境。[①] 加大对科技中小微企业创新的扶持力度，推进众创、众包、众扶、众筹等平台建设。探索建立以企业为主导的产学研用协同创新机制，引导科技型中小微企业通过项目合作、共建研发基地和创新联盟等方式，充分发挥武汉、长沙、南昌等大中城市科教资源丰富的优势，有效利用高校、科研院所的创新资源，提高自身创新能力。创新型产业的集聚发展，将有效提升城市的竞争力，提高城镇化的质量和水平。

（二）坚持协调发展，促进城镇化与产业协同发展

1. 促进产业集聚和合理布局

长江中游城市群各城市应尊重产业集聚的客观规律，坚持城镇化、工业化、信息化、农业现代化同步发展，积极引导产业向各类空间载体适度集聚，形成产业与人口、资源、环境合理分布的格局。发挥国家级新区、综合配套改革试验区、自由贸易区等特殊功能区的优

---

① 杜德斌：《上海建设全球科技创新中心的战略思考》，《上海城市规划》2015 年第 2 期。

势，推进一批国家级或省级重点产业项目落户，以项目带动配套产业和人口集聚，使之成为地区发展的新增长极和体制创新的先行区。坚持因地制宜、适度集聚和集约发展原则，引导各级工业园区转型升级，建设以产兴城、依城促产、产城融合的现代产业新城，使之成为带动本地区工业化和城镇化互动发展的引擎。积极完善公共服务平台建设，支持行业龙头企业率先突破，引导产业集群创新升级。按照长江中游城市群各城市区域主体功能定位，综合考虑地区资源环境承载能力，以地区比较优势为基础，以市场需求为导向，优化重点行业地区布局。进一步完善产业转移机制，增强产业配套服务能力，支持长江中游城市群各城市承接产业转移，以产业转移为重点，吸引产业链条整体转移和关联产业协同转移。

2. 促进产业结构调整优化

按照产业结构调整升级和城镇化的关系，优化调整各类城市产业结构，既要壮大优势特色产业发展，又要发挥共性基础产业的配套支撑作用。把握产业结构转换的节奏和升级规律，加快三次产业协调发展，推进共性基础产业调补齐平，实现产业与城镇融合发展。首先，要继续强化农业的基础地位。优化农业生产组织结构，发挥多种经济主体互补的优势，构建一个以工促农、工农互惠、惠及农民、竞争力强的现代农业体系。其次，要加快工业转型升级，实现资源性产业和非资源性产业均衡协调发展。按照国家供给侧结构性改革的要求，遏制产业低水平扩张和重复建设，引导长江中游城市群承接国内外产业转移，特别是承接劳动密集型和环境友好型产业的转移，带动本地非农就业，进一步提高本地城镇化水平。最后，积极发展研发、设计、技术服务、咨询、知识产权服务、现代物流、现代金融等生产性服务业。积极转变政府职能，积极改变政府财政支出结构，使之更多用于公共服务领域，加快发展医疗、教育、公共交通、社会服务等公共服务业，逐步实现区域和城乡基本公共服务均等化。

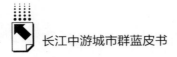

3. 促进小城镇和县域经济健康发展

小城镇是连接城乡的纽扣和节点，具有数量多、分布广、城镇化门槛低、产业集聚不足等特点。支持小城镇健康发展，对于发展县域经济和促进城乡协调发展具有重要意义。长江中游城市群小城镇发展水平差异较大，产业、人口和资源环境承载能力不同，应根据人口分布和产业发展状况对各类小城镇进行适当归并、调整或升级，积极发展特色小城镇，增强小城镇发展活力。适当调整设市标准，允许一些人口规模较大、产业基础较好的小城镇设立镇级市。加强对小城镇发展的宏观指导，坚持特色优势、分类引导、区别对待、调整升级，加快小城镇行政管理体制改革，建立小城镇基础设施建设的中央和地方财政分担机制，推动小城镇作为城乡流通节点的无障碍市场网络建设，扩大小城镇综合配套改革试点等。

（三）坚持绿色发展，促进城市和产业可持续发展

把生态文明理念和原则全面融入城镇化全过程，走集约、智能、绿色、低碳的新型城镇化道路。以"两型"社会建设为抓手，坚持绿色发展、循环发展、低碳发展，转变生产生活方式，推进资源节约和循环经济建设，加强自然生态环境保护与治理，打造低碳生活方式和宜居环境。

1. 加快推进生态城市建设

中央城镇化工作会议指出，要紧紧围绕提高城镇化发展质量，坚持生态文明，着力推进绿色发展、循环发展、低碳发展。长江中游城市群新型城镇化建设，应积极树立生态城镇化的理念，倡导生态价值观、生态道德伦理观和生态美学观，以城镇的可持续发展为目标，充分利用法律、经济、生态技术、管理等现代化手段，推进新型城镇化平衡协调发展，做到"要金山银山，更要绿水青山"，构筑既有利于经济的可持续发展，又适宜人类健康生存和发展的美好的生态环境。

一是要积极优化土地空间结构和提高土地空间的利用效率。规范各类工业园区和新城新区用地，防止城市建设无序扩张。从以占用土地的外延扩张为主转向以调整优化土地空间结构为主，按照生产发展、生活富裕、生态良好的要求，逐步扩大绿色生态空间、城市居住空间、公共设施空间，保证农业生产空间。① 二是要积极调整城市的产业结构。要按照资源节约、环境友好的要求，通过新型工业化促进城镇化良性发展。要因地制宜发展特色产业，积极引导和鼓励环保产业的发展，推动生态经济的快速发展。

2. 打造城市低碳生活方式和宜居环境

倡导低碳生活方式，积极推进低碳社会生活方式发展，树立绿色低碳的生活消费理念。鼓励使用节能环保型产品，推动建筑物节能技术改造，大力推广绿色建筑材料及生活垃圾分类，鼓励低能耗、低排放车辆使用，积极开展低碳社区建设，引导居民在衣食住行游等方面向低碳化方向转变。在农村推广使用沼气和太阳能，推进能源低碳化。加强政府公共消费管理，优先采购绿色产品。营造优质人居环境。积极推进城乡环境综合治理，对长江中游城市群各城市环境治理实行属地管理、条块结合制度，统筹兼顾、总体协调。

3. 积极发展环保绿色产业

产业结构是否合理、是否符合生态文明建设的要求既关系到产业本身能否持续发展，又关系到城镇的发展是否具有可持续的动力。② 长江中游城市群是我国生态比较敏感的区域，在推进城镇化与产业协同发展的过程中，积极建设生态文明绿色产业体系，推进传统产业绿色转型升级。一是积极发展生态农业以及生态旅游业。二是积极发展战略性新兴产业。充分发挥武汉、长株潭地区综合性国家高技术产业

---

① 陈军：《生态文明融入新型城镇化过程的实现形式和长效机制》，《经济研究参考》2014 年第 8 期。

② 张占斌：《将生态文明理念融入城镇化建设》，《中国环境报》2014 年 1 月 16 日。

基地和南昌航空及生物等专业性国家高技术产业基地的辐射带动作用，加强分工协作，大力发展新一代信息技术、高端装备制造、新材料、生物、节能环保、新能源与新能源汽车等战略性新兴产业。三是积极发展现代服务业。充分发挥长江中游地区各类服务业试点的示范和引领作用，加快资源要素集聚，重点推进金融业、物流业、旅游业、文化创意业的深度合作，大力发展网上交易等新型服务业态，打造各具特色的现代服务业聚集区。

（四）坚持开放发展，促进城市与产业开放、包容发展

不断深化开放合作和改革创新，构建开放、包容的城市体系和产业体系，是促进城镇化与产业协同发展的重要途径。长江中游城市群是我国内陆开发开放的重点区域，应加快以武汉、长沙、南昌等内陆中心城市和武汉城市圈、长株潭城市群、环鄱阳湖城市群为依托，建设内陆开放战略支撑带。积极发展外向型产业集群，形成各有侧重的对外开放基地，大力发展内陆开放型经济，不断深化国内外区域合作，在更大范围、更广领域、更高水平上实现资源要素优化配置。

一是推动城市开放发展。开放发展是城镇化转型的内在要求，也是促进城市产业集聚、人口集聚的重要途径。长江中游城市群应积极优化对外开放环境，完善全面对外开放机制，加强全方位对外合作。推进长江中游城市群内各大中小城市之间的开放合作，加强与周边省份的联动发展，协同推进城市间在城市建设、产业发展、基本公共服务等方面的合作，建设开放、包容的新型城市。二是推动城市间合作机制的协同。大力推进长江中游城市群内部区域合作，在基础设施建设、产业发展、生态环境保护等公共领域建立协调机制，实现共赢，推动长江中游城市群一体化发展。深化长江中游城市群与京津冀、长三角、珠三角等地区的交流合作，发挥地方优势，强化产业协作，完善区域合作开发长效机制，加快建设产业转移示范区，主动对接丝绸

之路经济带。三是推动更高水平"引进来"和全方位"走出去"。鼓励长江中游城市群发挥各地区的产业优势,协同开展实施招商引资重大项目攻坚行动,提高招商引资质量和效益。协同设立"走出去"发展引导基金和综合信息服务平台,推动农业、制造业、矿业、建筑业和服务业五大行业"走出去"发展。组建海外基础设施建设、能源资源开发等产业联盟,为企业"走出去"提供优质高效服务。

(五)坚持共享发展,促进城市产、城、人融合发展

加强公共服务交流合作,建立健全资源要素优化配置、共建共享、流转顺畅、协作管理的社会公共事务管理机制,实现基本公共服务均等化,是我国推进新型城镇化战略的重要内容,也是实现产、城、人融合发展的必然要求。产、城、人融合发展要坚持以人为核心,促进产业发展、人口集聚与城市建设协同布局,实现产业与城市融合发展、人口与产业协同集聚。一是进一步完善基础设施。加快铁路、快轨等一系列基础交通设施的建设与规划,推进重要交通运输节点枢纽化,促进长江中游城市群各类基础设施互联互通,加快推进对外联系的跨区域重大基础设施建设,形成快速、安全、绿色的综合交通体系,加快实现同城化。加强城乡基础设施连接,推动水、电、路、气等基础设施城乡联网、共建共享。二是加快实现城际基本公共服务共享。合理布局教育、医疗、文化、旅游、体育等公共服务设施,加强医疗合作,共享治疗技术,尽力推动跨地无障碍使用医保卡。全面推进长江中游城市群基本公共服务"一卡通"工程,实现基本公共服务的同城化。三是进一步完善园区基本公共服务。提高园区交通、电力供应、给排水、污染处理、通信网络等基础设施水平,配套建设住居、商业、娱乐、休闲等设施,完善园区内金融服务类行业、商业服务类行业、生活服务类行业等专业化服务设施,提升宜居宜业水平。

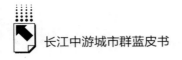

参考文献

［1］《中华人民共和国国民经济和社会发展第十三个五年规划纲要》，人民出版社，2016。

［2］《国家新型城镇化规划（2014～2020）》，人民出版社，2016。

［3］《长江中游城市群发展规划》，国家发展和改革委员会官网，2015。

［4］徐绍史：《国家新型城镇化报告（2015）》，中国计划出版社，2016。

［5］范恒山、陶良虎：《中国城市化进程》，人民出版社，2009。

［6］易善策：《产业结构演进与城镇化》，社会科学文献出版社，2013。

［7］霍利斯·钱纳里、摩尔塞斯·赛尔昆：《发展的格局（1950～1970）》，李小青等译，中国财政经济出版社，1989。

［8］傅志寰、朱高峰：《中国特色新型城镇化发展战略研究》，中国建筑工业出版社，2013。

［9］侯汉坡、李海波、吴倩茜：《产城人融合——新型城镇化建设中核心难题的系统思考》，中国城市出版社，2014。

［10］徐维祥：《产业集群与城镇化互动发展机制及运作模式研究》，经济科学出版社，2009。

［11］孟建军：《城镇化过程中的环境政策实践——日本的教训》，商务印书馆，2014。

［12］耿明斋、李燕燕：《新型城镇化与产业转型》，社会科学文献出版社，2013。

［13］彭智敏、周睿全、白洁：《长江中游城市群产业合作研究》，湖北人民出版社，2013。

［14］杨刚强、孟霞：《长江城市群新型城镇化的重点》，《经济日报》（理论版）2015年7月30日。

［15］叶振宇：《我国产城融合分类发展的探讨》，《城市》2016年第2

期。

[16] 刘畅、李新阳、杭小强：《城市新区产城融合发展模式与实施路径》，《城市规划学刊》2012 年第 7 期。

[17] 吕惠萍、匡耀求：《基于产业发展的城镇化可持续发展研究——以佛山市顺德区为例》，《经济地理》2015 年第 1 期。

[18] 张开华、方娜：《湖北省新型城镇化进程中产城融合协调度评价》，《中南财经政法大学学报》2014 年第 3 期。

[19] 潘锦云、姜凌、丁羊林：《城镇化制约了工业化升级发展吗——基于产业和城镇融合发展的视角》，《经济学家》2014 年第 9 期。

[20] 赵小平：《城镇化与产业发展的关系研究综述》，《经济研究参考》2014 年第 12 期。

[21] 龙奋杰、王雪芹、王爵等：《产业发展与城镇化互动关系分析》，《城市问题》2015 年第 7 期。

[22] 单卓然、黄亚平：《"新型城镇化"概念内涵、目标内容、规划策略及认知误区解析》，《城市规划学报》2013 年第 2 期。

[23] 李文彬、陈浩：《产城融合内涵解析与规划建议》，《城市规划学刊》2012 年第 7 期。

[24] 殷洁、罗小龙：《资本、权力与空间的生产的解析》，《人文地理》2012 年第 2 期。

[25] 孔翔、杨帆：《"产城融合"发展与开发区的转型升级：基于对江苏昆山的实地调研》，《经济问题探索》2013 年第 5 期。

[26] 孙久文、闫昊生：《城镇化与产业协同发展研究》，《中国国情国力》2015 年第 6 期。

[27] 张占斌：《将生态文明理念融入城镇化建设》，《中国环境报》2014 年 1 月 16 日。

[28] 杨刚强、江洪：《中部地区新型城镇化建设思路创新》，《宏观经济管理》2015 年第 1 期。

[29] 杨刚强、江洪：《中部地区城镇化发展现状与对策》，《宏观经济管理》2011 年第 5 期。

[30] 杨刚强、孟霞、石欣、高威：《基本公共服务与农村劳动力转移的关系研究》，《宏观经济管理》2013 年第 9 期。

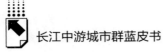

[31] 张勇、蒲勇健、陈立泰：《城镇化与服务业集聚——基于系统耦合互动的观点》，《中国工业经济》2013 年第 6 期。

[32] 吕健：《中国城市化水平的空间效应与地区收敛分析：1978～2009 年》，《经济管理》2011 年第 9 期。

[33] 杜德斌：《上海建设全球科技创新中心的战略思考》，《上海城市规划》2015 年第 2 期。

[34] 郭小燕：《新型城镇化背景下老工业基地调整改造研究》，《中州学刊》2015 年第 3 期。

[35] 曾振、周剑峰、肖时禹：《产城融合背景下传统工业园区的转型与重构》，《规划师》2013 年第 12 期。

[36] 王国平：《新型城镇化应与产业发展相契合》，《上海行政学院学报》2014 年第 4 期。

[37] 秦尊文：《长江中游城市群发展报告（2013～2014)》，社会科学文献出版社，2015。

[38] 秦尊文、张静：《长江中游城市集群论坛综述》，《江汉论坛》2012 年第 4 期。

区域报告

Regional Reports

B.2
武汉城市圈新型城镇化与
产业协同发展研究[*]

范 斐[**]

摘　要：　新型城镇化和产业发展具有较强的互动关联性。新型城镇化是产业集聚发展的空间载体，产业是新型城镇化建设的动力源泉，两者协同发展能够实现新型城镇化的顺利推进和产业的优化升级。借鉴信息熵、协同学相关理论，在分析产城协同发展复合系统协同演化机制的基础

　＊　本研究报告为国家发展和改革委员会课题"长江中游城市群新型城镇化与产业协同发展研究"的子课题，武汉大学自主科研项目（人文社会科学）研究成果，得到"中央高校基本业务经费专项资金"资助。

＊＊　范斐，武汉大学经济与管理学院区域经济学博士后，武汉大学中国中部发展研究院讲师，研究方向为区域经济政策研究，主持国家自然科学基金青年项目、中国博士后科学基金特别资助项目、湖北省软科学面上项目、武汉市软科学重点项目等七项。

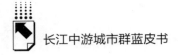

上，构建综合评价指标体系，利用 AHP – PP 模型测算武汉城市圈 2009 ~ 2014 年新型城镇化与产业发展子系统综合评价值。通过信息熵模型对产城协同发展复合系统信息熵值及有序度进行测算发现：除孝感、黄冈、咸宁、仙桃、潜江与天门外，武汉城市圈其余三个城市的产城协同发展复合系统信息熵值逐年下降，系统内部处于熵减状态，有序度呈逐年上升的趋势，但区域差异比较显著。进一步构建产城协同发展复合系统协同演化模型，并采用加速遗传算法进行模型参数估计，辨识其协同演化类型，结果显示：黄石、鄂州、黄冈、咸宁表现为竞争型产城关系，孝感、仙桃与天门表现为冲突型产城关系，武汉与潜江则表现为协同型产城关系。最后本报告对各种类型进行分析并简要提出武汉城市圈新型城镇化与产业协同发展的对策建议。

关键词： 新型城镇化　产业　协同发展　信息熵

一　武汉城市圈空间发展历史进程与现状特征

（一）武汉城市圈概况

武汉城市圈成立于 2004 年，又称"武汉圈"、"1 + 8"城市圈、"大武汉都会圈"，地处长江中游，位于湖北省东部地区，以中部地区最大城市武汉为圆心，覆盖黄石、鄂州、黄冈、孝感、咸宁、仙桃、天门、潜江周边 8 个大中型城市。

武汉城市圈处在中国东西与南北两大发展轴线——长江经济带和由京广铁路与京珠高速公路组成的复合轴线构成的"十"字形一级发展轴线交会处，是"中国弓"的发力点。"中部之中"的区位优势，地处中国中西部的接合部和长江流域的中游，在中部地区六省中居中心位置，使得武汉城市圈成为今后中国区域经济增长的重要引擎。在中国城市群结构体系中，武汉城市圈处在国家二级城市群前列的战略地位。武汉城市圈的工业化和城镇化水平明显低于沿海地区的长三角、珠三角、京津冀、辽中南和山东半岛城市群，但在中西部地区各城市群中则处于前列。武汉城市圈是湖北省的经济和人口最为密集的地区，面积为 5.78 万平方公里，约占湖北省的 31.09%；2015 年完成地区生产总值 18594.83 亿元，约占湖北省的 62.93%；常住人口 3089 万人，约占湖北总人口的 53.11%。目前，武汉城市圈已经成为湖北经济发展的核心区域与中部崛起的重要战略支点。

（二）武汉城市圈的发展进程

武汉城市圈位于古云梦泽东部与北部大别山、桐柏山脉以及南部幕阜山相交的边缘地域，地处中华民族发祥地之一的长江流域，很早就有人类在这里繁衍、生息。在新石器时期，武汉、黄石等地即有人类活动。位于武汉市郊区的商代古城"盘龙城"，为全国发现的第二座最古老的商城，距今已有 3500 多年的历史，是殷商时期的工商业都城。

新中国成立前，由于我国交通以水运为主，城镇大多沿长江及其支流分布，城镇职能主要以政治军事为主，城镇等级与行政建制关联密切，各级城镇之间的联系以政治隶属关系为主，经济联系较为脆弱。

明代及清前期，随着商业地位的不断提高，在水陆交通畅达、市场需求旺盛的地区，尤其是航运条件良好的滨江滨河滨湖地区出现了许多经济功能独立的城镇，如明代成化年间，汉水改道，汉口的城镇经济职能发展很快，到明末清初，汉口即以商业繁荣著称，成为全国四大名镇（汉口、佛山、景德镇、朱仙）之一。在近代工业化时代，由于对外开放、区位优势、工业化等因素的交互作用，武汉三镇迅速发展成为都会城市，鄂州从商贸城镇转变为近代工业城镇，同时带动了周边产业相关联城镇的发展，城市圈内城镇的数量迅速增长。例如，汉口开埠后茶叶成为汉口重要的大宗出口商品之一，并由此带动了湖北及湖南地区茶叶生产的迅速发展，对两湖地区的经济和城镇发展起到重要推动作用，产生了如羊楼洞、新市等以茶叶生产、贸易为主的城镇。这个时期京汉铁路的修建以及公路交通的兴起，使得圈内城镇的空间分布逐渐由沿江临湖转向了以沿铁路和公路分布为导向的轴向布局，城市圈内的城镇分布不再局限于水运发达的地区，而是在陆域交通的引导下逐渐走向均衡[①]。

新中国成立后，我国生产力布局向中部地区铺开，国家对湖北的投资倾斜，特别是"一五""二五"期间对武汉、黄石两个城市的大力投入，使得武汉、黄石工业迅速发展，城镇化的进程大大提升。武汉市迅速发展成为仅次于京津沪的我国第四大城市，中部地区的金融、商贸中心；黄石铁矿资源的开发和港口运输，带动了相关重工业的发展，很快成为湖北省第二大城市。但是随后，城市圈内城镇发展进入了低谷期，除武汉市仍有一定的发展外，其他城镇均处于停滞状态。1979 年，鄂州从黄冈地区析出，成立鄂州市，城市圈内城市增加到 3 个。改革开放之后，经济复苏和政策落实使城镇人口稳步增加、城镇化水平稳步提高，为了进一步壮大中心城市实力，完善大中城市的功能，城市圈内行政区划也出现了大的调整：新洲、黄陂分别从黄冈、孝感分出划归武汉管辖；阳新县从咸宁地区分出划归黄石市管辖；天门、仙桃、潜江从荆州地区分离出来升为省直管市；黄冈县

---

① 湖北省人民政府：《武汉城市圈"两型"社会建设综合配套改革试验空间规划纲要》，2008。

被分成两部分，分别成立黄冈市和团风县；武汉市城区进一步向外扩张，蔡甸、江夏、黄陂、新洲四郊县纷纷撤县改区。同时这段时间内由于经济快速发展，城镇化进程加快，到 1999 年，城市圈设市城市达 16 个，比 1979 年增加 13 个。城市圈内城镇空间发展模式也出现变化，改革开放前城市空间发展模式以独立膨胀为主，主要表现为分散的据点发展，区域内城镇的发展都是各自独立作用的结果，城镇之间微弱的相互作用力并未对空间扩展起到决定性的作用，每个城镇外缘空间扩展总体表现为对周围乡村地区的同心圆状侵蚀特征。随着武汉市和周边的联系日益紧密，武汉市出现了沿交通轴线鸭蹼状的生长形态，呈现定向蔓生发展的态势，形成块状、带状的空间布局结构，对周围的次级城镇具有较强的支配作用，使得紧邻武汉的城市无论在社会生活上还是在经济组织上都对中心城市武汉有着极大的依赖性。特别是在城市圈东部沿江地区，由于武黄高速公路的修建，鄂州、黄石、黄冈实力不断增强，城市间的距离逐步缩短，已经出现"城乡混合地域不断蔓延"的城镇空间地域形态，出现互为影响区、互为空间环境的态势，这种态势进一步发展就形成了城镇连绵带（区）[①]。

（三）空间格局及基本特征

1. 土地利用类型复杂多样，地域分异明显

武汉城市圈地貌类型多样，包括山地、丘陵、岗地、平原、水域等，其中平原（含岗地）面积较大，约占城市圈土地面积的 40%，丘陵约占 30%，山地约占 20%。总体上可以概括为"一分水、两分山、三分丘陵、四分平原"的总体格局。

水域主要包括长江、汉水及其支流，以及众多的湖泊水库，是城市圈重要的生态和景观资源，也是城乡建设发展的重要保障。平原、

---

① 黄峻：《武鄂黄城镇连绵带建设初探》，城乡统筹与规划专题交流研讨会，2010。

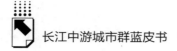

岗地、丘陵和山地大致形成南北对称格局，山地呈半环状分布，北部和东北部属桐柏山和大别山脉，南部为幕阜山，是城市圈重要的生态屏障。中间为开阔的江汉平原和鄂东沿江平原，为农业生产和城镇建设奠定了良好的基础，是城市圈城乡建设条件最好的区域，也是人口最密集的区域。

2. 资源特色突出，发展空间较为广阔

武汉城市圈丰沛的水资源，是本区域最具优势的战略资源。武汉城市圈属长江水系，自产水资源虽然相对较少，总量为 364.4 亿立方米，人均仅 1164 立方米；但客水资源极为丰富，多年平均水资源量为 7169 亿立方米，是自产水资源量的 19.75 倍，人均水资源量达 23350 立方米，是全国人均水资源量的 10 倍。区内各类湿地达 4593 平方公里，占国土面积的 8.04%，形成鲜明的地域生态特色。

武汉城市圈土地资源相对丰富。2006 年，武汉城市圈人均土地面积为 0.185 公顷，明显高于长三角（0.132 公顷）和珠三角（0.159 公顷），用地空间较为广阔，尤其是潜江、鄂州、咸宁等地的发展用地相对充裕。

部分矿产资源丰富与短缺并存。武汉城市圈的铁矿、铜矿、石灰石、石膏、石油、磷矿等资源储量较为丰富，但随着长期大规模的开采和钢铁、有色冶金工业规模不断扩大，铁矿、铜矿、石油资源的自给率逐渐下降。

农副产品资源量大质优。武汉城市圈的农副产品不仅种类繁多，而且量大质优，部分产品不仅在湖北省甚至在全国都占有一定的地位。江汉平原是我国重要的粮食主产区之一，主要产品有优质稻米、棉花、双低油菜、生猪、水产品、家禽、茶叶、板栗、中药材等，且每种农产品均有相应的生产基地作为支撑，为发展农副产品深加工提供了极为有利的条件。

生态和人文资源丰富，旅游产业发展潜力巨大。武汉城市圈的自然和文化旅游资源丰富，种类繁多，包括大江、名湖、名寺、遗址和各类自然保护区等，现已初步形成大别山生态旅游带和鄂东—鄂南水体和山地游憩带。丰富的旅游资源为武汉城市圈成为中部地区的旅游目的地和区域性旅游集散中心奠定了基础。

3.交通区位优越，科教资源丰富

武汉在历史上就是"九省通衢"，铁水公空运输体系发达。武汉城市圈中有京广、京九、汉丹等国家铁路干线以及京广、沪汉蓉客运专线，还有京港澳、沪渝高速公路；武汉是长江中游航运中心，天河机场是我国直线系数最小的枢纽机场之一。同时，武汉也是全国重要的通信枢纽和第三大业务指挥调度中心。

武汉城市圈具有建设现代物流中心城市的良好区位和基础条件。武汉是我国内陆最大的商贸中心之一，消费品零售总额在全国副省级城市中居第5位，金融商贸、信息咨询、物流、房地产、旅游等现代服务业的比重逐渐加大，拉动了武汉城市圈经济发展。

科技教育事业发达，人才及智力资源密集。武汉城市圈已经形成基础教育、高等教育和职业技术教育相配套的教育体系，拥有国家重点实验室、工程技术单位21个，普通高等院校48所，各类专业技术人员45万，在校大学生超过100万。因此，科教及人才优势是武汉城市圈的重大优势，武汉城市圈完全有条件成为全国重要的科教基地。

4.城镇布局与经济格局的圈层特征突出，轴线拓展趋势明显

城镇分布呈现以武汉为核心的圈层状分布特征。按照50公里为一个圈层的划分，50公里以内、50~100公里、100~150公里、150公里以外四个圈层的城市数量分别为7个、16个、12个、2个，100公里以内的城市数量占62%。

同时，城镇呈现出沿交通线布局的特征，78%的城市分布在长江、汉江以及京港澳、沪渝高速公路沿线；其中主要的城市如武汉、黄石、鄂州等分布在长江沿线。从以人均GDP反映的城市圈经济发

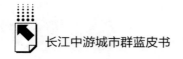

展状况看，中部平原地区明显好于南北山区，长江、汉江沿线及汉丹铁路、京广铁路沿线县市明显好于其他县市。

（四）产业发展现状

1. 产业总体概况

武汉是我国近代工业发展的先驱，具有较为雄厚的产业基础。武汉城市圈已成为湖北省和华中地区产业最密集的地区之一，形成了一批以武汉为龙头在全国具有重要影响的优势产业带。2014年武汉城市圈第一产业增加值为1565.69亿元，第二产业增加值为8465.89亿元，第三产业增加值为7233.57亿元，三次产业结构比为9.07：49.03：41.90（见表1）。

表1　2014年武汉城市圈产业发展概况

单位：亿元

地区	第一产业	第二产业	工业	第三产业
武汉城市圈	1565.69	8465.89	7175.37	7233.57
武　汉	350.06	4785.66	3942.75	4933.76
黄　石	105.03	723.45	648.45	390.08
鄂　州	81.15	407.19	370.19	198.30
孝　感	252.17	664.36	583.73	438.19
黄　冈	375.12	586.10	454.02	515.93
咸　宁	172.03	476.59	427.66	315.63
仙　桃	83.96	295.99	272.38	172.32
潜　江	68.07	316.86	285.96	155.29
天　门	78.10	209.69	190.23	114.07

2. 产业发展阶段

根据钱纳里工业化阶段判断（见表2），武汉城市圈各城市的工业化处于不同的发展阶段：武汉市正处于工业化中期向后期过渡的阶段；黄石、孝感、仙桃、咸宁正处于工业化中期；鄂州、潜江与天门正处于工业化初期向工业化中期过渡的阶段；黄冈依然处于工业化初期（见表3）。

表2　钱纳里工业化阶段判断

指标	前工业化阶段	工业化阶段			后工业化阶段
		初期	中期	后期	
人均 GDP（美元）	<1734	1734～3468	3468～6938	6938～13008	>13008
地区增加值构成	第一产业支配，第二产业＞20%	第一产业＞20%，第二产业＞20%	第一产业＜20%，第二产业＞第三产业，且份额最大	第一产业＜10%，第二产业＞20%	第二产业相对稳定下降，第三产业＞第二产业
工业增加值占 GDP 比重	—	20%～40%	40%～70%	下降	下降
第三产业增加值占 GDP 比重	—	10%～30%	30%～60%	上升	上升
工业内部结构	—	以原料工业为中心的重工化阶段	以加工为中心的高加工度阶段	技术集约化阶段	—

表3　武汉城市圈产业发展阶段判断

地区	人均 GDP（美元）	产业结构	工业增加值占 GDP 比重（%）	第三产业增加值占 GDP 比重（%）	发展阶段判断
武汉	15094.25	3.48：47.53：49.00	39.16	49.00	工业化中期向后期过渡的阶段
黄石	7672.74	8.62：59.37：32.01	53.21	32.01	工业化中期
鄂州	10000.92	11.82：59.30：28.88	53.91	28.88	工业化初期向中期过渡的阶段

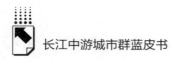

续表

地区	人均GDP（美元）	产业结构	工业增加值占GDP比重(%)	第三产业增加值占GDP比重(%)	发展阶段判断
孝感	4297.57	18.61:49.04:32.35	43.09	32.35	工业化中期
黄冈	3637.47	25.39:39.68:34.93	30.74	34.93	工业化初期
咸宁	5973.81	17.84:49.43:32.73	44.35	32.73	工业化中期
仙桃	7239.40	15.20:53.60:31.20	49.32	31.20	工业化中期
潜江	8730.60	12.60:58.65:28.75	52.93	28.75	工业化初期向中期过渡的阶段
天门	4798.88	19.43:52.18:28.39	47.34	28.39	工业化初期向中期过渡的阶段

3. 产业空间分布

目前，武汉城市圈已经初步建立门类齐全的现代工业体系，其中钢铁、汽车、光电子信息、有色冶金、装备制造、建材、医药、纺织服装等产业已成为国内具有一定影响的支柱产业（见表4）。武汉市与周边城市的经济联系主要集中在东南与西北两个方向，对其他方向的城市辐射程度较弱。

表4 武汉城市圈各城市产业发展情况

地区	主导产业	支柱企业
武汉	以汽车、电子信息、装备制造、能源及环保、食品烟草、钢铁为主	东风汽车、武汉重型机床、武汉船舶厂、武汉钢铁、武汉邮科院、长飞光纤、武汉烟草
黄石	黑色金属、有色金属、能源、纺织服装、化工医药、建材、食品饮料	美尔雅、华新水泥、美岛服装、湖北新冶钢
鄂州	冶金、建材、生物医药、机械制造、纺织服装	鄂城钢铁、多佳集团、康源药业、鄂重型机械、世纪新峰雷山水泥

续表

地区	主导产业	支柱企业
孝感	食品饮料、纺织服装、盐磷化工	湖北汽车齿轮厂、三江航天、福星科技、双环科技、舒氏集团、黄麦岭磷化工
黄冈	建筑建材、医药化工、机械设备、窑炉制造、钢结构、电力生产、食品饮料、纺织服装	江润造船、福欣机床、富驰化工医药、新大地
咸宁	电力能源、纺织服装、食品饮料、机械电子、森工造纸、冶金建材	蓝田啤酒、洁丽雅、巨宁森工、福人药业
仙桃	食品、纺织服装、汽车零部件、电子信息	银丰集团、联亮纺织、中星电子、旺旺集团（仙桃）
潜江	化工、食品、服装、冶金机械、油气开采	金松纱业、潜江制药、江汉油田、莱克水产、金澳科技
天门	纺织服装、生物医药、机电汽配、食品加工	天门纺织机械、益泰药业、成田制药

二　武汉城市圈新型城镇化与产业协同演化机制分析

"产城融合"指的是产业与城市之间的融合与发展，是建立在城市基础之上的产业发展，包括产业空间布局调整、产业结构升级等，是以产业为保障，促使城市配套设施逐步完善，实现城市自身的升级，以达到产业、城市、人之间持续向上良性发展的模式①。产城融合的发展模式强调的是产业与城市相互渗透、复合发展，并最终实现共同发展，两者不论缺少哪一部分都会出现产城脱节的现象②。产城协同发展复合系统是典型的非线性、开放性自组织系统，系统内部新型城镇化与产业发展之间的互动关系可以用图 1 中的正、负反馈两个过程加以表述。

---

① 孔翔、杨帆：《"产城融合"发展与开发区的转型升级：基于对江苏昆山的实地调研》，《经济问题探索》2013 年第 5 期。
② 付岱山、付静：《基于模糊层次综合评价法的产城融合程度测评——以沈阳经济区为例》，《沈阳工业大学学报》（社会科学版）2015 年第 5 期。

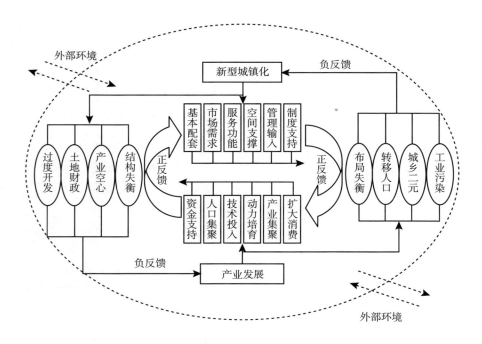

图1　武汉城市圈新型城镇化与产业协同演化机制

　　在正反馈过程中，新型城镇化是产业集聚的空间载体，为产业发展提供了必需的基础设施配套、较大的市场潜力、政府对产业结构优化的管理与政策支持等。新型城镇化能够扩大生产性服务业与生活性服务业的市场需求，有助于创新要素集聚，增强创新活力，从而驱动传统产业升级和新兴产业发展，推动产业结构转型升级。新型城镇化的水平与质量决定产业集聚的水平与质量，新型城镇化的质量越高，产业集聚能力越强，越有利于产业升级和产业结构优化①。这是因为高水平、高质量的新型城镇化意味着更多的就业机会、更自由的择业空间和更高的收入水平，从而吸引更多的人才流入城镇；随着人才向城镇不断集聚，城镇空间规模越来越大，由此决定的交易空间越集

---

① 叶振宇：《城镇化与产业发展互动关系的理论探讨》，《区域经济评论》2013年第4期。

聚，进而越能拓宽产业集聚的空间。产业是新型城镇化建设的动力源泉，为新型城镇化发展提供了重要的资金、人才与技术支撑，产业发展到一定阶段形成产业集聚和产业分工细化，也将促使大量的劳动力集聚，从而形成潜在的消费市场①。就推动力看，产业是新型城镇化发展的基本动力，产业发展能加快新型城镇化进程。一方面，由产业结构演化带动的劳动力向非农产业的转移，能促进各种生产要素向城镇集聚，并通过提高产业生产效率，拓宽就业空间，增加就业机会，提高收入水平，扩大消费需求，这种要素集聚机制能够加快新型城镇化进程；另一方面，由产业集群产生的网络协作机制，能使具有产业基础的专业镇或专业园区成为吸纳更多劳动力的"就业池"，不断促进劳动力市场的专业化发展，使置身于专业化劳动力市场的从业人员，更容易利用这种内在的生产组织体系优势内嵌于地方社会网络，从而在政策容许范围内为新型城镇化的推进开辟新的途径②。

在负反馈过程中，过快的城镇化步伐，导致地方政府过度依赖土地财政，城市框架无序扩张，产业结构失衡与产业发展"空心化"现象突出。一些地方在城镇化进程中不注重产业的导入，片面追求面积扩张型的土地城镇化所内蕴的土地财政增长，热衷于新城、新区建设，导致"伪城市化"快于产业化。产业发展水平较低导致生产要素集中程度有限，产业集聚规模不大，产业链条不完整，从而导致产业规模效应不明显。而规模效应不显著又会抑制相关企业的进一步集聚，并阻碍产业升级与产业结构优化，导致城镇产业陷入长期的低水平状态③。在 GDP 政绩观的导引下，一些地方片面追求物质财富的扩

---

① 马远、陈军:《城镇化与产业发展的动态关联效应研究——以新疆为例》，《管理现代化》2012 年第 5 期。

② 张爱武、刘玲:《新型城镇化视角下的产业集群发展研究》，《宏观经济管理》2013 年第 12 期。

③ 汪大海、周昕皓、韩天慧:《新型城镇化进程中产业支撑问题思考》，《宏观经济管理》2013 年第 8 期。

张，以生产主义逻辑为发展观，刻意追求城镇化规模的扩张，不注重产业发展质量的提升及其可持续性。一是违背低碳、环保、绿色和可持续原则，无视资源和环境的承载力，发展一些见效快但资源消耗多、环境破坏严重的高耗能、高污染产业①，由此带来的环境问题和生态失衡成为新型城镇化持续健康发展中面临的不利因素②。二是不注重产业结构的优化升级，没有统筹兼顾当前与未来，并有针对性地构建三次产业发展的合理结构，没有遵循产业发展的演变规律，并积极制定衰退型产业和成长型产业的发展规划，直接导致部分地区面临产业衰退、产业断层困境，接续性产业和战略性新兴产业没有得到有效培育，产业不仅没有实现对城镇化的促进作用，其扭曲的结构反而成为城镇持续健康发展的限制力量。与此同时，在产业发展过程中，无序的产业集聚导致城市空间功能的失衡，大量的产业工人不能实现就地城镇化，导致城乡二元结构矛盾更加突出。此外，产业发展带来了人口集聚和居民生活方式的改变，产业工人对吃穿住行的需求进一步膨胀，从而加速了建筑业的发展和机动车的增加，加剧了城市生活型污染问题。

从生物演化的角度看，生态系统最具基础性的协同演化机制是竞争与合作，竞合机制也是系统演化的核心动力所在。适度竞争使相关物种生存发展能力得到提升，物种适应竞争性能力被激发，将有利于生态系统的不断进化。同时，不同物种、同一物种不同层次之间的合作又为生态系统内部的资源整合创造了条件，从而使物种之间互惠共生。与之相类似，竞合机制也是产城协同发展复合系统内各子系统及其要素演化发展的内在动力③。这里的竞争是指两子系统相互抑制、相互扰动，系统熵增的负反馈过程，而且恶性的竞争会压缩彼此的发

---

① 魏人民：《新型城镇化建设应解决七个失衡问题》，《经济纵横》2013年第9期。
② 马野驰、祝滨滨：《产城融合发展存在的问题与对策研究》，《经济纵横》2015年第5期。
③ 孙才志、张坤领：《中国沿海地区人海关系地域系统评价及协同演化研究》，《地理研究》2015年第10期。

展空间，使系统达不到它的理想发展状态；合作是指两子系统相互促进、相互支持，系统熵减的正反馈过程，有利于资源的优化配置，扩大彼此的发展空间。根据协同学理论，产城关系地域系统各子系统及其构成要素之间的"协同"作用，可以使系统由非均衡无序状态转为均衡有序状态，从而推动系统向更高阶段和层次发展。为实现产城协同发展复合系统的良性运行及可持续发展，必须尊重系统自主性随机涨落机制，依托其自身正负反馈的"约束"和"激励"机能，实现每层级子系统及其构成要素的自组织演变。同时保持系统开放性，不断与外界保持物质、能量、信息、价值等交换，保持一种"耗散结构"状态，这也是产城协同发展复合系统协同演化的外部动力。

三　研究方法与数据来源

（一）AHP-PP 模型

产城协同发展复合系统属非线性复杂系统，采用传统的数据分析方法建立评价模型，难以刻画数据间的内在非线性属性和规律。投影寻踪技术（Projection Pursuit，简称 PP）是一种直接由样本数据驱动的探索性数据分析方法，适用于分析和处理非线性、非正态高维数据；层次分析法（Analytic Hierarchy Process，简称 AHP）是一种定性与定量相结合的多目标决策分析方法[①]。但投影寻踪技术客观性强，易忽略数据自身误差而无法反映复杂评价对象的真实情况；而层次分析法直观性强、人为干扰性大。因此，为了既反映数据间的内在联系，又参考决策者的知识经验，将主观评价与客观评价相结合，建立

[①] 孟德友、陆玉麒、樊新生等：《基于投影寻踪模型的河南县域交通与经济协调性评价》，《地理研究》2013 年第 11 期。

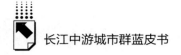

AHP – PP 模型①。两种模型最终计算结果不具直接可比性，因此将二者评价结果先进行标准化处理再进行组合。

标准化公式：

$$Z = Z^* / Z_{max}^* \tag{1}$$

组合指数：

$$Z_i = \partial Z_{PP} + (1 - \partial) Z_{AHP} \tag{2}$$

式中：Z^* 为两种方法计算结果原始值，$\partial \in [0, 1]$、$(1 - \partial) \in [0, 1]$ 为权重，此处取 $\partial = 0.5$，$\partial \in [0, 1]$ 和 $(1 - \partial) \in [0, 1]$ 分别为标准化后的 AHP 模型和 PP 模型的评价指数。$\partial \in [0, 1]$ 为组合后综合评价指数。

（二）基于信息熵的产城复合系统协同演化有序度模型

熵的概念是由德国物理学家 Clausius 于 1854 年提出的，1948 年 Shannon 将统计熵推广引入信息论，并将其命名为"信息熵"。通过信息熵值的动态变化可以识别产城复合系统协同演化的发展方向：信息熵增大，系统整体向混乱无序的方向演化；信息熵减小，系统整体向健康有序的方向演化。本研究引入信息熵理论测算产城复合系统熵值，并利用时间序列有序度来表现系统内部的协同有序性，探讨系统发展演化方向。

信息熵公式：

$$E_s = - \sum_{i=1}^{n} \frac{1 - Z_i}{n} \ln \frac{1 - Z_i}{n} \tag{3}$$

有序度公式：

---

① 孙才志、李红新：《基于 AHP – PP 模型的大连市水资源可持续利用水平评价》，《水资源与水工程学报》2007 年第 5 期。

$$R_s = 1 - E_s/E_{max} \tag{4}$$

式中：E_s、R_s 分别为产城复合系统的信息熵和有序度；n 是子系统个数；Z_i 为子系统综合评价指数；$E_{max} = \ln 2$，为最大信息熵，意味着系统处于最混乱、最无序的状态。为促使产城复合系统的协同演化呈良性发展，一方面应积极合理地进行系统负熵流输入，另一方面应尽量减少系统内部正熵产生，从而提高有序度 R_s，推动整个系统向和谐有序状态演化[1]。

（三）产城复合系统协同演化状态动力模型

产城协同发展复合系统是由新型城镇化子系统和产业发展子系统两个子系统构成的复杂系统，设新型城镇化子系统与产业发展子系统分别为 $X = X(t)$ 和 $Y = Y(t)$，且 $X(t)$ 和 $Y(t)$ 在时间 t 上为连续且可导函数[2]。按照系统动力学方法，建立二者相互作用的系统动力学模型，并表达成 Logistic 模型形式[3]：

$$dX/dt = f_1(X, Y) = r_1 X(1 - X - \alpha_1 Y) \tag{5}$$

$$dY/dt = f_2(X, Y) = r_2 Y(1 - Y - \alpha_2 X) \tag{6}$$

其中：r_1、r_2 分别表示新型城镇化子系统和产业发展子系统自适应变化率。为提高运算效率，这里取两者年平均增长率为初始值进行参数寻优。α_1 表示产业发展子系统对新型城镇化子系统的作用系数，当 $\alpha_1 > 0$ 时，产业发展子系统对新型城镇化子系统的抑制效应大于促进效应，抑制效应占主导，反之则促进效应占主导；α_2 表示新型城

① 刘海猛、石培基、杨雪梅等：《人水系统的自组织演化模拟与实证》，《自然资源学报》2014 年第 4 期。

② 范斐、孙才志：《辽宁省海洋经济与陆域经济协同发展研究》，《地域研究与开发》2011 年第 2 期。

③ 范斐、孙才志、王雪妮：《社会、经济与资源环境复合系统协同进化模型的构建及应用——以大连市为例》，《系统工程理论实践》2013 年第 2 期。

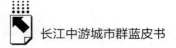

镇化子系统对产业发展子系统的作用系数，当 $\alpha_2 > 0$ 时，新型城镇化子系统对产业发展子系统的抑制效应大于促进效应，抑制效应占主导，反之则促进效应占主导。模型反映了新型城镇化与产业发展之间存在"既相互抑制又相互促进"的协同演化关系。

令 $f_1(X, Y) = 0$，$f_2(X, Y) = 0$，得到4个定态解：

$A_1(0, 0)$，$A_2(1, 0)$，$A_3(0, 1)$，$A_4\left(\dfrac{1-\alpha_1}{1-\alpha_1\alpha_2}, \dfrac{1-\alpha_2}{1-\alpha_1\alpha_2}\right)$，其中 $\alpha_1\alpha_2 \neq 1$。

显然，系统不会稳定在点 $A_1(0, 0)$ 状态；而定态解 $A_2(1, 0)$，$A_3(0, 1)$ 分别对应着系统 $X(t)$、系统 $Y(t)$ 的消亡状态，所以前三种定态解并不可取。定态解 A_4 对应着两系统共生演化的状态，产城复合系统的协同演化状态应通过点 A_4 进行分析。根据参数大小、产城复合系统协同演化特征，把产城复合系统协同演化状态分为三类：冲突型产城协同发展关系、竞争型产城协同发展关系、协同型产城协同发展关系（见表5）。

表5　产城复合系统协同演化类型

协同演化类型	参数	平稳条件
冲突型	$\alpha_1 < 0, \alpha_2 > 0$	$0 < \alpha_2 < 1$
竞争型	$\alpha_1 > 0, \alpha_2 > 0$	$\alpha_1\alpha_2 < 1, 0 < \alpha_1 < 1, 0 < \alpha_2 < 1$
协同型	$\alpha_1 < 0, \alpha_2 < 0$	$\alpha_1\alpha_2 < 1$

注：表格舍弃对不符合现实意义定态解的讨论。

在得到定态解的同时，也可得到两系统等值线，两系统等值线一般表达式为：

$$X + \alpha_1 Y = 1 \text{ 和 } Y + \alpha_2 X = 1$$

可利用相图分析法对系统平衡过程加以描述，如图2所示。

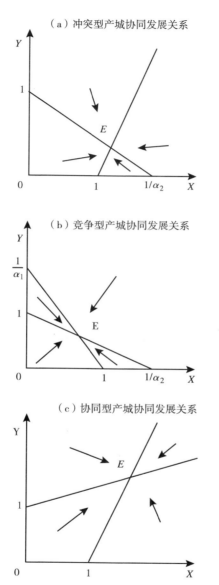

图 2　不同协同演化类型产城复合系统均衡过程相图

图 2 中两条直线把第一象限分成 4 个区域，根据所分区域中 dx/dt、dy/dt 不同符号，判断轨线在这些区域内的斜率方向场，并用箭头

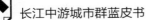

表示。$dx/dt > 0$ 时，轨线向右移动，反之则向左移动；$dy/dt > 0$ 时，轨线向上移动，反之则向下移动。图 2 中 E 点表示不同协同演化状态、不同均衡条件下的均衡点。经过比较不难发现，图 2（a）中在 E 点处实现均衡，且新型城镇化子系统发展程度较高，但此时产业发展子系统发展程度较低，表示新型城镇化与产业发展为竞争关系；图 2（b）中两系统的均衡点 E 处在相对较低的均衡水平上，即新型城镇化与产业发展相互冲突、相互抑制，从而两系统都达不到它们的理想发展水平；图 2（c）表示两系统在一个较高的水平上实现均衡，新型城镇化与产业发展之间互惠共赢，明显优于图 2（a）、图 2（b）中均衡的位置。

（四）基于加速遗传算法的模型参数估计

本文中的目标函数为一个复杂的非线性函数，传统的模型参数优化估计方法，对模型的结构、参数数目、优化准则要求严格，所得到的参数估计通常只是局部而非全局最优解。鉴于此，本文采用加速遗传算法（Accelerating Genetic Algorithm，简称 AGA）来求解模型参数。基于自然选择和自然基因机制的加速遗传算法是当前处理一般非线性数学模型优化的一类新的优秀方法，该方法对模型是否线性、连续、可微等不做限制，也不受优化变量数目、约束条件的束缚，直接在优化目标函数引导下进行全局自适应寻优。该方法直观、简便、通用性与适应性强，已开始在各工程领域得到广泛应用。设一般优化问题为：

$$\begin{cases} \min f(c_1, c_2, \cdots, c_p) \\ a_j \leq c_j \leq b_j \end{cases} \quad (j = 1, 2, \cdots, p) \quad (7)$$

其中 $\{c_j\}$ 为 p 个变量；$[a_j, b_j]$ 为 c_j 的初始变化区间；f 为非负的优化准则函数。AGA 包括以下 8 个步骤：①变量初始化空间的离散和二进制编码；②初始父代群体的随机生成；③父代个体串的解码和适应度评价；④父代个体的概率选择；⑤父代个体的杂交；⑥子代个体的变异；⑦演化迭代，以上 7 步构成 SGA；⑧加速循环。以上 8 步构成 AGA。AGA 计算原理和该模型的具体实现过程见《标准遗传算法的改进方案——加速遗传算法》①。

（五）数据来源与研究对象

本研究以武汉城市圈 9 个城市（武汉、黄石、鄂州、黄冈、孝感、咸宁、仙桃、天门、潜江）为研究对象，选取 2009～2014 年的统计数据，对武汉城市圈产城协同发展复合系统协同演化情况进行分析。数据来源于《湖北省统计年鉴》及武汉城市圈各城市统计年鉴等。考虑到指标数据的可获得性和准确性，本文对数据进行了合理修正。

四 武汉城市圈产城协同发展复合系统综合评价

（一）指标体系构建

由于新型城镇化与产业发展影响因素较多，为了便于分析和突出武汉城市圈各地区新型城镇化水平与产业发展水平的特征与规律，在遵循科学性、独立性、动态性等原则的基础上，对评价指标进行设置和筛选。首先进行频度统计，利用 CNKI 数据库对 2009～2015 年有关新型城镇化水平与产业发展水平的测度指标体系进行频度统计，从中选择近年来研究者使用频率较高的指标。其次进行理论分析，对新型城镇化的概念进行外拓和界定：初步确定从城镇规模、基础设施、居民生活、环境质量四个方面将新型城镇化子系统予以特征综合，从产业实力、产业结构、科技创新、绿色发展四个方面将产业发展子系统

---

① 金菊良、杨晓华、丁晶：《标准遗传算法的改进方案——加速遗传算法》，《系统工程理论与实践》2001 年第 4 期。

予以归纳概括。最后进行专家反馈，初步提出评价的指标，在征询有关专家意见的基础上，考虑到武汉城市圈自身经济发展的状况，并根据指标数据的可获得性，最后对指标进行调整，形成指标集矩阵。

为满足指标的主成分、独立性的原则，本文采用因子分析、相关分析方法对指标进行筛选，用灰色关联度方法对筛选后的指标进行重要性排序。具体步骤如下：首先根据《湖北省统计年鉴》及武汉城市圈各城市统计年鉴完成原始数据的采集工作。其次对各个城市新型城镇化与产业发展指标进行相关性分析，将相关系数在0.95以上的指标视为高度相关指标并加以合并。然后对合并后的指标进行因子分析，根据特征向量的计算结果，可知各评价指标在各主因子中的系数绝对值，进而可知该指标所起的作用大小，从中选取系数绝对值大于一定值（一般为0.5）的指标作为评价指标，由此便完成了一般指标体系的筛选工作。新型城镇化发展水平评价指标共有24个，产业发展水平评价指标共有18个（见表6）。鉴于新型城镇化发展水平与产业发展水平四分系统在此系统中的不可或缺性，认定其四分系统同等重要，进一步依据具体指标对分系统发展的重要性确定指标权重（采用层次分析法）。如城镇人口占总人口的比重是城镇化发展水平的集中体现，其权重较高。

表6 武汉城市圈新型城镇化与产业协同发展评价指标体系

目标层	指标层	次级指标层	要素层	AHP权重	投影方向
产城协同发展复合系统评价指标体系	新型城镇化发展水平	城镇规模	X_1：城镇建成区面积（平方千米）	0.0167	0.0235
			X_2：城镇人口密度（万人/平方千米）	0.0236	0.2123
			X_3：城镇人口占总人口比重（%）	0.0567	0.1354
			X_4：城镇地方财政支出（亿元）	0.0923	0.0887
			X_5：城镇社会固定资产投资总额（亿元）	0.0317	0.1356
			X_6：城市地方财政一般预算收入（亿元）	0.0489	0.2358
		基础设施	X_7：人均道路面积（平方米）	0.0153	0.3282
			X_8：人均生活用电量[kwh/(人·a)]	0.0329	0.2126

续表

目标层	指标层	次级指标层	要素层	AHP权重	投影方向
产城协同发展复合系统评价指标体系	新型城镇化发展水平	基础设施	X_9：万人拥有移动电话用户数（户）	0.0119	0.2863
			X_{10}：万人拥有国际互联网用户数（户）	0.0432	0.1256
			X_{11}：万人拥有公共汽车数（辆）	0.0815	0.3653
			X_{12}：城市社会保障覆盖率（%）	0.0263	0.2832
		居民生活	X_{13}：城镇人均 GDP（万元）	0.0458	0.1129
			X_{14}：城镇人均可支配收入（万元）	0.0194	0.3645
			X_{15}：城镇居民人均住房面积（平方米）	0.0111	0.0028
			X_{16}：城镇居民恩格尔系数（%）*	0.0157	0.0896
			X_{17}：城镇登记失业率（%）*	0.1045	0.3228
			X_{18}：城镇人均社会消费品零售总额（万元）	0.0615	0.0083
		环境质量	X_{19}：城镇居民人均消费支出（万元）	0.0554	0.1863
			X_{20}：城镇人均公共绿地面积（平方米）	0.0326	0.0542
			X_{21}：城镇污水处理厂集中处理率（%）	0.0769	0.2548
			X_{22}：城镇生活垃圾无害化处理率（%）	0.0263	0.1228
			X_{23}：环保投入占 GDP 比重（%）	0.0382	0.3584
			X_{24}：万元 GDP 综合能耗（吨标准煤）	0.0278	0.3652
	产业发展水平	产业实力	Y_1：对外贸易出口总额（亿元）	0.0528	0.1236
			Y_2：外商直接投资总额（亿元）	0.0543	0.2562
			Y_3：规模以上企业工业增加值（亿元）	0.0436	0.1569
			Y_4：上市公司拥有量（个）	0.0271	0.1783
			Y_5：规模以上工业企业个数（个）	0.0136	0.1123
		产业结构	Y_6：第三产业占 GDP 比重（%）	0.0195	0.1356
			Y_7：工业增加值占 GDP 比重（%）	0.0463	0.4563
			Y_8：高新技术产业增加值占 GDP 比重（%）	0.0517	0.0001
			Y_9：服务业增加值占 GDP 比重（%）	0.0512	0.1075
		科技创新	Y_{10}：R&D 经费支出占 GDP 比重（%）	0.0665	0.0325
			Y_{11}：新产品产值占 GDP 比重（%）	0.0734	0.0663
			Y_{12}：技术市场成交额占 GDP 比重（%）	0.0412	0.1339
			Y_{13}：每万人申请专利数（件）	0.1077	0.0001
			Y_{14}：高新企业认证数（家）	0.1416	0.2865
		绿色发展	Y_{15}：人均工业废气排放量（立方米）	0.0622	0.2358
			Y_{16}：人均工业废水排放量（吨）	0.0205	0.3257
			Y_{17}：工业废水综合利用率（%）	0.0245	0.2357
			Y_{18}：工业能源消耗强度*	0.0245	0.1234

* 为成本型指标，其他均为效益型指标。

（二）武汉城市圈新型城镇化与产业发展水平子系统综合评价

通过 AHP - PP 模型计算出产城协同发展复合系统两个子系统综合评价指数（见表 7），并据此对武汉城市圈 9 个城市新型城镇化发展水平子系统与产业发展水平子系统进行综合评价。

表 7　武汉城市圈新型城镇化水平与产业发展水平子系统综合评价值

地 区	2009 年	2010 年	2011 年	2012 年	2013 年	2014 年
城市圈	0.2935/ 0.2777	0.3505/ 0.2912	0.3764/ 0.3256	0.4225/ 0.6428	0.4259/ 0.4628	0.3481/ 0.3762
武 汉	0.5811/ 0.3624	0.6449/ 0.3841	0.7064/ 0.4416	0.7923/ 0.6049	0.8173/ 0.6807	0.7896/ 0.5566
黄 石	0.2565/ 0.2296	0.3101/ 0.2302	0.3457/ 0.2304	0.3608/ 0.3139	0.3772/ 0.3389	0.3118/ 0.2880
鄂 州	0.3322/ 0.2149	0.4290/ 0.2121	0.4648/ 0.2424	0.4876/ 0.4652	0.6223/ 0.5030	0.4032/ 0.2948
孝 感	0.2626/ 0.2107	0.3401/ 0.2101	0.3520/ 0.2172	0.4166/ 0.3501	0.4073/ 0.3730	0.2458/ 0.2592
黄 冈	0.1772/ 0.1942	0.2400/ 0.2020	0.2492/ 0.2110	0.2925/ 0.2931	0.2690/ 0.3110	0.1883/ 0.2458
咸 宁	0.2053/ 0.2151	0.2461/ 0.2161	0.2624/ 0.2286	0.2636/ 0.2989	0.2261/ 0.3198	0.2111/ 0.2661
仙 桃	0.2452/ 0.1959	0.3090/ 0.2100	0.3348/ 0.2152	0.3811/ 0.3551	0.3956/ 0.3742	0.2927/ 0.2492
潜 江	0.2576/ 0.1894	0.2495/ 0.1996	0.2824/ 0.2029	0.2823/ 0.3443	0.2941/ 0.3696	0.3130/ 0.2455
天 门	0.2398/ 0.1694	0.2825/ 0.1757	0.2527/ 0.1763	0.2985/ 0.2867	0.3503/ 0.3062	0.2356/ 0.2127

注：表中新型城镇化水平与产业发展水平子系统综合评价值，用"/"隔开，前者为新型城镇化水平，后者为产业发展水平。

由表7可以看出，2009～2014年，武汉城市圈9个城市的新型城镇化发展水平子系统评价值呈现快速上升态势，武汉城市圈各城市新型城镇化发展水平逐年提高，由研究基期的0.2935上升到研究末期的0.3481。空间上，研究期内武汉始终是武汉城市圈新型城镇化子系统发展的第一极核，新型城镇化发展水平明显领先于武汉城市圈的其余8个城市，子系统综合评价值由2009年的0.5811上升到2014年的0.7896。而黄冈、咸宁与天门为三个极低点，尽管子系统综合评价值有所上升，但在研究期内其新型城镇化发展水平一直落后于武汉城市圈的其他城市。

研究期间，武汉城市圈产业发展水平评价值呈缓慢上升趋势，且区域差异显著。这表明武汉城市圈产业发展水平不断提升，产业综合实力逐年加大。其中武汉市的产业发展水平子系统评价值仍然领先于其他城市，由2009年的0.3624上升到2014年的0.5566。受区域环境与产业基础条件限制，黄冈、潜江、仙桃、天门产业发展子系统发展较为缓慢；黄石、鄂州、孝感与咸宁产业发展子系统发展处于中等水平。总体上看，两系统发展水平均呈逐年上升趋势，但新型城镇化发展水平增长速度大于产业发展水平。

五　武汉城市圈产城协同发展复合系统协同演化分析

（一）武汉城市圈产城协同发展复合系统协同演化有序度分析

为分析武汉城市圈产城协同发展复合系统演化发展方向，将产城协同发展复合系统两子系统综合评价指数分别代入公式（3）、（4），得到武汉城市圈产城协同发展复合系统信息熵值（见表8）和有序度

（见表9）测算结果。

2009～2014年，除孝感、黄冈、咸宁、仙桃、潜江与天门外，武汉城市圈其余三个城市的产城协同发展复合系统信息熵值呈逐年下降态势，系统内部处于熵减状态，有序度呈逐年上升的趋势，但区域差异比较显著。2009年武汉城市圈产城协同发展复合系统除武汉外，大多数城市系统有序度为负，此时系统处于较为混乱无序的状态。到2014年系统有序度为负的程度明显减弱，表明武汉城市圈产城协同发展复合系统内部熵减过程明显，系统逐年向稳定有序状态演化，显现出良性发展态势。但受社会、经济等因素的影响，地区间存在较大差异，武汉的信息熵值明显小于其余8个地区，由研究基期的0.6919下降到研究末期的0.5708，而其有序度由研究基期的0.0018增加到研究末期的0.1764。

表8 武汉城市圈产城协同发展复合系统信息熵值

地 区	2009 年	2010 年	2011 年	2012 年	2013 年	2014 年
城市圈	0.7354	0.7329	0.7299	0.6663	0.7113	0.7288
武 汉	0.6919	0.6696	0.6379	0.5556	0.5115	0.5708
黄 石	0.7353	0.7346	0.7330	0.7316	0.7292	0.7348
鄂 州	0.7333	0.7249	0.7205	0.7016	0.6608	0.7284
孝 感	0.7348	0.7328	0.7323	0.7247	0.7241	0.7356
黄 冈	0.7317	0.7343	0.7347	0.7352	0.7350	0.7337
咸 宁	0.7338	0.7349	0.7353	0.7353	0.7342	0.7348
仙 桃	0.7341	0.7341	0.7332	0.7279	0.7252	0.7354
潜 江	0.7339	0.7343	0.7344	0.7334	0.7315	0.7348
天 门	0.7326	0.7331	0.7332	0.7352	0.7325	0.7346

表 9　武汉城市圈产城协同发展复合系统有序度

地　区	2009 年	2010 年	2011 年	2012 年	2013 年	2014 年
城市圈	− 0.0610	− 0.0573	− 0.0531	0.0387	− 0.0263	− 0.0514
武　汉	0.0018	0.0339	0.0798	0.1985	0.2621	0.1764
黄　石	− 0.0609	− 0.0599	− 0.0575	− 0.0554	− 0.0520	− 0.0601
鄂　州	− 0.0580	− 0.0457	− 0.0395	− 0.0122	0.0467	− 0.0509
孝　感	− 0.0601	− 0.0571	− 0.0565	− 0.0455	− 0.0446	− 0.0613
黄　冈	− 0.0556	− 0.0593	− 0.0600	− 0.0607	− 0.0604	− 0.0586
咸　宁	− 0.0587	− 0.0602	− 0.0609	− 0.0609	− 0.0592	− 0.0601
仙　桃	− 0.0591	− 0.0591	− 0.0578	− 0.0502	− 0.0462	− 0.0610
潜　江	− 0.0588	− 0.0594	− 0.0595	− 0.0581	− 0.0553	− 0.0601
天　门	− 0.0570	− 0.0576	− 0.0578	− 0.0606	− 0.0568	− 0.0598

（二）武汉城市圈产城协同发展复合系统协同演化类型分析

在对武汉城市圈产城协同发展复合系统各子系统发展水平及系统演化有序度分析的基础上，借助产城协同发展复合系统协同演化模型，并采用 AGA 对模型参数进行估计，得出系统平衡点坐标，结果如表 10 所示。

表 10　武汉城市圈产城协同发展复合系统协同演化类型

地区	r_1	r_2	α_1	α_2	平衡点	协同类型
武汉	0.4409	0.3372	− 0.7971	− 0.0974	（1.9483，1.1898）	协同型
黄石	0.2990	0.0350	0.0904	0.2506	（0.9306，0.7668）	竞争型
鄂州	0.0434	0.0111	0.1003	0.5010	（0.9473，0.5254）	竞争型
孝感	0.0526	0.0233	− 0.0496	0.4136	（1.0285，0.5746）	冲突型
黄冈	0.2588	0.0252	0.1212	0.3526	（0.9180，0.6763）	竞争型
咸宁	0.4068	0.0337	0.1310	0.3710	（0.9134，0.6611）	竞争型
仙桃	0.1619	0.0048	− 0.0793	0.5023	（1.0380，0.4787）	冲突型
潜江	0.0370	0.0849	− 0.6895	− 0.0879	（1.7985，1.1582）	协同型
天门	0.0027	0.0277	− 0.1787	0.4497	（1.0910，0.5093）	冲突型

由表 10 可以看出，竞争型产城关系城市为黄石、鄂州、黄冈、咸宁，参数 α_1、α_2 值均大于 0，新型城镇化发展水平子系统与产业发展水平子系统之间的相互抑制作用大于相互促进作用，且 $\alpha_1 < \alpha_2$，新型城镇化发展水平子系统对产业发展水平子系统的抑制作用大于后者对前者的抑制作用。当这种抑制作用控制在一定的范围之内时（$0 < \alpha_1 < 1$，$0 < \alpha_2 < 1$），可以实现系统均衡，但是这种均衡维持在一个相对较低的水平上。冲突型产城关系城市有孝感、天门与仙桃。参数 $\alpha_1 < 0$、$\alpha_2 > 0$，新型城镇化发展水平子系统对产业发展水平子系统的抑制作用大于相互促进作用，而后者对前者的促进作用大于抑制作用，当新型城镇化发展水平子系统对产业发展水平子系统的抑制作用控制在一定的范围之内时（$0 < \alpha_2 < 1$），可以实现系统均衡，在这种均衡中虽然新型城镇化系统发展水平较高，但产业系统的发展水平很低，最终将限制两个子系统的充分发展。武汉与潜江则为协同型产城关系，参数 α_1、α_2 值均小于 0，新型城镇化发展水平子系统与产业发展水平子系统之间的相互促进作用大于相互抑制作用，并且 $|\alpha_1| > |\alpha_2|$，即使新型城镇化发展水平子系统对产业发展水平子系统的促进作用很小也可以实现系统均衡，这种协同作用激发了两系统的发展空间，使均衡在一个高的发展水平上实现。

综上分析，可以发现目前武汉城市圈产城融合中存在的突出问题有：①武汉城市圈产城协同发展复合系统协同演化类型存在空间差异。9 个城市中有 5 个城市的产城关系表现为竞争型，表明武汉城市圈新型城镇化与产业发展之间矛盾关系显著。冲突型产城关系分布在社会经济欠发达地区，协同型产城关系则分布在新型城镇化与产业发展实现较好融合的区域。②城市间经济社会发展差异大，相互联系相对较弱。目前武汉还处于产业集聚和极化阶段，对周边城市的辐射带动作用还较弱。③城镇体系等级结构不合理，大城市发展滞后，人口规模等级具有"两头大、中间小"的特征，城市首位度高达 5.8。

④城镇空间结构表现出较强的轴线集聚特征。城市圈城镇分布特点为：沿江（长江、汉江）及沿沪蓉高速公路城镇分布密集，城镇规模较大，形成东西密、南北疏的格局，表现出较强的轴线集聚特征。⑤圈层结构布局不合理。武汉城市圈城镇化与产业协同发展存在着明显的"强中心、弱腹地"现象，仅武汉市的产城协同发展程度较好，其余 8 个城市还存在较大提升空间。此外，由于武汉城市圈周边区经济发展滞后，在距武汉市主城区30～50公里的地区，其建制镇密集程度明显低于周边的鄂州、孝感、天门、仙桃等地市，形成环绕武汉中心城区的"灯下黑"环带。

六　提升武汉城市圈产城协同发展复合系统发展水平的思路与对策

（一）加强创新驱动，加快转型升级

武汉城市圈必须紧扣湖北省发展实际，以改革创新统揽科技工作全局，推进国家全面创新改革试验，着力激发科技创新创业活力，着力增强创新驱动发展能力，打造军民深度融合发展示范区，建成国家创新驱动发展先行省，努力推进"创新湖北"建设向更高层次迈进。

一是推进科技与经济深度融合。武汉城市圈应积极探索建立政府作用与市场机制有机结合的体制机制，积极倡导"专利不等于创新"的观念，引导企业更多地从市场需求出发运用知识产权，不断优化让市场充分发挥决定性作用的创新治理机制。优化科技创新成果转化政策，加快完善相关体制机制，切实推动科技成果转化，放大科技成果对企业和产业技术改造的提升效用。改革和优化高新技术企业认定标准、创新型企业评选体系，逐步改变用研发投入、专利、论文等创新投入和中间指标衡量企业创新能力的做法，更多地将新产品产值、新

产品销售收入以及市场利润等指标作为衡量和评价企业创新能力的重要参考依据。支持和引导企业探索新的商业模式和盈利模式，支持企业提高自身整合利用国内外市场成熟技术的能力，强化技术集成和市场应用，推动高新技术与传统产业的融合渗透，鼓励和支持新业态的发展，为企业开展商业模式创新营造良好的产业生态环境。

二是实现科技同产业的无缝对接。强化产业创新，围绕产业链部署创新链，依托武汉城市圈科技优势和产业基础，以技术的群体性突破支撑引领新兴产业集群发展，使武汉城市圈产业的科技含量、附加值更高。以信息技术、生命健康、智能制造三大领域为核心，构建以企业为主体，"产业链、创新链、人才链、资金链、政策链"五链统筹的产业创新生态体系。大力推进高新技术产业和科技服务业发展。依靠科技创新加速改造饮料食品、纺织化工、冶金建材等传统产业，向产业链、价值链中高端迈进。

三是大力培育创新型引擎企业。加快促进武汉城市圈城市与产业协同发展，企业特别是创新"引擎"企业是主力军和骨干。因此，武汉城市圈要把培育行业创新"引擎"企业作为支撑武汉城市圈创新驱动的突破口和主抓手，以激发本土科技中小微企业创新活力为导向，坚持企业技术研发与创新管理能力并重，注重技术创新、管理创新和商业模式创新的有机融合，加快培育若干家本土创新"引擎"企业，支撑武汉城市圈转型发展。

四是推进大众创业万众创新。大众创业万众创新是推动经济增长的新引擎。加大科技中小微企业创新扶持力度，推进众创、众包、众扶、众筹等平台建设。落实好相关的企业扶持政策，强化对科技型中小微企业的扶持，引导其不断发展壮大，逐步形成行业控制力和全球影响力。当前，要结合武汉城市圈企业特点，加快制定相关的配套实施政策，明确落实责任主体，建立部门协同机制，促进配套政策落到实处。探索建立以企业为主导的产学研用协同创新机制，引导科技型中小微企业通过项目合作、共建研发基地和创新联盟等方式，充分发挥武汉科教资源丰富的优势，有效利用高校、科研院所的创新资源，提高自身创新能力。

（二）打通产业关联，实现产城融合

促进武汉城市圈产业和城镇化协同发展，既要遵循城镇化发展规律，分步骤、分类别地推进与经济社会发展阶段相匹配的新型城镇化，又要把握产业演变规律，有针对性地、主次分明地培育和选取与新型城镇化相融合的主导产业和优势产业①。

一是构建新型城镇化评价体系。以人的城镇化为核心和重点，以人的全面自由发展为本质目标，立足于当前和未来，构建新型城镇化建设指标体系，将人的生产力与物的生产力纳入新型城镇化框架之中，使农业转移人口及其家庭融入新型城镇化，逐步通过户籍制度改革构建城乡一体化的公共福利体系，让农业转移人口及其家庭享受均等化的公共服务。

二是要促进产业深度融合发展。顺应制造业服务化的发展趋势，大力发展生产性服务业，加快适应未来工业 4.0 定制化生产制造的研发设计、营销与售后服务业的发展，发展服务业外包模式；加快农副食品加工业的发展和生态休闲服务业的发展。

三是要构建与新型城镇化相关联的产业体系。以产业优化升级为导向，注重发展具有社会嵌入性与战略性的产业，以比较优势营造竞争优势。既要考虑产业发展的附加值，又要提升产业发展的就业弹性，实现产业升级与人的生产力水平提升的相互协调。此外，顺应产城融合的发展模式，应加强产业园区各类配套服务建设，构建为产业园区服务的生产性服务以及休闲娱乐等生活性服务支撑体系。

---

① 马野驰、祝滨滨：《产城融合发展存在的问题与对策研究》，《经济纵横》2015 年第 5 期。

四是促进产业链的区域延伸。将处于产业链中间环节的大规模生产活动由武汉市向武汉城市圈及外围辐射地区转移，加强产业链空间关联，在"1＋8"城市圈空间范围内完善产业链。站在长江沿线经济带的高度谋划产业分工协作，特别是加强中部城市群的产业协同发展，争做中部地区生产性服务中心。加快建设物流网络，打造中部地区重要经济增长极、中部地区就近城镇化示范区、全球水陆空货物转运中心、长江经济带对外开放高地。

（三）培育新兴产业，引领城市发展

深入贯彻落实《湖北产业转型升级发展纲要》和《中国制造2025湖北行动纲要》，精准实施产业政策。实施"互联网＋"行动计划和大数据战略，推进工业化和信息化深度融合，打造全国智能制造高地。加快传统产业转型升级，支持企业加强技术改造，提升产品质量和品牌知名度，全面提高产品技术、工艺装备、能效环保等水平。按照企业主体、政府推动、市场引导、依法处置的办法，制定全面配套的政策体系，构建分类有序处置过剩产能的长效机制。

一是大力培育战略性新兴产业。实施战略性新兴产业培育壮大工程，深度对接国家战略性新兴产业规划、政策和重大科技专项，充分发挥长江经济带产业基金的引导作用，促进新一代显示技术、大规模集成电路、智能装备、新能源汽车和专用汽车、生物医药和高端医疗器械、新材料、海洋工程装备及高技术船舶、航空航天装备、北斗卫星导航系统、轨道交通装备、节能环保和资源循环利用等重点领域产业发展壮大。

二是加快推进制造业优化升级。适应产业高端化、服务化、专业化、融合化的趋势，促进"互联网＋"在制造业领域的融合发展，推动传统优势产业向产业链中高端跃升。深入实施质量强省战略，推进制造业质量和品牌建设。充分发挥长江经济带产业基金引导作用，推动战略性新兴产业加快发展。支持武汉建设具有全球影响力的产业创新中心。加快推进武汉、孝感两个国家级产业示范基地建设。

三是加快推进服务业优质高效发展。坚持生产性服务业和生活性服务业并重，现代服务业与传统服务业并举，推动生产性服务业向专业化方向发展和价值链高端延伸，推动生活性服务业向精细化方向和高品质转变。加快发展大数据产业。加快外包、会展、文化、体育、人力资源等产业发展。加快发展大物流产业，着力培育电子商务、物流配送、连锁经营等现代流通方式。支持基于互联网的金融产品、服务、技术和平台创新，大力促进民营银行以及各类金融机构、金融业态的发展和聚集。

四是大力化解过剩产能。坚持优化存量、做强增量、调减余量，把资源要素从无效供给中释放出来，向新兴产业转移，全面提高资源要素配置效率。更多地利用市场机制化解过剩产能，在钢铁、汽车、水泥、化肥等传统产业广泛开展"互联网＋"行动，引导企业创新品种、提升品质、培育品牌，让"老产业"焕发出"新活力"。积极稳妥地推进企业兼并重组，对不符合国家能耗、环保、质量、安全等标准和长期亏损的产能过剩行业企业，实行关停并转或剥离重组；对持续亏损三年以上且不符合结构调整方向的企业，通过资产重组、产权转让、破产清算，实现"腾笼换鸟"。加快推进"僵尸企业"重组整合或退出市场。完善企业破产制度，盘活存量土地，妥善分流下岗职工。

（四）坚持生态低碳，推进绿色发展

立足于主体功能区定位，以"两型"社会建设为抓手，坚持绿色发展、循环发展、低碳发展，转变生产生活方式，推进资源节约和循环经济建设，加强自然生态环境保护与治理，打造低碳生活方式和宜居环境。

一是推进资源节约和循环经济建设。加快建设资源能源节约利用体系。坚持节约优先,树立节约集约循环利用的资源观。强化约束性指标管理,实行能源和水资源消耗、建设用地等总量和强度双控行动。积极建设生态文明绿色产业体系,推进传统产业绿色转型升级,加快推进主导产业节能降耗技术改造。严格执行产能过剩行业项目禁批限批政策,突出发展节能环保、新材料等新兴产业,大力推进重大新兴产业项目建设。加快发展生态物流产业,大力发展第三方物流,运用电子商务和"互联网+"发展模式,加快发展生态农业以及生态旅游业。着力建设集约高效循环经济体系。支持绿色清洁生产,推进传统制造业绿色改造,推动建立绿色低碳循环发展产业体系,鼓励企业工艺技术装备更新改造。

二是加强自然生态环境保护与治理。以提高环境质量为核心,实行最严格的环境保护制度,形成政府、企业等共治的环境治理体系。加强水源涵养区、江河源头区和湿地保护,有效削减污染物排放量和入河量。有效保护耕地和饮用水水源地土壤环境,严格控制新增土壤污染,提升土壤环境保护监督管理能力,大力推广绿色防控技术和实行专业化统防统治。科学施用化肥,提高肥效、减少施用量,禁止使用重金属等有毒有害物质超标的肥料,加快形成符合武汉城市圈实际的土壤污染治理验收评价体系。以主要污染物(二氧化硫、氮氧化物)总量控制为手段,积极提高城市大气环境质量,推进多污染物综合控制。加大淘汰落后危险废物的利用、处理、处置力度,建立全过程管理体系,加大执法力度,促进危险废物处理处置设施专业化运营,全面提升危险废物处置产业化水平。

三是打造低碳生活方式和宜居环境。倡导低碳生活方式,积极推进发展低碳社会生活方式,树立绿色低碳的生活消费理念。鼓励使用节能环保型产品,实施建筑物节能技术改造,大力推广绿色建筑材料,实行生活垃圾分类,鼓励低能耗、低排放车辆使用,积极开展低碳社区建设，引导居民在衣食住行游等方面向低碳化方向转变。在农村推广使用沼气和太阳能，推进能源低碳化。加强政府公共消费管理，优先采购绿色产品。营造优质人居环境。积极推进城乡环境综合治理，对武汉城市圈各城市环境治理实行属地管理、条块结合制度，统筹兼顾、总体协调。

（五）优化空间布局，促进空间协同

提高武汉城市圈城市规划建设管理的协调性、系统性，统筹地上地下，统筹武汉城市圈各城市老城新区、城乡一体发展，增强城市发展整体水平。加强规划、建设、管理相互衔接，实现空间规划与产业布局、城市功能协调统一（见表11）。突破行政体制限制，创新产业一园多区的管理体制，突破行政界限，按照生产要素布局与生产效率提升原则对产业园区进行统筹安排与管理，适当时候通过整合行政区来实现产业协同发展。

表11　武汉城市圈九城市"十三五"空间发展方向

序号	城市	发展方向
1	武汉	深化"1+6"城市空间格局体系规划。促进主城区、新城区、开发区（功能区）功能互补、良性互动。主城区严格控制在三环线以内，"三镇三城"均衡发展，全面完成三环线内城中村改造任务。新城区要规划先行、建设有序、生态优先、产城融合，加快形成规模适度、职住平衡、特色鲜明的现代化生态新城。全面划定城市开发边界，同时，在规划建设区注重留白，为城市未来发展留下空间
2	黄石	以大冶湖生态新区为龙头，加快建设特大城市；以黄石新港多式联运为切入点，积极融入长江经济带
3	鄂州	抢抓国家长江经济带、长江中游城市群建设战略机遇，把航空都市区和新区建设作为主阵地、主战场

续表

序号	城市	发展方向
4	孝感	加快建设东城新区行政、文化、商住等功能区,推进生态文化旅游区、南城新区项目建设,建成市临空经济区 10 平方公里核心区,打造兼具孝文化、楚文化特色的云梦水乡园林城市组团
5	黄冈	按照海绵城市要求,推进白潭湖片区、开发区、工业园区开发建设和老城区成片改造,推进遗爱湖东湖片区建设
6	咸宁	推动城市空间拓展,加快"四城四区"建设。咸安旧城改造、嘉鱼文体会展中心、赤壁生态新城、通城银山广场、崇阳"一河两岸"景观工程、通山通羊河景观改造加快建设。全市城市建成区面积突破 154 平方公里,全市城区人口突破 120 万,城镇化率达 49.6%
7	仙桃	全面推进城市功能完善和品位提升,建成城区面积达到 80 平方公里、人口超过 60 万的充满活力的现代化中等城市
8	潜江	抓好高铁北部片区、货运铁路支线货运场站周边区域等重点片区控制性详细规划编制工作,开展"三区三园"、物流产业园、农业科技产业园和石油机械园等园区规划修编工作。全面开展城市设计,加强整体平面、立体空间、主色调和退红线管理,统筹建筑布局,彰显城市特色和风貌,提升城市空间品质
9	天门	推进杨林与主城区无缝对接,加快城市向南拓展

参考文献

［1］ 黄峻:《武鄂黄城镇连绵带建设初探》,城乡统筹与规划专题交流研讨会,2010。

［2］ 孔翔、杨帆:《"产城融合"发展与开发区的转型升级:基于对江苏昆山的实地调研》,《经济问题探索》2013 年第 5 期。

［3］ 付岱山、付静:《基于模糊层次综合评价法的产城融合程度测评——以沈阳经济区为例》,《沈阳工业大学学报》(社会科学版)2015 年第 5 期。

［4］叶振宇：《城镇化与产业发展互动关系的理论探讨》，《区域经济评论》2013 年第 4 期。

［5］马远、陈军：《城镇化与产业发展的动态关联效应研究——以新疆为例》，《管理现代化》2012 年第 5 期。

［6］张爱武、刘玲：《新型城镇化视角下的产业集群发展研究》，《宏观经济管理》2013 年第 12 期。

［7］汪大海、周昕皓、韩天慧、曾雪寒：《新型城镇化进程中产业支撑问题思考》，《宏观经济管理》2013 年第 8 期。

［8］魏人民：《新型城镇化建设应解决七个失衡问题》，《经济纵横》2013 年第 9 期。

［9］马野驰、祝滨滨：《产城融合发展存在的问题与对策研究》，《经济纵横》2015 年第 5 期。

［10］孟德友、陆玉麒、樊新生等：《基于投影寻踪模型的河南县域交通与经济协调性评价》，《地理研究》2013 年第 11 期。

［11］孙才志、李红新：《基于 AHP－PP 模型的大连市水资源可持续利用水平评价》，《水资源与水工程学报》2007 年第 5 期。

［12］刘海猛、石培基、杨雪梅等：《人水系统的自组织演化模拟与实证》，《自然资源学报》2014 年第 4 期。

［13］范斐、孙才志：《辽宁省海洋经济与陆域经济协同发展研究》，《地域研究与开发》2011 年第 2 期。

［14］范斐、孙才志、王雪妮：《社会、经济与资源环境复合系统协同进化模型的构建及应用——以大连市为例》，《系统工程理论实践》2013 年第 2 期。

［15］孙才志、张坤领：《中国沿海地区人海关系地域系统评价及协同演化研究》，《地理研究》2015 年第 10 期。

［16］金菊良、杨晓华、丁晶：《标准遗传算法的改进方案——加速遗传算法》，《系统工程理论与实践》2001 年第 4 期。

［17］湖北省推进武汉城市圈建设领导小组办公室、湖北省发展和改革委员会：《武汉城市圈总体规划纲要》，2006 年 7 月。

［18］湖北省人民政府：《武汉城市圈"两型"社会建设综合配套改革试验空间规划纲要》，2008。

B.3
环鄱阳湖城市群新型城镇化与
产业协同发展研究*

李雪松　张雨迪**

摘　要：　本文首先对环鄱阳湖城市群的发展概况进行了分析，利用环鄱阳湖城市群9个地级市2005～2014年的数据，构建新型城镇化建设、产业发展水平综合评价指标体系，并且通过主成分分析完成测算，并在此基础上构建PVAR模型实证得出，环鄱阳湖城市群新型城镇化和产业结构升级具有较强的相关关系，全面系统地分析了环鄱阳湖城市群城镇化和产业协同发展存在的问题。最后针对环鄱阳湖城市群给出了推进环鄱阳湖城市群新型城镇化与产业协同发展的路径选择和政策建议。

关键词：　环鄱阳湖城市群　新型城镇化　协同发展

一　引言

城镇化是一个国家或地区经济发达程度和社会发展进步程度的标

* 本研究报告为国家发展和改革委员会课题"长江中游城市群新型城镇化与产业协同发展研究"的子课题，武汉大学自主科研项目（人文社会科学）研究成果，得到"中央高校基本业务经费专项资金"资助。

** 李雪松，武汉大学经济与管理学院经济系副主任，硕士生导师，副教授，博士，研究方向为区域经济、资源经济、环境经济。张雨迪，硕士研究生，研究方向为区域经济、可持续发展。

志，对稳定经济增长、扩大内需、调整产业结构、转变经济发展方式都有着十分重要的意义。党的十八大将新型城镇化确定为未来 10 ~ 20 年中国经济增长的重要引擎，提出了"四化（工业化、信息化、城镇化、农业现代化）同步发展"的新论断，强调"工业化和城镇化良性互动""城镇化和农业现代化相互协调"；党的十八届三中全会进一步提出"产业和城镇融合发展"；2013 年 12 月中央召开的城镇化工作会议再次指出，推进新型城镇化的关键是解决好人的问题，并把推进农业转移人口市民化作为主要任务。因此，新型城镇化建设必须建立在坚实的实体经济基础之上，必须以产业为支撑，通过产业发展创造就业岗位，推进城镇化的合理分布。新型城镇化与产业协同发展至关重要。

2014 年颁布实施的《国家新型城镇化规划（2014 ~ 2020 年）》中提出"加快培育成渝、中原、长江中游、哈长等城市群，使之成为推动国土空间均衡开发、引领区域经济发展的重要增长极"。环鄱阳湖城市群地处长三角、珠三角、闽东南三大经济发达地区的核心位置，是长江中游城市群的重要组成部分，是连接沿海与内陆的枢纽。2015 年 4 月 5 日国务院发布的《长江中游城市群发展规划》就环鄱阳湖城市群发展给予指导性意见："优化南昌要素集聚、科技创新、文化引领和综合交通功能，辐射带动周边地区发展，打造重要的先进制造业基地、中部地区综合交通枢纽和现代服务业集聚区；加快（南）昌九（江）一体化、（南）昌抚（州）一体化发展，推进鄱阳湖生态经济区建设，加强与新（余）宜（春）萍（乡）城镇密集带、信江河谷城镇群的联系，促进与赣南等原中央苏区的联动发展，把环鄱阳湖城市群建设成为大湖流域生态人居环境建设示范区和低碳经济创新发展示范区。"这一规划的出台，为环鄱阳湖城市群发展带来历史性的机遇，对于探索新型城镇化道路、推动产业转型升级、促进区域一体化发展也具有重大意义。

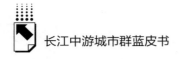

二　环鄱阳湖城市群的发展现状

依据《长江中游城市群发展规划》，环鄱阳湖城市群主要包括鄱阳湖生态经济区（南昌、九江、景德镇、鹰潭、上饶、新余、抚州、宜春、吉安）以及萍乡，基本涵盖了除赣州市以外的江西省域范围。2014年，环鄱阳湖城市群以占江西省30%的面积和50%的人口，贡献了全省60%的GDP，成为江西经济发展的龙头和长江中游城市群乃至中部地区的重要增长极。

（一）生态环境优势明显，自然资源较为丰富

环鄱阳湖地区在生态环境、自然资源方面具有先天的优势。

鄱阳湖是我国最大的内陆淡水湖、最大的湿地之一，被称为"大陆之肾"。江西省在1985年便启动了"山江湖开发智力工程"，是全国唯一一个提出绿色崛起口号的省份，在生态环保方面一直走在全国前列。截至2015年底，全省地表水水质总体良好，Ⅰ～Ⅲ类水质断面（点位）达标率为81.0%，高于全国近20个百分点，全省设区城市饮用水源地监测水量和监测点次达标率均为100%；空气环境质量总体较好，全省城市环境空气质量达标（优良）天数比例平均为90.1%，明显高于全国平均水平；森林覆盖率为63.1%，全国排名第二，拥有5个国家级森林城市。随着鄱阳湖生态经济区建设上升为国家发展战略，生态旅游业，特别是以乡村、温泉、森林等为主体的特色性旅游快速发展，基本形成了以鄱阳湖为中心的旅游业集群。公园方面，区内共建成国家森林公园14个、国家湿地公园6个、国家地质公园2个；历史文化名镇名村方面，国家级6个、省级7个，特色名镇2个、乡村示范点31个。2011年，全省接待游客量由2009年的9400万人次提高到1.6亿人次；旅游总收入由676亿元提高到

1105.93 亿元；接待入境旅游人次 135.83 万，比 2010 年增长
19.06%；外汇收入 4.15 亿美元，比 2010 年增长 19.97%。

鄱阳湖平原土地肥沃，农业资源丰富，90% 以上的土地达到生产
"无公害农产品"的质量要求，素有"江南粮仓""鱼米之乡"的美
誉，粮食、油料、蔬菜、生猪、药材、淡水鱼等农产品生产在全国占
有重要地位；环鄱阳湖城市群成矿地质条件优越，蕴藏的煤、铁、
铜、锡、金、锰、钨、瓷土、银、铅等资源相当丰富，有"世界钨
都""中国铜都""钽铌之乡"之美称，在已知的 89 种矿产储量中，
居全国前 5 位的有 33 种；鄱阳湖的水产品和水资源丰富，水禽资源
115 种，鱼类 100 余种，以鲤鱼为主，其次为青鱼、草鱼、鲢鱼、鳙
鱼及贝、螺等，产量丰硕，具有巨大的开发利用价值；森林覆盖率达
60.05%，全国排名第二，林业资源总积量约 4 亿立方米，竹林资源
量位居全国第二。

（二）区位优势明显，交通便捷发达

作为通江湖泊的鄱阳湖，位于长江中下游连接处。东邻发展迅速
的长三角、珠三角，西接武汉城市群、长株潭城市群，北连中原城市
群、皖南城市群，南望珠江三角洲和贯通江西的京九铁路大动脉，对
长江流域的经济发展和江海一体的"T"形战略格局的形成十分
重要。

环鄱阳湖城市群位于赣江、长江交汇处，内河航运发达。南昌为
"北趋江淮，南抵闽越，道路四达，商贾会通"之所；九江截长江之
中流，西通川蜀，东达苏沪，南通鄱阳湖和赣江，与江西内地城镇相
连；景德镇濒临昌江，另有南河、西河环绕。区域交通条件优越，国
道、省道及高速公路四通八达，有浙赣、武九、院赣、京九和横南五
条铁路干线和支线，有 105、316、320 和 323 等六条国道，形成了以
鄱阳湖城市群为中心的便捷交通网。南昌市是江西省最重要的综合交

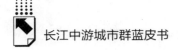

通枢纽之一，也是京九铁路沿线经过的唯一的省会城市；九江市处于京九铁路与长江运输线的交叉点上，也是一大交通枢纽。这些使得环鄱阳湖城市群成为全国湖泊水系流域中铁路交通最发达的区域之一。

（三）劳动力资源丰富，人才智力资源密集

环鄱阳湖城市群区域内人口总数占江西省的50%以上，存在着大量的剩余劳动力，这些剩余劳动力为区域城镇化的飞速发展提供了可能。2015年，虽然跨省劳务输出的人数达到410.5万，但还有很多闲置劳动力想就业而得不到就业机会。劳动力资源丰富，有利于环鄱阳湖城市群承接沿海劳动密集型产业。把劳务经济引导好、发展好，把蕴藏在它们中的巨大潜能激发出来，将是解决环鄱阳湖城市群"三农"问题的一条极为有效的渠道。

此外，环鄱阳湖城市群人才与智力资源密集，区域内有普通高校65所，在校大学生70多万。仅2015年，就新增企业国家级重点实验室两个、博士后科研工作站28家，新组建产业创新战略联盟10个、协同创新体15个，新增抚州、赣州、吉安3个国家高新技术产业开发区，为承接高新技术产业也提供了良好的条件。环鄱阳湖城市群逐年增加科技资金投入，举办各类科技创新活动，支持企业建立研发机构，鼓励企业打造知名品牌，提升园区企业技术创新能力。

（四）地区经济实力不断壮大，竞争优势逐渐显现

"十二五"时期，江西省生产总值由0.95万亿元提高到1.67万亿元，年均增长10.5%；城镇居民人均可支配收入由全国第22位前移至第15位，农村居民人均可支配收入由全国第14位前移至第12位；财政总收入、一般公共预算收入、规模以上工业增加值、500万元以上项目固定资产投资、外贸出口均实现总量翻番。环鄱阳湖城市

群的各市县表现更为突出：①南昌已经被打造成为区域核心增长极。截止到 2015 年，南昌市组建了地区 12 家省级产业技术创新战略联盟，积极实施"引进来、走出去"战略，签约投资额达 3230 亿元，地区生产总值（GDP）突破 4000 亿元。②九江的沿江开放水平跃上新台阶。截至 2015 年末，九江市地区生产总值（GDP）为 1902.7 亿元，"十二五"时期年均增长 11.1%。③其他区域中心城市加快发展。景德镇市围绕打造世界瓷都，加快旅游、航空产业发展；新余市坚持创新改革不动摇，新兴产业蔚然兴起，以光电信息产业为例，产业增加值增长 35%，装备制造、麻纺等也分别增长 20%、18%，高新区电子商务产业园被列为国家级示范基地；鹰潭市大力推进"8＋1"重点工作，铜产业转型升级步伐加快，铜精深加工占比提升 8 个百分点，铜现货贸易量达 40 万吨。④县域经济板块活力增强。丰城、樟树、高安及新干的新型建材、盐化工、医药、绿色加工食品等新兴工业加快发展，鄱阳、余干、万年加快建设优质农产品种养加工基地，经济实力不断增强。

（五）产业集聚趋势明显，区域一体化发展态势良好

环鄱阳湖城市群初步建立了工业产业体系，形成了以汽车、航空及精密仪器制造、特色冶金和金属制品加工、中成药和生物制药、电子信息和现代家电产业、食品加工、精细化工及新型建材等为核心的世界级、全国级、特色级的产业体系。南昌的航空制造产业、景德镇的纳米陶瓷产业、鹰潭的炼铜产业、九江的硅材料制作产业、新余的光伏产业等可划为世界级产业体系。南昌的制药、汽车、烟草，景德镇的浮梁茶叶、工业日用瓷，鹰潭的计量设备、电光源，九江的石化产品、造船、羽绒制品等可划为全国级产业体系。而上饶的鄱阳银鱼、乐平的桃酥、德兴的茶油和木竹工艺品、弋阳的食品、鹰潭的木雕及景德镇的焦化产业可划为特色产业体

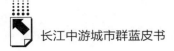

系。这些为地区经济快速发展奠定了基础，为打造区域经济一体化发展创造了条件。

此外，环鄱阳湖城市群的现代服务业高速发展。以生态旅游业为例，环鄱阳湖城市群具有丰富的旅游资源、人文历史景观和浓厚的赣都文化，2015年旅游接待总人数较前2014年增加25.2%，旅游总收入增加39.7%，呈现出快速增长的趋势。

（六）新型城镇化建设水平不断提高，城镇体系逐步完善

环鄱阳湖城市群已形成了以南昌为核心，以九江、景德镇、新余、抚州、萍乡、宜春、吉安、上饶、鹰潭等城市为支柱，以其他县级市、县城为骨干，以众多建制镇为基础的城镇体系总框架。2014年环鄱阳湖城市群城镇化率达到51.7%，较江西全省城镇化平均水平高1.6个百分点。城镇建设样本示范效应不断显现，城乡统筹发展取得新进展。近年来，环鄱阳湖城市群坚持城乡统筹、以工补农、以城带乡，多方面探索新型城镇化发展路径，推进昌九一体化、赣东北开放合作、赣西经济转型升级、赣中深化区域合作，取得了明显成效，提供了可学、可看、可推广的新型城镇化建设样本。

三 环鄱阳湖城市群新型城镇化与产业协同发展的实证分析

城镇化发展需要第二产业、第三产业同时推进，加快产业结构调整，构建融现代农业、现代制造业、现代服务业为一体的城镇化产业体系，有效利用区域空间。只有这样，才能切实转变我国城镇化发展方式，从根本上杜绝城镇"空心化""有城无业"现象，有效推进农业转移人口市民化，实现以人为核心的新型城镇化建设的目标，提高

城镇化发展质量。同样，新型城镇化发展也会在一定程度上促进产业的转型升级。新型城镇化带来的人口聚集，对绿色、保健、养老等产业的需求不断增加；有了社会需求，人口聚集发展较成熟，才有可能形成产业、形成规模经济；而产业结构转型升级必将带来人口、要素、资源的空间集聚，加速新型城镇化的发展。此外，新型城镇化发展对于互联网、物联网、生产性服务业、高新技术产业等也会有更高的要求，从而带动技术进步和产业升级。

利用环鄱阳湖城市群 2006～2014 年的面板数据，测算城镇化建设水平和产业发展水平，在此基础上，构建 PVAR 模型，实证分析我国城镇化建设和产业结构升级之间的互动关系。

（一）环鄱阳湖城市群城镇化与产业水平的测算

如今，环鄱阳湖城市群正处于新型城镇化的关键时期，为了全面准确地综合评价环鄱阳湖城市群的城镇化发展水平，本文在全面理解新型城镇化建设内涵及前人（姜爱林、王新越等、牛晓春、徐林等、赵永平等、田静、吕添贵等）研究的基础上，尝试以人口城镇化、经济城镇化、空间城镇化、社会城镇化以及绿色城镇化为一级指标，构建新型城镇化建设综合指标体系（见表 1）。在产业测度上，借鉴相关论文（顾丽琴等、邱佳韵、周昌林等、嘉蓉梅），构建包括产业结构合理化、产业结构高级化以及产业结构生态化三个一级指标在内的指标体系（见表 2）。从 2006～2015 年的《江西统计年鉴》中选取 2005～2014 年环鄱阳湖城市群 10 个地级市的数据，对其进行标准化，将原始指标值转化为相对指数，以消除量纲的影响。然后运用 stata 软件，采用主成分分析法确定每个变量的重要性，通过数据自身的特征客观地确定权重。最后得到 2005 年、2014 年环鄱阳湖城市群各个城市的新型城镇化建设和产业发展水平的综合得分（见表 3）。

表1　城镇化水平综合评价指标体系

综合指标	一级指标	二级指标	符号
新型城镇化水平综合指标	人口城镇化	城镇人口比重(%)	X_1
		第二、三产业就业人员占就业人员比重(%)	X_2
	经济城镇化	人均GDP(元)	X_3
	空间城镇化	人均拥有道路面积(万平方米/人)	X_4
	社会城镇化	城镇居民人均可支配收入(元)	X_5
	绿色城镇化	建成区绿化覆盖率(%)	X_6

表2　产业发展水平综合评价指标体系

综合指标	一级指标	二级指标	符号
产业发展水平综合指标	产业结构合理化	第三产业产值/第三产业从业人数(元/人)	Y_1
		第二产业产值/第二产业从业人数(元/人)	Y_2
	产业结构高级化	第三产业产值/GDP(%)	Y_3
		第三产业产值/第二产业产值(%)	Y_4
	产业结构生态化	单位灌溉面积化肥使用量(万吨/千公顷)	Y_5
		高新技术产业产值/第二产业产值(%)	Y_6
		旅游业产值/第三产业产值(%)	Y_7

表3　2014年和2005年环鄱阳湖城市群各个城市的新型城镇化建设和产业发展水平得分

城市	年份	城镇化水平	产业发展水平	年份	城镇化水平	产业发展水平
南昌	2014	7.797	8.205	2005	9.127	7.733
景德镇	2014	5.553	4.447	2005	6.467	4.210
萍乡	2014	5.592	4.646	2005	6.337	3.431
九江	2014	3.422	6.859	2005	2.050	4.812
新余	2014	4.444	6.764	2005	7.944	3.840

城市	年份	城镇化水平	产业发展水平	年份	城镇化水平	产业发展水平
鹰 潭	2014	6.380	4.500	2005	4.688	5.822
吉 安	2014	0.910	4.246	2005	0.994	5.752
宜 春	2014	1.533	0.953	2005	2.423	3.497
抚 州	2014	1.308	2.764	2005	2.115	4.645
上 饶	2014	2.250	3.843	2005	1.450	2.076

（二）基于 PVAR 模型研究城镇化建设与产业发展水平互动关系

基于对城镇化与产业协同发展的研究分析（蓝庆新等、沈正平、Murata），本文通过 PVAR 模型对环鄱阳湖城市群新型城镇化与产业互动发展效果加以实证分析。因数据为面板数据，所以采用面板向量自回归（PVAR）模型。其具体描述为：$y_{it} = \propto_i + \beta_t + B_1 y_{it-1} + B_2 y_{it-2} + B_3 y_{it-3} + \mu_{it}$，其中 $y_{it} = (u_{it}, r_{it})^T$ 是基于面板数据的 2×1 向量，u（城镇化发展水平）和 r（产业结构发展水平）分别代表 PVAR 模型中的两个内生变量，i 代表环鄱阳湖城市群的各个市，t 表示时间，选取时间段为 2010~2014 年，B_i 表示滞后 i 期变量的系数矩阵。$\propto_i$、β_t 分别为个体效应和时点效应。

借鉴 Lnessa Love 的做法，得到 GMM 估计结果。其中 L_{1h}、L_{2h}、L_{3h} 分别代表滞后 1 期、2 期、3 期。

1% 显著水平的检验值表示关系非常显著。表 4 中显示滞后 1 期的产业结构发展水平对城镇化发展水平的影响系数达到 0.256，滞后 2 期的城镇化发展水平对产业结构发展水平的影响系数达到 0.265，都有着显著的正向影响。

10% 显著水平的检验值表示关系一般显著。滞后 1 期的城镇化发展水平对自身的影响系数为 0.317，影响程度相对较高，对产业结构

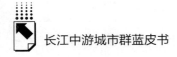

发展水平的影响系数为 0.0926，影响程度相对较低。

以上结果表明，城镇化发展水平与产业结构发展水平有着较显著的相关关系。

表4　PVAR 模型的 GMM 估计结果

	L_{1hu}	L_{1hr}	L_{2hu}	L_{2hr}	L_{3hu}	L_{3hr}
h_u	0.317（＊）	0.256（＊＊＊）	0.243	0.704	－0.049	－0.431
h_r	0.0926（＊）	－0.089	0.265（＊＊＊）	0.174	0.019	－0.059

＊＊＊、＊＊、＊分别表示在置信水平 1%、5%、10% 显著。

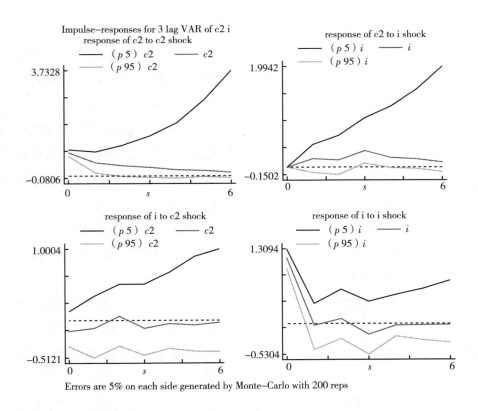

图1　脉冲响应图

四 环鄱阳湖城市群新型城镇化与产业协同发展存在的主要问题

根据上述实证分析，环鄱阳湖城市群新型城镇化与产业协同发展存在着显著的互动关系，但是总体上协同度不高，还存在一些问题。无论是产业结构还是新型城镇化，在空间布局上都存在着城乡和区域不平衡问题，资源环境承载压力加大，影响了环鄱阳湖城市群的可持续发展。

（一）城镇化发展不够阻碍产业结构优化升级

1. 城镇化发展水平较低，空间布局不合理

较高的城镇化水平意味着更多的人进入城镇。农业劳动力向非农业转移，促进农村人口和产业要素向城镇集中和流动，带动商品需求扩大，促进产业结构调整，带来生产集约化、生活集约化、管理科学化和文教科技的进步，进而促进包括产业结构优化升级在内的整个社会经济的发展。环鄱阳湖城市群的城镇化水平在全国来说还比较低，2013 年环鄱阳湖城市群城镇化率仅为 50.3%，比长株潭城市群低 15.24 个百分点，比武汉城市圈低 9.5 个百分点，城镇化水平不高直接影响到环鄱阳湖城市群的建设。

2. 城镇化发展质量不高，基础设施仍待改善

高质量的城镇化建设代表具有高效的劳动力市场、良好的基础设施、便利的交通、高效的物流，能大大节约集群内企业的生产成本。但是，当前环鄱阳湖城市群的城镇化建设质量并不理想：城镇综合承载能力普遍较低、交通拥堵、环境污染等"城市病"已经开始显现；公共服务和社会保障能力有限，城市污水和垃圾处理能力不足，各城市之间"一小时经济圈"效应尚未形成，一体化的公路、铁路网络

还有待改善；城市管理运行效率不高，信息公开、共享平台尚未建立；城镇化发展方式较为粗放，土地利用率不高，环鄱阳湖城市群城市建成区面积从 1990 年到 2013 年年均增长 4.4%，而同期常住人口城镇化率仅从 21.3% 增长到 50.3%，年均提高仅 1.25 个百分点。这些导致环鄱阳湖城市群城镇聚集功能和规模效益难以充分发挥，对企业和产业发展的集聚效应较难形成，阻碍了产业的快速发展。

3. 城市群内部各地区城镇化发展程度差异较大

城镇化发展速度直接关系到城市在区域中的竞争能力，影响资源的聚集和消费水平的提高，并最终影响产业发展。在环鄱阳湖城市群内部，各城市 2014 年的城镇化率由高到低分别是南昌（70.86%）、新余（67.43%）、萍乡（64.61%）、景德镇（62.28%）、鹰潭（54.23%）、九江（49.10%）、上饶（45.86%）、吉安（44.65%）、抚州（43.50%）、宜春（43.28%），最高与最低之间相差 27.58 个百分点，而且九江、上饶、吉安、抚州、宜春这些地区还低于江西省 50.22% 的城镇化平均水平。这种巨大的地域差异造成环鄱阳湖城市群区域经济格局的不平衡，给区域协同发展带来很大阻力。

（二）城镇化发展缺乏有效的产业支撑

1. 产业集聚度水平较低，新型产业集群尚未形成规模

要加快城镇化建设，就必须推动产业集聚。工业化是城镇化的经济基础，根据韦尔科克斯的研究，在 1870～1940 年长达 70 年的时间里，美国的城镇化率与工业化率的变动曲线保持了极高的相关度，几乎是两条平行上升的曲线，工业化的发展促进了人口向城镇的集聚。成熟的大型企业进入城镇，将与当地服务业相互支撑、相得益彰，同时有稳定消费能力的人的聚集和城镇环境的改善，将使城镇功能配套进一步完善，吸纳更多的农民就业。工业在一定范围内的集聚必然导致该领域的劳动力聚集，即人口聚集。大量人口聚集产生了对第三产

业的需求，从而形成第三产业的聚集。服务业、高新技术产业等的快速发展，能够推动产品和货物实现迅速、安全和有效的配送、销售，创造更多的就业岗位，缓解城镇就业压力，加快城镇化进程。

长期以来，江西省作为国家商品粮基地，工业化程度低、经济总量小，缺少大型龙头企业，市场经济体制不完善，商品经济也不发达。环鄱阳湖城市群的产业集聚程度、三次产业结构等都弱于同等城镇化水平的城市群，特别是工业化发展水平还不够高，产业集群还处在发展的初级阶段，集群规模有待进一步发展和壮大，由此也导致了城镇化缺乏赖以支撑的产业基础和技术保证。目前，环鄱阳湖城市群的主导产业以资源型产业为主，有许多城镇就是随资源开发而兴起的，如丰城、鹰潭、贵溪、新余、景德镇等，这类城镇产业结构单一，经济二元结构明显，产业链较短，制造业专业化程度低于全国平均水平，产业集中度偏低，集聚优势不明显。

新兴产业发展相对滞后，内部结构不均衡，竞争力弱。2014年，我国第三产业增加值占GDP比重达到48.2%，而环鄱阳湖城市群的该比重仅为40.6%，总体水平仍然偏低。环鄱阳湖城市群的服务业结构不合理，科技含量低，产业竞争力不强，从业人员素质参差不齐，经营方式落后于发达地区，服务效率低，附加值不高。总的来说，环鄱阳湖城市群的服务业是建立在不发达的商品经济基础上的，它是一种内向型服务体系，发展现状仍是相对滞后，不能适应发展的需要。

2. 产业布局不合理，同质性严重

新型城镇化要求产业发展扬长避短、突出特色、共生互补。特色是产业发展的关键，互补是产业发展的目标。产业没有特色，就缺乏竞争力，产业间没有互补性，就不能抱团，应对危机能力差，产业链也没法延伸，效率低下。环鄱阳湖城市群多个工业园区制定的入园标准类似，而且出于尽可能吸引更多的企业进入的目的，对产业特色、产业间关联考虑较少，在招商引资上缺乏选择性，没有科学的、系统的规划和引导，致使园区内企业产品结构雷同、存在同质化恶性竞争、缺少龙头企业和骨干企业，难以体现园区特色。另外，环鄱阳湖城市群8个地级市之间的产业相似系数都达到了97%以上（见表5），地区产业结构的趋同很明显。环鄱阳湖城市群内各市县间距离较大，导致较大城市间的空间作用力因距离过大而降低到微乎其微，加上各市县在地理位置、自然环境和经济社会特点等方面较为相似，城镇间的经济协作不密切，又使得城镇重复建设，布局雷同，结构相似，有核心竞争力和比较优势的支柱产业为数不多，缺乏特色和竞争力。例如，新余的光伏产业已有了一定的规模，在全国具有一定影响，而九江、景德镇、上饶、鹰潭等也在大力发展光伏产业。

表5   2014年环鄱阳湖城市群三次产业结构相似系数

	南昌	景德镇	萍乡	九江	新余	鹰潭	吉安	宜春	抚州	上饶
南　昌	1.000	0.994	0.993	0.998	0.997	0.985	0.978	0.980	0.979	0.988
景德镇		1.000	1.000	0.998	0.999	0.998	0.987	0.992	0.988	0.990
萍　乡			1.000	0.998	0.999	0.998	0.986	0.991	0.987	0.988
九　江				1.000	0.999	0.992	0.988	0.990	0.989	0.994
新　余					1.000	0.995	0.984	0.988	0.985	0.989
鹰　潭						1.000	0.984	0.991	0.985	0.983
吉　安							1.000	0.999	1.000	0.998
宜　春								1.000	0.999	0.995
抚　州									1.000	0.998
上　饶										1.000

3. 缺乏辐射带动能力强的区域中心城市

城镇化水平的提高，要靠发展核心城市。核心城市以其巨大的技术经济能量向其周围进行辐射和扩散，影响着城市群内的每一个城市，能带动繁荣城市经济，完善城市服务功能，吸纳更多的农业剩余劳动力和农村人口。大城市具备完善的经济分工制度和经济分工所需要的完善设施和雄厚资金等条件，比起小城镇对农村劳动力的吸引力更大。

在环鄱阳湖城市群中，只有南昌是省会城市，其余都是地级市，并且在经济社会各方面都与南昌有较大差距。尽管南昌在环鄱阳湖城市群中处于"核心增长极"的地位，但是其与其他城市群的核心城市相比仍有较大差距，2015年武汉市区GDP为10905.60亿元，而南昌刚过4000亿元。南昌市区对于区域发展的带动和辐射能力有限。而城市群的其他地级市辐射能力也较弱，城市之间缺乏政策对接、市场对接、机制对接、生产要素对接，还处于自我完善、发展阶段，很难发挥强有力的助推作用。

五 推进环鄱阳湖城市群新型城镇化与 产业协同发展的路径选择

在推进环鄱阳湖城市群新型城镇化与产业协同发展方面，一要明确南昌、九江的核心地位，加强核心城市功能建设；二要将景德镇、新余、鹰潭、抚州、上饶、宜春、吉安、萍乡作为增长极城市重点发展，使其发展成为区域中心城市；三要推进现有县市的城镇化建设，连接中心城市与农村；四要注重差异化发展，优化区域产业发展的合作与分工，打造具有产业特色的小城镇，从而构建环鄱阳湖城市群协调发展的、健康的新型城镇化体系。

（一）突出发展"核心"城市

突出做大南昌、九江两大"核心"城市，结合城市的自身特色，在重点发展服务业和制造业的基础上，实现中心城市全面多样化发展，提升中心城市对整个环鄱阳湖城市群发展的辐射力和带动力。南昌、九江的资源环境承载能力较强、经济和人口聚集条件较好，可列为环鄱阳湖城市群的重点开发区：以昌九工业走廊作为环鄱阳湖城市群的黄金发展轴线进行开发，通过"集聚一线"战略，集中整合昌九地区的丰富资源，推动地区产业结构升级，逐步将昌九工业走廊沿线地区建设成为发展迅速、产业合理的环鄱阳湖经济重心；充分利用昌九地区的优势产业，完善地区装备设施，加快地区支柱产业升级，提升城市服务水平，吸引周围地区人口，从而将其建设成为支撑经济发展和人口聚集的重要载体、环鄱阳湖城市群经济快速发展的增长极。

强化南昌的核心竞争力，进一步完善城市交通设施、调整产业结构、促进创业创新、提升公共服务水平，增强对其他城市的溢出效应，使南昌成为整个环鄱阳湖城市群经济发展的增长极和动力源，成为全国区域性中心城市、区域性金融中心、先进制造业生产基地和科技创新基地。

努力提高九江经济发展水平和经济地位。努力培育高新技术产业，重点发展九江的临港工业，借此将九江打造为国际水运中心；利用品牌效应，充分发挥庐山的旅游资源，带动第三产业发展，将九江真正培育成为环鄱阳湖城市群的区域副中心。

（二）加快发展区域中心城市

加快景德镇、新余、鹰潭、抚州、上饶、宜春、吉安、萍乡市的城镇化发展步伐，整合这些城市的资源配置与产业结构，使其在提升环鄱阳湖城市群国际竞争力上发挥全面辐射作用。要促使环鄱阳湖地区分工更加细化，加大对区域经济的调整和控制力度，要基于各市区域的不同特色建立主导产业基地，同时从合作竞争共赢出发搭建环鄱阳湖城市群协调平台，加强各市间的合作与协调，进行产业间的融合，走出一条科技含量高、经济效益好、资源消耗低、环境污染少、产业特色化的新型工业化道路。

景德镇应继续发挥其陶瓷产业的比较优势，强化自身的优势产业，通过瓷业带动整个第二产业，并挖掘第三产业的发展潜力，延伸旅游产业链，加大力度开发旅游相关产业。"铜都"鹰潭鉴于资源与交通的优势，可大力推进铜产业结构调整，发展物流业，提高自主创新能力，改造传统产业，开发新产品，延长产业链，以提高企业的核心竞争力。新余农业较为发达，可提高农产品附加值，鼓励大型农场进行规模化生产，继续发挥其光伏产业特色，实现优势强化。抚州具有生态优势，应重点发展现代农业，打造江西现代农业、生态农业的示范区，提高整体绿色生态农业的经济效益，并大力发展农产品加工业；积极对接南昌，形成配套产业的聚集基地进而谋求经济发展水平的进一步提升。

（三）积极发展县域经济

小城镇生活成本低，户籍门槛低，适合农村人口的转移，同时小城镇的建设成本、管理成本较低，因此经济基础较差、财力较为有限的城市适合大力发展小城镇。环鄱阳湖城市群应抓住当前政府进一步推进户籍制度改革、落实放宽户口迁移政策这一契机，坚持以加快新型城镇化为重要抓手，加快县级市和县城建设，提高各项指标水平，使得城市功能逐步完善；可将城市增长极中心向外延伸，按照产业结构等特点合理布局中小城镇，将中心城市与农村紧密连接，促使农村的多余劳动力能够为城市群的发展做贡献，并推动乡镇中小企业的发展。

环鄱阳湖城市群应以核心城市为中心向外延伸，结合现代城镇建设合理布局发展县域经济，避免重复建设。首先，应强化优势和支柱产业，培植发展新型产业，以优化环境为契机，加快招商引资步伐，开放搞活金融市场，突破小城镇建设和发展资金不足的瓶颈，做好城镇功能区分区建设工作。其次，加快现代农业建设，致力于推进农村综合改革，支持发展专业大户、农民专业合作社等规模经营主体，培育特色产业，着力提高农业综合生产能力。积极推进农业产业化建设，引进农业产业化龙头企业或项目，鼓励农民自办经济实体、自创农产品品牌，支持发展各类农产品流通服务组织和运销专业户等。

（四）打造有特色的小城镇

根据不同城镇的特点、地域、资源等，发展具有城镇特色的经济产业，是县域中小城镇区域经济循环累积理论的基础。小城镇的建设，要有计划、有主次、有步骤地进行，根据区位条件、要素禀赋和社会经济发展的要求，制定科学合理的发展规划，将片区乡镇开发、集中村落管理、专业人员培训等措施环环相扣，使各城镇拥有自己的独特产业或产品，利用各城镇之间的相互联系弥补各自的不足，最终促进县域经济朝多元化方向发展，实现经济发展的新突破。

要抓住江西铁路、公路建设的特色与优势以及移民建镇等机遇，建设一批交通沿线型、专业市场型、开发新区型、加工型、移民型的特色城镇，进一步扩大城镇规模，引导农村人口和产业向城镇集中，促进城镇发展。对于具有生态环境优势和历史人文底蕴的小城镇要进行重点建设，组织编制好全县旅游发展总体规划，加快生态旅游开发，增强第三产业发展活力，大力发展生态服务业和生态旅游业。对于资源丰富、工业基础较好的城镇，可考虑建立工业园区，加快产业集聚，吸引农民进城，将其建设成为中心城市的卫星城市或副中心城市。如九江的庐山和龙宫洞、鹰潭的龙虎山、上饶的婺源和三清山、南昌的八一起义纪念馆和滕王阁、景德镇的瓷文化等，都可以被精心打造成为集绿色生态、宗教文化、红色旅游于一体的特色旅游品牌，成为经济较为发达地区生态旅游休闲的"后花园"。

六 推进环鄱阳湖城市群新型城镇化与 产业协同发展的政策建议

产业结构升级与城镇化发展的基本内涵及本质要求在很多方面是一致的。环鄱阳湖地区若以产业演化为契机，不但能促进区域经济结构调整，加快区域特色产业的组织结构、产品结构、技术结构的优化升级，还将加快农村人口向第二、第三产业转移，带动城镇基础设施的建设、人文环境的改善和居民生活水平的提高。根据上述对环鄱阳湖城市群城镇化与产业发展的分析，结合环鄱阳湖地区的经济社会现实，对促进该区域新型城镇化与产业协同发展提出以下政策建议。

（一）树立生态城镇化的理念，构建生态特色城市群

良好的生态环境是建设和谐社会的必然要求，不能走"先破坏后建设，先污染后治理"的发展老路，要树立生态城镇化的理念，倡导生态价值观、生态道德伦理观和生态美学观，以城镇的可持续发展为目标，充分利用法律、经济、生态技术、管理等现代化手段，推进新型城镇化平衡协调发展，做到"要金山银山，更要绿水青山"，构筑既有利于经济的可持续发展，又适宜人类健康生存和发展的美好生态环境。

生态环境是江西发展的最大品牌优势，应把建设"环鄱阳湖生态城市群"作为江西城镇化的主要任务之一。生态治理和环境保护是保障城市群循环发展的重要基础，为了充分利用资源，实现联合治理，需要通过跨行政区共同合作，建立循环经济考核评价体系，将生态环境规划与城市群经济发展规划结合起来，才能从根本上实现环境保护与生态建设。首先，各级政府要重视环保产业的建设，通过制定

合理的政策，引导和鼓励环保产业的发展，建立环保资金筹措机制，引进先进环保技术，对各级环保机构进行严格管理。其次，要将生态环境纳入环鄱阳湖城市群建设规划，以达到节约资源、提高环境的承载能力的目的，通过统筹规划，控制污染物排放总量，建设无污染、少污染的工业生产体系，并将环保产业建设成为现代化的先进产业，促进绿色环保企业健康协调发展。

（二）打造优良的政务环境，发挥政府的合理调控作用

政府在实际工作中，要避免对市场和企业过度干预，既不能越位，也不能失位，应当作为服务者和辅导者，加深对区域经济概念的理解，为企业开发提供健康的发展环境，鼓励企业之间加强联系并进行合理竞争，从而使企业在良好的发展氛围中互相合作，提高生产效率并减少生产成本，以此促进环鄱阳湖城市群新型城镇化与产业协同发展。政府需要遵循市场规律，建立有利于新型城镇化与产业协同发展的政务环境。一是深化行政体制改革，对投资、创新创业、生产经营等领域的行政审批事项进行系统梳理，适当取消和下放一批省级行政审批事项。加快清理非行政许可审批项目，减少前置审批。二是深化市场体制改革，适当放宽市场准入，清理和废除各种不合理优惠政策和规定。三是改善投资环境，健全中介服务体系、要素供给服务体系、社会信用体系。

（三）全面扩大对内对外开放，构建内陆双向开放新高地

深化环鄱阳湖城市群与京津冀、长三角、珠三角等地区的交流合作，发挥地方优势，强化产业协作，完善区域合作开发长效机制，加快建设产业转移示范区，主动对接丝绸之路经济带。积极申报建设自贸试验区，努力争取使南昌综合保税区获批建设，深化通关一体化改革，推进关检合作"三个一"、国际贸易"单一窗口"新型通关模式

建设。

加快建设区域市场体系，完善区域间合作与协同发展机制，健全推进落实措施，深化多领域务实合作。一是大力推进环鄱阳湖城市群内部区域合作，编制相关发展规划，在基础设施建设、生态环境保护等公共领域建立协调机制，实现共赢，推动环鄱阳湖城市群一体化发展。二是强化政府在区域合作中的统筹、协调、指导和服务职能，加强地区间的合作与交流，建立公开透明、及时准确的区域合作信息交流和发布机制。三是发挥行业协会、商会等区域性合作组织的作用，加快形成政府、企业、社会团体等共同参与、相互协作的多层次区域合作体系。

推动更高水平"引进来"和全方位"走出去"。实施招商引资重大项目攻坚行动，提高招商引资质量和效益。实施"央企入赣""赣商回归"提升工程，推动更多央企在赣布局重大项目，鼓励和引导赣商回乡创业。设立"走出去"发展引导基金和综合信息服务平台，推动农业、制造业、矿业、建筑业和服务业五大行业"走出去"发展。组建海外基础设施建设、能源资源开发等产业联盟，为企业"走出去"提供优质高效服务。

（四）因地制宜，优化产业结构，提升城镇化质量水平

打造环鄱阳湖城市群优势产业群。根据各区域的不同特点快速建立符合各自特点的主导产业基地，形成主导产业群，建立现代化的新型机制。

以生态农业为突破口发展现代农业，提高农业生产力和品牌力。积极推进高标准农田建设，加强农田水利基础设施建设，重点发展草地畜牧业、特色果业、特色水产、设施蔬菜、茶叶、油茶、花卉苗木等市场前景好、附加值高的种养业。大力发展生态农业、观光农业、休闲农业、都市农业。大力发展绿色食品产业，以

"生态鄱阳湖、绿色农产品"为主题，建设全国知名的绿色有机农产品基地。

以生态工业作为发展的主线，走新型工业化的道路。对航空、新能源、电子信息、生物医药等战略性新兴产业要加快培育，对有色、石化、钢铁、装备制造等传统优势产业要加快改造提升，培育高端品牌。对钨和稀土、锂电等特色产业要延伸产业链，提高产品附加值。发挥工业园区的载体作用，完善与产业集群相配套的金融、物流等市场服务体系，打造一批特色鲜明、配套完善、成长性好、带动力强的重点产业集群。

以现代服务业为支撑，促进经济增长方式向经济发展方式的转变。通过"互联网＋"，促进云计算、大数据、物联网等与现代服务业融合发展。环鄱阳湖地区具有突出的资源环境优势和较好的交通优势，政府应通过"互联网＋"，利用云计算、大数据、物联网，重点推进旅游业、电子商务、现代物流业的发展。

（五）完善基础设施建设和公共服务体系，为新型城镇化提供保障

一是完善城市交通体系。加快铁路、快轨等一系列交通基础设施的建设与规划，重点推进昌九一体化交通运输通道建设，有序推进环鄱阳湖城市群区域内普通国省道建设，重点加快赣江、信江高等级航道建设，打造亿吨南昌港、超亿吨九江港，加快沿江环湖区域性重要港口建设，推进重要交通运输节点枢纽化，形成快速、安全、绿色的综合交通体系。二是完善园区基础平台。提升园区交通、电力供应、给排水、污染处理、通信网络等基础设施水平，完善园区内金融服务类行业、商业服务类行业、生活服务类行业等专业化服务设施，降低企业生产成本。三是强化市政基础设施建设。统筹规划完善信息通信、水电、交通、环保等配套性公共基础服务设施，提高

相关政府职能部门的服务品质，打造包括物流配送、农贸市场、家庭服务中心等在内的便捷生活服务圈。四是共享公共服务设施。在通信方面要加强共享服务，尽量减免跨片区多收费，逐步实现电信联系的简单化；重视加强医疗合作，沟通共享治疗技术，尽力推行跨地无障碍使用医保卡，促使各城市各部门协同合作抵制和防御疾病肆虐传播。

（六）实施区域创新战略，促进新型城镇化与产业互动发展

深入实施创新驱动发展战略，依靠创新加快调整优化产业结构，提升城市群的综合竞争力，以促进新型城镇化与产业协同发展。构建创新型人才培养模式、建立健全科研人才双向流动机制、实行更具竞争力的人才吸引制度，激发各类人才的创新创造积极性。深化科技体制改革，简化知识产权保护程序，健全知识产权维护援助体系，设立知识产权维权援助工作站，加快推进科技创新体系建设，深化院校科研机构合作，积极搭建创新平台，积极营造大众创业、万众创新的政策环境。同时，要发挥政府科技投入的引导作用，支持科技型企业以企业为主导、产学研合作开展技术创新融资，实施科技重大专项和重点产业化项目，出台促进科技创新和成果转化的政策措施，健全科技成果转化机制，以创新成果推动产业升级。

参考文献

［1］ 王立新：《经济增长、产业结构与城镇化——基于省级面板数据的实证研究》，《财经论丛》2014 年第 4 期。

［2］ 姜爱林：《城镇化水平的五种测算方法分析》，《中央财经大学学报》2002 年第 8 期。

[3] 王新越、宋飏、宋斐红等：《山东省新型城镇化的测度与空间分异研究》，《地理科学》2014 年第 9 期。

[4] 杜忠潮、杨云：《区域新型城镇化水平及其空间差异综合测度分析——以陕西省咸阳市为例》，《西北大学学报》（自然科学版）2014 年第 1 期。

[5] 徐林、曹红华：《从测度到引导：新型城镇化的"星系"模型及其评价体系》，《公共管理学报》2014 年第 1 期。

[6] 赵永平、徐盈之：《新型城镇化发展水平综合测度与驱动机制研究——基于我国省际 2000～2011 年的经验分析》，《中国地质大学学报》（社会科学版）2014 年第 1 期。

[7] 田静：《新型城镇化评价指标体系构建》，《四川建筑》2012 年第 4 期。

[8] 吕添贵、吴次芳、沈孝强等：《鄱阳湖生态经济区城镇化质量测度及空间差异分析》，《国土资源科技管理》2015 年第 6 期。

[9] 顾丽琴、邱佳韵：《熵权灰色关联下鄱阳湖生态经济区产业发展研究》，《江西蓝天学院学报》2011 年第 2 期。

[10] 邱佳韵：《鄱阳湖生态经济区产业规划与城市定位研究》，《农林经济管理学报》2011 年第 1 期。

[11] 周昌林、魏建良：《产业结构水平测度模型与实证分析——以上海、深圳、宁波为例》，《上海经济研究》2007 年第 6 期。

[12] 嘉蓉梅：《产业结构水平测度模型及对地区的实证考察》，《云南社会科学》2012 年第 4 期。

[13] 蓝庆新、陈超凡：《新型城镇化推动产业结构升级了吗？——基于中国省级面板数据的空间计量研究》，《财经研究》2013 年第 12 期。

[14] 沈正平：《优化产业结构与提升城镇化质量的互动机制及实现途径》，《城市发展研究》2013 年第 5 期。

[15] Murata Y.，" Rural-urban Interdependence and Industrialization," *Journal of Development Economics*, 2002, 68（1）: 1–34.

[16] 彭永樟、陶长琪：《我国城镇化建设与产业结构升级协同发展的实证研究——基于 PVAR 模型》，《江西师范大学学报》（自然科

学版）2015 年第 3 期。

［17］段显明、许敏：《基于 PVAR 模型的我国经济增长与环境污染关系实证分析》，《中国人口·资源与环境》2012 年第 S2 期。

［18］Love I., Zicchino L., "Financial Development and Dynamic Investment Behavior：Evidence from Panel VAR", *Quarterly Review of Economics & Finance*, 2006, 46（2）：190 – 210.

B.4
环长株潭城市群新型城镇化与
产业协同发展研究*

贺清云　许　骏　欧阳晓　朱　政　曾佳慧**

摘　要：　通过对环长株潭城市群的新型城镇化水平和产业发展水平
　　　　　进行分析，构建产城协同综合评价体系，运用熵权法、变
　　　　　异系数法以及组合权重分析法等对产城协同发展水平、协
　　　　　同度以及协同发展度进行量化研究，分析得出环长株潭城
　　　　　市群存在城镇化水平滞后、产业结构不合理、发展协调性
　　　　　不够的问题。提出坚持新型城镇化引导的产城融合发展、
　　　　　坚持"一核多心"的城市群发展格局、坚持构建与城镇职
　　　　　能相匹配的产业体系的协调发展思路，以及区域产业协同
　　　　　创新、城市群战略性新兴产业联动发展、高端城市功能培
　　　　　育与服务业3.0、城市群商贸流通产业联动发展等对策建
　　　　　议，以促进环长株潭城市群产城良性互动发展。

关键词：　新型城镇化　产城融合　协同度

---

　*　本研究报告为国家发展和改革委员会课题"长江中游城市群新型城镇化与产业协同发展研究"
　　　的子课题。
　**　贺清云，湖南师范大学教授、博士生导师，主要研究方向为人文地理、区域经济学，近年来
　　　承担国家自然科学基金项目等课题30余项，发表论文20多篇，出版专著、教材多部；许
　　　骏，湖南师范大学博士生，主要研究方向为人文地理学、区域经济学；欧阳晓，湖南师范大
　　　学硕士生，主要研究方向为人文地理学；朱政，湖南师范大学讲师，博士，硕士生导师，主
　　　要研究方向为人文地理学、城市规划与设计，近年来发表论文十多篇；曾佳慧，湖南师范大
　　　学硕士生，主要研究方向为人文地理学。

环长株潭城市群是由国务院划定的重点发展区域，总面积9.68万平方公里，以长沙、株洲、湘潭三市为核心，辐射岳阳、常德、益阳、衡阳、娄底五市。2015年湖南省出台的《湖南省贯彻落实国家〈长江中游城市群发展规划〉实施方案》中提出，在未来一段时间内应充分发挥湖南省"一带一部"区位优势，以长株潭一体化为核心，以产城融合为重点，以全面深化改革为动力，将环长株潭城市群打造为全国"两型"社会示范区和现代化生态型城市群，力争使环长株潭城市群成为长江经济带发展的重要支撑和长江中游城市群区域发展的核心增长极。因此环长株潭城市群城镇化与产业协同发展是湖南省和长江中游城市群崛起的关键。

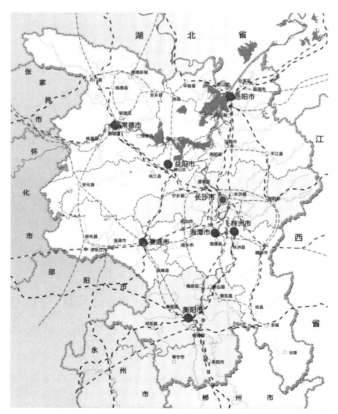

图1 环长株潭城市群行政区划示意

一 環長株潭城市群新型城鎮化與產業發展概況

（一）環長株潭城市群發展的總體概況

从整体上看，在大力实施"四化两型""四个湖南"的战略背景下，湖南省充分发挥环长株潭城市群的示范引领作用，将推进新型工业化和农业现代化作为转变经济发展方式、建设"两型"社会、优化产业结构的首要任务，同时把推进新型城镇化作为经济结构调整的战略重点和破除城乡二元结构的重要途径[1]，转变城市发展方式，走资源节约、环境友好、经济高效、社会和谐、大中小城市和小城镇协调发展、城乡互促共进的新型城镇化道路[2]。

2014 年，环长株潭城市群常住人口高达 4106 万，占全省总人口的 60.9%，其中城镇常住人口 2203 万，占全省城镇常住人口的 66.4%，城镇化率达到 53.66%，高于湖南省城镇化率 49.28% 的水平，略低于全国城镇化率 54.77% 的水平，其中长沙、株洲、湘潭三个城市的城镇化率均高于全国城镇化率平均水平，而其他 5 个城市中，城镇化率最低的与全国水平相差 12.51 个百分点。从城镇规模等级来看，环长株潭城市群共有地级市 8 个和县、区 65 个。根据 2014 年 11 月 20 日国务院下发的《关于调整城市规模划分标准的通知》所明确的最新城市规模划分标准，长沙市为I型大城市；株洲、湘潭、衡阳、岳阳、常德、益阳为II型大城市；娄底市刚迈入中等城市的行列，长沙县、宁乡县、浏阳市、醴陵市、耒阳市 5 个区域也为中等城市；茶陵县、湘乡市、

---

① 陈志平：《湖南省新型工业化进程中经济发展方式转变研究》，《经济研究参考》2011 年第 33 期。

② 王赞新：《长株潭城市群碳排放的现状、趋势与政策取向》，《湖湘论坛》2012 年第 1 期。

湘潭县、常宁市等 28 个区域为 I 型小城市；株洲县、炎陵县、韶山市、衡山县、临澧县 5 个区域为 II 型小城市，详见图 2。

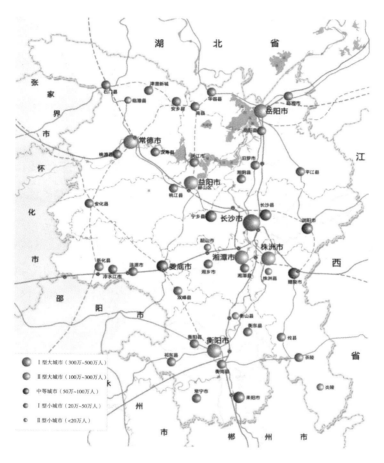

图 2　环长株潭城市群城镇规模等级结构

　　产业发展方面，环长株潭城市群以长沙、株洲、湘潭三市为发展核心，重点发展先进制造业、电子信息业、生产性服务业等高新技术产业，已基本形成"两纵一横"产业发展带：集聚发展以石化、先进制造、高技术产业、现代物流等为主导产业的岳阳—长株潭—衡阳产业发展带；建设西线工业走廊的长株潭—益阳—常德产业发展带；

重点是发展提升沿线地区能源原材料工业发展水平的长株潭—娄底产业发展带①。拥有 3 个综合保税区以及 13 个国家级园区，形成了以工程机械、装备制造、电子信息、冶金、有色、纺织服装、食品加工、精细化工、生物医药、文化旅游、商贸物流、造纸印刷、新材料为主导的产业体系，其中战略性新兴产业发展迅速，环长株潭地区的产业结构正在稳步转型升级。

（二）各区域城镇化与产业发展概况

（1）长沙市。城镇化建设方面，作为湖南省的省会城市和环长株潭城市群的核心发展区域，长沙市保持了较快的发展速度，2015年城镇化率达到 73.41%。现有的城市空间结构可概括为"一轴两带多中心，一主两次五组团"，并提出了一系列发展战略，如大河西先导区、湘江新区、大城北开发区等。对县级城市的带动方面，长沙县、望城区的城区已与中心城区基本实现无缝对接。浏阳生物医药园、宁乡沩东新城的建设，进一步加强了浏阳市区和宁乡县城与中心城区的联系。产业发展方面，长沙市以新材料、工程机械、汽车零部件、电子信息、生物医药、有色金属加工、烟草制品、现代服务业为主导产业，集聚了中联重科、蓝思科技、比亚迪汽车等龙头企业以及建设了长沙高新区移动互联网基地及国家级文化与科技融合基地。全市 14 个产业园区集聚了工程机械、汽车零部件、新材料、电子信息、生物医药、食品加工、有色金属精深加工及先进制造业、现代商贸物流、光电信息九大产业集群。在服务业方面，长沙市的旅游、房地产、金融等现代服务业以及文化创意产业快速增长，将成为长沙的主导产业。

---

① 陈张书、杨璐：《湖南省发布"十二五"环长株潭城市群发展规划》，《华商》2012 年第 4 期。

（2）株洲市。城镇化建设方面，作为环长株潭城市群重要的先进制造业中心、轨道交通枢纽城市，株洲市近年来增长速度很快，2015 年城镇化率为 62.38%。株洲市已形成"二中心五组团"的空间结构。河西天元新城中心已形成了设施齐全、特色鲜明、风貌美观的现代化新城，堪称环长株潭城市群新城开发的典范。考虑到与长沙、湘潭的融城对接，株洲在北部和西部分别设立了云龙示范区和天易开发区。对县级城市的带动方面，株洲市设置了东部新城和南洲新区，以加强对株洲县、醴陵市的辐射带动作用。南部攸县的撤县设区工作也在有序推进。产业发展方面，株洲被誉为"中国电力机车的摇篮""中国电力机车之都"，坐拥亚洲最大的有色金属冶炼和硬质合金研制基地、电动汽车研制基地，也是我国最大的轨道交通装备制造产业基地，形成了以冶金、机械、化工、新材料、生物医药、绿色食品和陶瓷等为支柱产业①的工业体系。在服务业方面，株洲（以炎陵、茶陵为主）旅游业发展良好，是全国优秀旅游城市。

（3）湘潭市。城镇化建设方面，湘潭市拥有湖南省红色旅游核心景区，是环长株潭城市群重要的先进制造业基地和高铁与高速公路交通枢纽，湘潭市的城镇化发展速度适中，2015 年城镇化率为 57.04%，已形成了"一中心三片区三组团"的空间结构。湘潭市的重化工业的搬迁工作做得坚决而有效，新兴业态发展迅速，在市府周边和湘潭开发区中形成了一些生产性服务业集聚区。对县市区的带动作用方面，湘潭县的易俗河已全面融入湘潭市区，梅林桥、姜畬、杨嘉桥、河口等地也与市区联系紧密。韶山、湘乡与市区也保持了密切的联系，受市区的辐射带动影响明显。产业发展方面，拥有两个国家级园区和湘潭综合保税区。湘潭市目前已形成以冶金、机电、化纤纺织、新材料为主的支柱产业以及红色旅游、食品加工、新材料产业三

---

① 李拓晨：《我国高新技术产业竞争力评价研究》，哈尔滨工程大学，2008。

大优势明显的特色产业，在新能源装备、海工装备、先进矿山装备等智能制造方面领域优势明显，致力于打造中部"智造谷"。

（4）衡阳市。城镇化建设方面，作为环长株潭城市群的重工业基地、人口大市、高铁与高速公路交通枢纽，衡阳市2015年城镇化率为49.27%。形成了"一心三区"的城市空间结构。沿湘江及蒸阳路、蒸湘路、解放大道形成了一批现代化的商业区，金融证券、商务办公、总部经济、宾馆酒店、传统商贸等业态发展趋势良好。对县级市的带动方面，市区对周边衡南县、衡阳县、衡山县、南岳区有较强的辐射带动作用，但对衡东县、祁东县、常宁市、耒阳市的带动作用有限。产业发展方面，衡阳是中国南方重要的商品粮生产基地，农业发达，目前形成了优质米、棉花、瘦肉型猪、黄花菜等十大农产品商品生产基地。工业方面，衡阳高新区是华南北部地区高新技术产业集聚区、国际产业技术转移升级承载区，形成了电子信息、智能机器人、生物医药、新材料、新能源、装备制造、汽车零部件及特种车辆、智慧生态、现代物流等产业集群。

（5）岳阳市。城镇化建设方面，作为长株潭城市群重要的石化与制造工业中心、文化旅游业中心、高铁与高速公路交通枢纽，岳阳市2015年城镇化率为50.11%。形成了"一主三副"的城市空间结构，以岳阳楼区作为主中心，依托港口保税区建设高水平的滨水新城，同时君山区主要依托洞庭湖发展文化旅游。对县级城市的带动方面，岳阳市区对云溪区、君山区、岳阳县带动作用较强，对华容、临湘、湘阴、汨罗、平江等县市的带动作用偏弱。产业发展方面，岳阳市石化、电力及造纸等产业发展态势良好，区域内集聚长岭炼化、巴陵石化等大型国有企业，拥有石化、食品两大千亿产业集群，拥有国家级开发区岳阳经开区和国家级循环经济产业园汨罗再生资源产业园，军民融合北斗卫星产业园，以及岳阳城陵矶综合保税区，并将启动建设洞庭湖国际电子商务新城，以石化、食品、建材、有色及循环、机械制造、纺织、造纸、电子光伏、医药、电力为支柱产业。

（6）常德市。城镇化建设方面，作为环长株潭城市群重要的轻工业基地、旅游业中心及航空与高速公路交通枢纽，常德市2015年城镇化率为48.04%。已形成"三城九片区"的城市空间结构。市区文化旅游、休闲娱乐、会议会展、宾馆酒店等服务业发展态势良好，且对于城市文化的营造十分重视。对县级城市的带动方面，中心城区对邻近的桃源、汉寿有一定的辐射带动作用，并规划在市域北部建设一个新的发展中心，以带动安乡、临澧、石门共同发展。产业发展方面，铝材加工、装备制造等重型工业增速放缓，高新技术产业迅速发展，新材料、新能源、文化创意、节能环保四个新兴产业产值显著提升，"芙蓉王"烟草品牌销售收入迈上千亿台阶，形成以烟草、装备制造、电子信息、纺织服装、食品及生物医药、有色金属及新材料六大传统产业为主导产业的产业结构。服务业方面，文化旅游业、金融业、商贸物流业稳步推进。

（7）益阳市。城镇化建设方面，作为环长株潭城市群重要的综合性城市、特色生态旅游基地，益阳市2015年城镇化率为45.21%。已形成了"三片区两组团"的城市空间结构。其中，资阳片区重点推进旧城改造，朝阳开发区以国际化新城区为建设目标。对县级城市的带动作用方面，益阳城区对周边的桃江、沅江有一定的辐射带动作用，但对安化、南县、大通湖区的带动作用有限。产业发展方面，益阳是全国重要的商品粮基地，拥有益阳国家级高新区和湖南省规模最大的船舶制造产业基地。目前形成了以纺织业、装备制造业、电子信息产业、食品制造业为支柱产业的产业结构，今后将结合本区域产业园区，重点发展电子信息、食品加工、新能源、新材料、汽车零部件等本地特色产业，建设优秀示范产业基地。

（8）娄底市。城镇化建设方面，作为环长株潭城市群重要的钢铁工业中心、综合服务业中心、生态旅游中心以及铁路与高速公路交通枢纽，娄底市 2015 年城镇化率为 42.98%。已形成了"一区四组团"的城市空间结构，逐渐从一个工业城市成长为以工业为主，商贸、科技、旅游共同发展的综合性城市。对县级城市的带动作用方面，娄星区对双峰、涟源、新化、冷水江的带动作用有待大幅加强。产业发展方面，娄底是全国重要的新型能源原材料产业基地，支柱产业为冶金、能源、建材、化工、机械等，在优质钢、煤炭、水泥等方面产能较大，正在着力打造汽车零部件及工程机械零部件产业园、冷水江循环经济产业园及光电产业园等一批百亿产业园区。国家级娄底经开区已初步形成先进装备制造、电子信息和商贸物流三大主导产业[①]。

（三）国家级产业园区概况

产业园区是促进产城融合的重点区域。为加强产业发展对城镇化的带动作用，环长株潭地区积极推进现代产业园区的建设[②]，全面完善园区配套设施和环境，改善投资环境，加快人口向园区及周边聚集，从而在推动产业发展的同时[③]，带动当地经济发展和城镇化水平提高，实现产城融合。环长株潭地区拥有 13 个国家级园区，包括 8 个经济技术开发区和 5 个高新技术开发区。园区的产业发展情况如表 1 所示。

表 1　环长株潭城市群国家级园区主导产业

园区名称	主导产业	代表企业
望城经济技术开发区	食品加工、有色金属精深加工及先进制造、现代商贸物流、光电信息	旺旺、合生元、晟通科技、中联重科、高新物流园、光智通

---

① 娄底市人民政府网站，http：//www.hnloudi.gov.cn。
② 彭建、魏海、李贵才、陈昕、袁媛：《基于城市群的国家级新区区位选择》，《地理研究》2015 年第 1 期。
③ 胡德宝、罗启发：《长株潭一体化过程中产业集群的现状及对策分析》，《长沙大学学报》2005 年第 4 期。

续表

园区名称	主导产业	代表企业
浏阳经济技术开发区	生物医药、电子信息、健康食品	永清环保、盐津铺子、长沙新奥热力、介面光电、蓝思科技、湖南金泰制药
娄底市经济技术开发区	先进装备制造、电子信息、商贸物流	三一中兴液压件、华菱安赛乐米塔尔、中冶南方、美国万方卡车
岳阳经济技术开发区	先进制造、光伏电子、生物医药、健康食品、现代物流	巴陵油脂、景达生物、乐邦制药、汇智科技、科美达电器
湘潭经济技术开发区	汽车及零部件产业、先进装备制造产业、电子信息产业	吉利汽车、泰富重工、蓝思科技、兴业太阳能
常德经济技术开发区	装备制造、林纸、电子和新材料	恒安纸业、金健米业、力元新材、三升光电、三金制药、唐人神饲料
宁乡经济技术开发区	食品、机电、新材料、现代服务业	加加、康师傅、中联重科、格力电器、松井新材料
长沙经济技术开发区	工程机械、汽车及零部件、电子信息	三一重工、山河智能、上海大众、长城信息
衡阳高新技术开发区	电子信息、智能机器人、钢管深加工、输变电、生物医药、生物技术、食品、新材料、新能源、装备制造、汽车零部件及特种车辆、智慧生态、现代物流	特变电工、燕京啤酒、衡钢集团、中钢衡重、亚新科、金杯电缆
湘潭高新技术开发区	新能源装备制造产业、精品钢材深加工、机电一体化	湘电风能、湖南胜利钢管、迅达集团、崇德科技、海诺电梯
株洲高新技术开发区	先进制造、新材料、电子信息、生物医药及健康食品	大汉·惠普、北汽集团、唐人神、南车风电、炎帝生物、时代电子

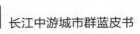

续表

园区名称	主导产业	代表企业
益阳高新技术开发区	新能源、新材料、高端装备制造产业及服务、新兴信息技术及服务产业、农产品精深加工	金博科技、晶鑫科技、艾华电子、搜空高科、惠同、资江机械、汉森制药
长沙高新技术开发区	电子信息、先进制造、新材料、生物医药、汽车及零部件	远大住工、美国红杉资本、中联重科、湘投金天、华泰重工、博云新材、蓝思科技

资料来源：各园区门户网站。

二 新型城镇化与产业协同发展综合评价研究

（一）新型城镇化与产业协同发展的综合评价指标体系

新型城镇化与产业协同发展系统是一个复杂的系统，为了揭示其协同发展水平，本文将反映该系统协同发展的因素加以分析和合理综合①，提出新型城镇化与产业协同发展综合评价指标体系。新型城镇化指标的选择主要依据城镇化的内涵即农村人口向城市人口转化，以及人类的生产、生活方式的转变。本文将从人口城镇化、经济城镇化与社会城镇化三个层面选取代表性较好、可比性较强的 8 项指标，组成新型城镇化系统指标②；产业结构指标的选择主要依据产值和就业两个方面，主要包括三次产业增加值占 GDP 的比重以及三次产业就业人员占总就业人员的比重（见表2）。

---

① 李琳、龚胜：《长江中游城市群协同创新度动态评估与比较》，《科技进步与对策》2015 年第 23 期。
② 李君艳：《京津冀地区产业协同发展策略研究》，天津师范大学，2015。

表2　新型城镇化与产业协同发展指标评价体系

目标层	系统层	功能层	指标层	单位	指标类型
新型城镇化与产业结构协同发展系统	新型城镇化系统	人口城镇化	人口城镇化率(X_1)	%	正指标
			非农业产业就业人口占总就业人口比重(X_2)	%	正指标
		经济城镇化	人均GDP(X_3)	元	正指标
			第三/第二产业产值比(X_4)	%	正指标
			人均固定资产投资(X_5)	万元	正指标
		社会城镇化	每万人拥有卫生机构数(X_6)	个	正指标
			每千人卫生机构技术人员数(X_7)	人	正指标
			人均消费品零售总额(X_8)	万元	正指标
	产业结构系统	产业产值结构	第一产业产值比重(X_9)	%	逆指标
			第二产业产值比重(X_{10})	%	正指标
			第三产业产值比重(X_{11})	%	正指标
		产业就业结构	第一产业就业比重(X_{12})	%	逆指标
			第二产业就业比重(X_{13})	%	正指标
			第三产业就业比重(X_{14})	%	正指标

（二）新型城镇化和产业协同发展的综合评价

1. 指标赋权方法的选择

（1）熵值法

本课题所指的熵是信息系统中的熵，在信息系统中，信息熵越大表明信息越无序，其信息效用值就越小；反之，表明信息效用值越大。熵权法就是利用指标体系中各指标熵值提供的信息量来决定各指标权重的方法。通过计算得出的各指标熵值的大小能在反映各指标信息量大小的同时还能反映出大部分的原始信息[①]。该方法通过计算最

---

① 梅海涛：《兵团城镇化与产业结构协调发展研究》，石河子大学，2014。

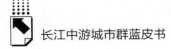

终得出的指标权重值能够克服人为因素影响，使最终的评价结果更符合实际。熵权法的计算步骤如下：

①构建判断矩阵：

$$Z = (z_{ij})_{m \times n}(i = 1,2,3\cdots,j = 1,2,3\cdots)$$

②对 Z 进行标准化处理，得到标准化矩阵 Z'：

$$Z'_{ij} = Z_{ij}/Z_{max} \quad (Z_{max} 为同一指标下的最大值)$$

③计算信息熵：

$$e_j = -k \sum f_{ij} \ln f_{ij}, 其中, f_{ij} = Z'_{ij}/\sum Z'_{ij}, k = 1/\ln m$$

④定义指标 j 的权重：

$$w_j = g_j/\sum g_j, 其中, g_j = 1 - e_j$$

（2）变异系数法

从熵值法赋权的原理可知，存在均衡分配现象。为此，本课题将继续用变异系数法对指标体系进行赋权，以弥补熵权法单一赋权的缺陷。变异系数法赋权的步骤如下。

①构造相应指标体系的特征值矩阵。

②计算各指标的变异系数 δ_j。计算公式：

$$\delta_j = A \sqrt{r_j};$$

$$其中, A = \sqrt{\frac{\sum_{N=1}^{N} (r_j - \bar{r}_j)^2}{N}}; \bar{r}_j = \frac{\sum_{N=1}^{N} r_j}{N}$$

式中，δ_j 表示第 j 个指标的变异系数；A 为第 j 个指标的均方差；$\bar{r}_j$ 为第 j 个指标的平均值。

③计算各指标的权重 W_j。

$$W_j = \delta_j/\sum_{j=1}^{n} \delta_j$$

（3）组合权重评分法

组合权重评分法就是将熵权法与变异系数法两者综合赋权的一种方法。假设 W^z 为最终的组合权重，W^b 为变异系数法确定的权重，W^s 为熵权法确定的权重，将其建立组合：$W_j^z = \beta W_j^b + (1 - \beta) W_j^s$。其中 β 为权重的折中系数，β 越大表示变异系数法所确定的权重对综合权重的影响越大；反之，则熵权法的影响大。本课题取 $\beta = 0.5$[①]。

2. 新型城镇化和产业结构权重的确定

（1）新型城镇化权重的确定

①熵权法。根据熵权法的计算公式对新型城镇化指标进行赋权，见表3。

表3　熵权法下环长株潭城市群新型城镇化指标权重

指标	X_1	X_2	X_3	X_4	X_5	X_6	X_7	X_8
熵值 h	0.7492	0.723	0.7093	0.6798	0.8258	0.9113	0.5772	0.6788
$1 - h$	0.2508	0.277	0.2907	0.3202	0.1742	0.0887	0.4228	0.3212
熵权	0.1169	0.1291	0.1355	0.1492	0.0812	0.0413	0.1971	0.1497

②变异系数法。根据变异系数法赋权的原理，将特征值代入相应公式可得出新型城镇化指标体系相应指标的权重，见表4。

表4　变异系数法下环长株潭城市群新型城镇化指标权重

指标	X_1	X_2	X_3	X_4	X_5	X_6	X_7	X_8
变异系数	0.1606	0.0546	0.1248	1.6831	0.1465	0.6218	2.4024	1.2475
权重	0.0249	0.0085	0.0194	0.2613	0.0227	0.0965	0.3730	0.1937

---

① 梅海涛：《兵团城镇化与产业结构协调发展研究》，石河子大学，2014。

③综合权重。根据综合权重计算公式，$\beta = 0.5$，可得到环长株潭城市群新型城镇化指标体系各指标的综合权重，见表5。

表5　环长株潭城市群新型城镇化指标权重

指标	X_1	X_2	X_3	X_4	X_5	X_6	X_7	X_8
熵权法	0.1169	0.1291	0.1355	0.1492	0.0812	0.0413	0.1971	0.1497
变异系数	0.0249	0.0085	0.0194	0.2613	0.0227	0.0965	0.3730	0.1937
综合权重	0.0709	0.0688	0.0775	0.2053	0.0520	0.0689	0.2851	0.1717

（2）产业结构权重的确定

①熵权法。根据熵权法的计算公式对产业结构指标进行赋权，见表6。

表6　熵权法下环长株潭城市群产业结构指标权重

指标	X_9	X_{10}	X_{11}	X_{12}	X_{13}	X_{14}
熵值 h	0.7286	0.7477	0.8499	0.8521	0.7104	0.7644
$1-h$	0.2714	0.2523	0.1501	0.1479	0.2896	0.2356
熵权	0.2015	0.1873	0.1114	0.1098	0.2150	0.1749

②变异系数法。根据变异系数法赋权的原理，将特征值代入相应公式可得出产业结构指标体系相应指标的权重，见表7。

表7　变异系数法下环长株潭城市群产业结构指标权重

指标	X_9	X_{10}	X_{11}	X_{12}	X_{13}	X_{14}
变异系数	0.2532	0.4699	0.2617	0.1355	0.2427	0.1787
权重	0.1642	0.3048	0.1697	0.0879	0.1574	0.1159

③综合权重。根据综合权重计算公式，$\beta = 0.5$，可得到环长株潭城市群产业结构指标体系各指标的综合权重，见表8。

表8　环长株潭城市群产业结构指标权重

指标	X_9	X_{10}	X_{11}	X_{12}	X_{13}	X_{14}
熵权法	0.2015	0.1873	0.1114	0.1098	0.215	0.1749
变异系数	0.1642	0.3048	0.1697	0.0879	0.1574	0.1159
综合权重	0.18285	0.24605	0.14055	0.09885	0.1862	0.1454

综上，可得出城镇化和产业结构系统中相应指标的权重值，见表9。

表9　新型城镇化和产业结构系统权重

系统层	功能层	指标层	指标层权重	功能层权重
新型城镇化系统	人口城镇化	人口城镇化率（X_1）	0.0709	0.1397
		非农业产业就业人口占总就业人口比重（X_2）	0.0688	
	经济城镇化	人均GDP（X_3）	0.07745	0.3347
		第三/第二产业产值比（X_4）	0.20525	
		人均固定资产投资（X_5）	0.05195	
	社会城镇化	每万人拥有卫生机构数（X_6）	0.0689	0.5257
		每千人卫生机构技术人员数（X_7）	0.28505	
		人均消费品零售总额（X_8）	0.1717	
产业结构系统	产业产值结构	第一产业产值比重（X_9）	0.18285	0.5695
		第二产业产值比重（X_{10}）	0.24605	
		第三产业产值比重（X_{11}）	0.14055	
	产业就业结构	第一产业就业比重（X_{12}）	0.09885	0.4305
		第二产业就业比重（X_{13}）	0.1862	
		第三产业就业比重（X_{14}）	0.1454	

将各指标体系的权重分别与标准化后（熵值法）的原始数据相乘，可分别得到2014年环长株潭城市群新型城镇化和产业结构的综合发展水平，详见表10。

表 10　环长株潭城市群新型城镇化和产业结构系统综合发展水平

年份	新型城镇化综合 发展水平 $F_1(x)$	产业结构综合 发展水平 $F_2(y)$	$F_1(x) - F_2(y)$
2010	0.86	0.95	-0.09
2011	0.88	0.96	-0.08
2012	0.91	0.95	-0.04
2013	0.95	0.95	0.00
2014	0.99	0.94	0.05

环长株潭城市群新型城镇化综合发展水平从 2010 年的 0.86 上升到 2014 年的 0.99，总体增幅明显，值得一提的是 2012 年后的增幅尤为明显；产业结构综合发展水平从 2010 年到 2014 年，总体调整速度较缓慢。综上，"十二五"期间，环长株潭城市群新型城镇化综合发展水平有所提高，且城镇化发展速度远超过产业结构的发展速度。

（三）环长株潭城市群新型城镇化与产业结构的协同性分析

判断新型城镇化与产业结构是否协同发展，需要分别综合计算新型城镇化和产业结构系统的综合发展水平。因此，需要构建相应定量评价模型等进行实证分析①。

1. 协同发展水平

本课题选用加权线性和的方法来计算两者的协同发展水平，其公式为 $X = \sum_{i=1}^{n} W_i X_i$。在本课题中设新型城镇化系统 F_1 与产业结构系统

① 梅海涛：《兵团城镇化与产业结构协调发展研究》，石河子大学，2014。

F_2 的发展水平分别为 $F_1(x)$ 和 $F_2(y)$，则：$F_1(x) = \sum_{i=1}^{n} a_i x_{it}$，$F_2(y) = \sum_{i=1}^{n} b_j x_{jt}$。式中，$x,y$ 为相应发展水平的特征向量；a 和 b 为相应评价指标的权重向量。

2. 协同度

协同度是反映两者是否协同的指标，也可用来衡量系统间的静态差距。而关于协同度计算的方法较多，本文选择数理统计学中的变异系数法进行衡量。若两个系统间协同，则意味着两者的离差系数较小。设新型城镇化系统 F_1 与产业结构系统 F_2 在某一时刻的离差系数为 C_v，则：

$$C_v = \frac{|F_1(x) - F_2(y)|}{\frac{1}{2}[F_1(x) + F_2(y)]} = \sqrt[2]{1 - \frac{F_1(x) \times F_2(y)}{\left(\frac{F_1(x) + F_2(y)}{2}\right)^2}}$$

$$令 \; g = \frac{F_1(x) \times F_2(y)}{\left(\frac{F_1(x) + F_2(y)}{2}\right)^2}$$

由于离差系数 C_v 越小表明两个系统间越协同，当 $g(t)$ 取最大值时，离差系数最小，则两系统最协同。因此，可将新型城镇化系统与产业结构系统的协同度定义为：

$$G = \left[\frac{F_1(x) \times F_2(y)}{\left(\frac{F_1(x) + F_2(y)}{2}\right)^2}\right]^k$$

其中 k 为调整系数，其取值 $k \geq 2$。k 的取值越大，则两系统的静态差距越小，即越协同。若 $F_1(x)$、$F_2(y)$ 相等，此时，新型城镇化系统与产业结构系统的静态差距为最小状态。

3. 协同发展度

由于协同度只能反映两个系统间的静态差距，即衡量两个系统间的协同程度，而不能衡量和反映两个系统当时的发展情况[①]。因此，可将两者的协同度与两者的发展水平进行结合，得出两者的协同发展度。协同发展度的指标表示为：$GD = \sqrt{G \times \left[\alpha F_1(x) + \beta F_2(y) \right]}$，其中 α、β 为待定系数，并且 $\alpha + \beta = 1$，本文取 $\alpha = \beta = 0.5$。GD 值越高，说明协同发展程度越高；反之，则越低。协同发展的等级划分见表 11。

表 11   协同发展等级划分

协同发展度	协同发展等级	协同发展度	协同发展等级	协同发展度	协同发展等级
0.00 ~ 0.39	失调	0.60 ~ 0.69	初级协同	0.90 ~ 1.00	优质协同
0.40 ~ 0.49	濒临失调	0.70 ~ 0.79	中级协同		
0.50 ~ 0.59	勉强协同	0.80 ~ 0.89	良好协同		

（四）环长株潭城市群新型城镇化和产业结构协同发展综合评价与分析

通过上述公式的计算可得出 2010 ~ 2014 年环长株潭城市群新型城镇化和产业结构的综合发展水平、两系统的协同度及协同发展度等，见表 12。

总体而言，"十二五"期间，环长株潭城市群新型城镇化与产业结构的协同发展程度不断提升，而两系统的协同类型则经历了从城镇化滞后到产业结构滞后类型的转变。根据表 12 可知，2010 ~ 2014 年，环长株潭城市群新型城镇化与产业结构的协同发展度呈快速上升态势，协同

---

① 袁莉：《城市群协同发展机理、实现途径及对策研究》，中南大学，2014。

表 12   2010～2014 年环长株潭城市群新型城镇化与产业结构协同发展情况

年份	新型城镇化综合发展水平 $F_1(x)$	产业结构综合发展水平 $F_2(y)$	城镇化与产业结构综合得分	协同度	协同发展度	协同发展度等级	协同类型
2010	0.86	0.95	0.91	0.9951	0.9490	优质协同	城镇化滞后
2011	0.88	0.96	0.92	0.9962	0.9574	优质协同	城镇化滞后
2012	0.91	0.95	0.93	0.9991	0.9639	优质协同	城镇化滞后
2013	0.95	0.95	0.95	1.0000	0.9747	优质协同	城镇化滞后
2014	0.99	0.94	0.97	0.9987	0.9817	优质协同	产业结构滞后

发展程度不断提高，使得协同发展状态一直处于优质协同的状态。新型城镇化综合发展水平快速提升，产业结构综合发展水平变化不大，虽然两个系统发展程度不一，但协同发展程度却不断提升。结合环长株潭城市群新型城镇化与产业结构的发展水平、协同度及协同发展度可知：第一，新型城镇化发展指标数值小于协同发展度指标数值，也小于产业结构发展指标数值，说明新型城镇化发展能力滞后于产业结构发展能力。第二，协同度水平高于协同发展度水平，同时两者又都高于城镇化与产业结构的综合水平。这说明相对于系统间的协同而言，两系统的发展水平相对较低，导致协同发展度与协同度差距的产生。而此阶段产业结构调整水平变化不大，说明新型城镇化综合发展水平对系统协同度及协同发展度的贡献率较大。

三　新型城镇化与产业协同发展的问题分析

通过对环长株潭城市群新型城镇化和产业发展现状及新型城镇化

与产业协同发展度的分析，我们发现环长株潭城市群新型城镇化和产业协同发展方面还存在如下问题。

（一）城镇化水平相对滞后且发展不均衡，带动产业发展的能力较弱

长沙市作为环长株潭城市群的首位城市，其城镇规模与其他城市群的首位城市相比偏小，未进入国家六大超大城市行列，亦未进入国家 10 个特大城市行列，自身集聚能力不强，对周边地区的集聚力、辐射力与影响力也不足。环长株潭城市群城镇化水平虽然逐年提高，但相对于长三角、珠三角、京津冀等城市群 60% 以上的城镇化率[1]，长株潭地区不到 55% 的城市化水平还有较大提升空间。同时在环长株潭城市群体系中，除长沙外其他城市的规模偏小、经济实力有限，彼此之间的联系较弱，导致城镇化发展因人口数量的限制而缺乏大、中城市，对整个城市群产业发展的带动能力也就稍显不足。作为城市群发展核心的长株潭地区，从 2010 年到 2014 年底，其城镇化水平都是位居前列，其中长沙市作为省会城市，以高达 72.34% 的城镇化率居于首位，比居第二位和第三位的株洲和湘潭的城镇化率分别高出 11.34 个百分点和 15.79 个百分点，比位于末位的娄底市高出 30.08 个百分点，城镇化发展不均衡，容易造成发展要素过度集聚及马太效应日趋严重的不公平现象[2]。

（二）产业内部结构不合理，阻碍城镇化健康发展

环长株潭城市群的产业结构从 2010 年的 11∶52∶37 调整至 2014 年的 9∶53∶38，产业结构得到了一定程度的优化，呈现二、三、一的

---

[1] 陈群元、宋玉祥：《基于城市流视角的环长株潭城市群空间联系分析》，《经济地理》2011 年第 11 期。

[2] 辜胜阻、易善策、李华：《城市群的城镇化体系和工业化进程——武汉城市圈与东部三大城市群的比较研究》，《中国人口科学》2007 年第 4 期。

现状。同时各产值就业比重从 2010 年的 44∶23∶33 调整至 2014 年的
38∶25∶37，呈现一、三、二的现状。由此可知，产业的产值结构与
产值的就业结构不协调。具体而言，一方面，高新技术产业发展不均
衡，产业集聚度不够。城市群核心区长株潭地区的支柱产业以高新技
术产业为主，而其他地区的支柱产业以传统工业与农业为主，未来重
点发展的战略性新兴产业单一，地方特色不鲜明。各地区不考虑地方
资源禀赋，均将电子信息、新材料、新能源、先进装备制造作为未来
产业发展重点，各地区产业重复建设过度，关联性产业少，城市群内
部产业链形成的趋势不明显。另一方面，产值就业比重调整速度慢于
产值比重调整速度，导致产值比重与就业比重严重不协调，产业发展
所需的专业化人力资源较为稀缺，内涵型城镇化水平较低①。由此将
影响产业结构调整对城镇化发展的促进作用，即通过影响劳动力在各
产业间的分布间接影响城镇化进程，进而将影响城镇化水平的提高。

（三）新型城镇化与产业发展不够协调同步

通过协调度分析可知，环长株潭城市群城镇化率原始水平一直
较高，从 2010 年到 2014 年其城镇化率从 48% 提高到 54%，提升幅
度较小、空间有限，发展遇到瓶颈期，而同阶段其地区生产总值得
到迅猛发展（从 2010 年的 12558.81 亿元发展到 2014 年的
21600.44 亿元），产业结构也得到了调整和优化（从 2010 年的
11∶52∶37 发展到 2014 年的 9∶53∶38）。环长株潭城市群新型城镇化
综合发展水平和产业结构综合发展水平不一，导致在发展过程中两系
统间出现较明显的背离现象。将新型城镇化与产业结构的协同发展度
进行深入分析发现，新型城镇化总体上一直呈现快速发展的趋势，而

---

① 何小锋、王鲁、陈敏：《基于产业转型升级视角的区域高校产学研协同创新研究——以湖
南为例》，《湖南财政经济学院学报》2015 年第 6 期。

产业结构基本一直呈现缓慢盘整态势①。以 2013 年为分界线，之前地区产业发展水平一直高于新型城镇化综合发展水平，之后则新型城镇化综合发展水平一直高于地区产业发展水平，说明 2013 年前湖南省侧重新型工业化和"两型"产业体系建设，2013 年后湖南省则更加关注新型城镇化发展战略，但并没有形成良好的协同发展态势②。

四 环长株潭城市群新型城镇化与产业协同发展思路

（一）坚持新型城镇化引导的产城融合发展

环长株潭城市群的发展和扩张以产业园区为主力，走工业化引导城镇化发展的模式。城市主体的拓展推动产业园区逐步融入城区，同时在城市外部又积极培育新的产业园区，以此推动城市群的整体发展。该模式资源环境消耗量很大，与当代的绿色发展主题相冲突。2016～2030 年，环长株潭城市群要实现良性发展，就必须加快转型升级，坚持新型城镇化引导的产城融合发展道路。新型城镇化引导要求城市群促进产城融合、城乡统筹，将扩张的主体由功能单一的产业园区和老城区转变为功能多元化、精细化发展的综合性新城区。整个城市群应充分考虑未来的发展趋势和用地要求，统筹安排建设用地指标，实现理性、科学的发展扩张。各个城市、各县市区要按照各时间段的发展指标，合理建设新城区。新城区在具备产业区发展条件的基础上，还应包括居住区、商业区、公共服务区、公共绿

---

① 陈文新、梅海涛、倪超军：《兵团城镇化与产业结构的协调发展度测度研究》，《科技管理研究》2014 年第 13 期。

② 王圣云、许双喜：《中部经济崛起度动态评估与新常态下促进崛起的战略对策》，《华东经济管理》2016 年第 1 期。

地等用地，致力于营造功能齐全、适宜人居住、现代化、高水平的城市新区。在有条件的情况下，应保证各新区之间有一定面积的生态绿地相分隔，又有快捷的交通干道相联系，以遏制城市的恶性膨胀和无序扩张。

（二）坚持"一核多心"的城市群发展格局

为了保持环长株潭城市群继续走新型城镇化的道路，有必要对空间结构进行优化设计，遵循由新型城镇化引导的"一核多心"模式（见图3）。

"一核"指的是由长沙、株洲、湘潭三市联合组成的发展核心。长沙、株洲、湘潭三市融合发展是大势所趋，且有利于形成强有力的增长极。城市群空间结构必须顺应这一生长规律，但也必须保证三市的联合发展符合两型社会建设、绿色发展要求。首先，长沙、株洲、湘潭三市之间必须留出生态绿心，可参考荷兰兰斯塔德城市群先进经验，为三市划定严格的发展边界，使三市建成区之间保留500平方公里以上的生态绿地作为"绿心"。其次，积极引导三市的合理扩张，致力于建设既具备较强的经济实力、辐射带动力和区域竞争力，又能充分彰显两型社会特色的发展核心。长沙应把握湘江新区获批的机遇，坚持东提西拓战略，重点发展河西城区。株洲应做好云龙新城、南洲新区、东部新城等的开发工作，向北、东、南三个方向进行枝干状的逐步拓展。湘潭应在九华、天易等园区的基础上，做强杨河、姜畲等组团。三市应合力打造以湘江为轴带，由若干个滨水板块、组团共同组成的，"两型"特色彰显的发展核心。

"多心"指的是衡阳、常德、岳阳、益阳、娄底这五个各具特色的综合性中心城市。考虑到环长株潭城市群区域面积较大，一个发展核心难以有效地辐射城市群的全部区域，需要有多个发展中心来承接核心的辐射力，并扩散到周边地区，从而实现城市群的总体发展。因此，必须从城市群战略规划的层面，对衡阳、常德、岳阳、益阳、娄底这五个中心城市进行准确的战略定位、选择主导产业、控制发展速度，理顺中心与核心的交流协作关系①，保证中心城市能够承上启下，有力地带动周边县、市、区又好又快发展②。

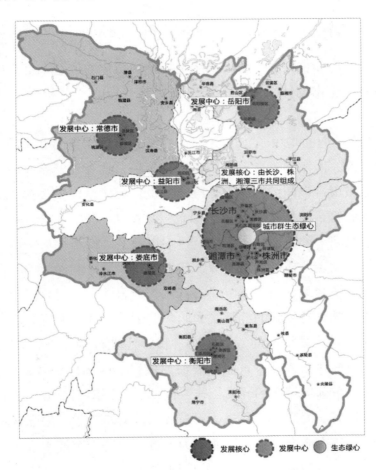

图3　环长株潭城市群新型城镇化发展模式

---

① 陆大道：《京津冀城市群功能定位及协同发展》，《地理科学进展》2015年第3期。

② 姚士谋、张平宇、余成、李广宇、王成新：《中国新型城镇化理论与实践问题》，《地理科学》2014年第6期。

（三）坚持构建与城镇职能相匹配的产业体系

合理区分城市群中心城市与一般城市之间的关系，以及一般城市与中小城市和小城镇之间的关系，从而制定更加有层次的产业发展战略，优化环长株潭城市群产业结构（见图4）。具体来说，长沙市作为城市群中心城市，在产业发展战略制定上应注重与其他7个地级市之间的水平分工和垂直分工，形成各具地域特色的专业化分工体系。

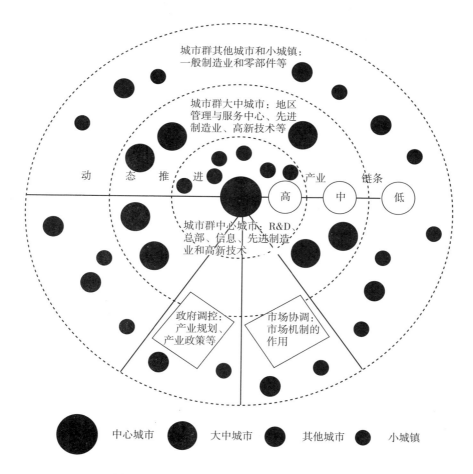

图4 环长株潭城市群产业协同发展模式

长沙的城市职能应进一步突出高端性、集约性和服务性，大力提高现代商贸、金融、信息等第三产业在社会经济发展中的比例，主要突出长沙在整个城市群中的中央商务、总部管理、信息技术、科研设计、文化教育、进出口等服务和管理功能，而长沙的生产功能应主要集中在高端装备制造、新能源、新材料、生物医药等优势明显、前沿性强的战略性新兴产业上，将一般的制造业向周边城市或城镇转移。其他7个地级市不仅要发挥作为本市域社会经济活动中心的地域组织作用，还要形成一批基于区域分工的优势产业和特色产业，主要突出其制造业和高新技术产业的专业化和集群化发展。对于环长株潭城市群各城市之间的分工，应该兼顾垂直分工和水平分工，以垂直分工为主，中小城市和小城镇主要从事小型产品生产和相关零部件制造。与此同时，通过主要企业的辐射带动作用，将各企业产业链进行延伸，把生产链按照高中低段分解到各个不同类型的城镇，培育一批有竞争力、专业水平高的中小城市。在这一过程中各中小城市或小城镇通过专业化分工，形成显著的"蚁群效应"，进而促使整个城市群形成纵横交错的网络分工关系。

五　环长株潭城市群新型城镇化与产业协同发展的对策建议

（一）推动区域产业协同创新

区域产业协同创新[①]应以巩固环长株潭城市群经济发展的核心竞争力和提升重点产业发展的科学技术水平为重点，以增加技术资本和

---

① 钟荣丙：《战略性新兴产业协同创新的组织模式研究——基于长株潭城市群的实证分析》，《改革与战略》2013年第2期。

智力资本投入为路径，坚持战略导向和市场导向，以城市群之间、重点产业集群之间各类创新（产业创新、工艺创新、战略创新、组织创新、市场创新、制度创新等）的有机融合、协同推进为核心，积极营造和维护全要素创新、全员创新和全时空创新环境，围绕国家级高新技术产业开发区、经济技术开发区、"两型"示范区和循环经济示范区，培育长株潭城市群协同创新主体和新兴产业增长极，实现科技兴城和产业兴城。

以长株潭城市群为核心区，加快建设制造强省，围绕湖南省支柱产业和主导产业实施产品创新战略和工艺创新战略，推动生产方式向柔性、智能、精细方向转变。一是推进工程机械、冶金、机电、化工、汽车零部件、食品加工等地方性支柱产业二次提升，大力实施引技和引智战略，瞄准国际、国内同行业标杆，推进品牌建设、工艺优化和技术引进[①]。鼓励龙头企业与跨国公司进行战略合作，探索构建带动支柱型产业二次提升的创新型产业链。二是重点发展轨道交通装备制造、高端工程机械、新型材料、新一代信息技术产业、航空航天装备、新能源汽车、生物医药及高性能医疗器械、节能环保及能源服务、高档数控机床和工业机器人、船舶制造、农业机械等产业。围绕国家智能制造2025战略，实施制造业创新能力提升工程、工业强基工程、智能制造工程、绿色制造工程、中小企业专精特新发展工程、制造＋互联网＋服务工程、高端人才引进和核心技术集成创新工程等专项行动。打造10个标志性制造产业集群、20个特色产业基地、50个领军企业和100个具有较强国际国内影响力的品牌产品。三是贯彻落实网络强省战略，充分挖掘网络经济潜力。实施"互联网＋"行动计划，深化技术应用，拓展市场空间，推动互

① 吴绍波、顾新：《战略性新兴产业创新生态系统协同创新的治理模式选择研究》，《研究与发展管理》2014年第1期。

联网技术从消费领域向生产和研发领域延伸，全面优化传统产业组织构架，推广新型商业模式，推进产业供应链和物流链在大数据、云计算和物联网领域的创新发展，发展分享型经济。促进互联网与工业融合，实现新一代信息技术与现代制造业的深度融合。促进互联网与农业融合，培育网络化、智能化、精细化的现代生态农业新模式。促进互联网与服务业融合，发展服务型移动互联网经济，培育新兴服务方式和服务业态①。

　　非技术类创新模式。紧密对接，全面开放，探索地区发展战略创新路径，依托岳阳国际性港口、黄花国际机场、长沙高铁枢纽等区域性基础设施建设，打通湘新欧大通道，积极对接"一带一路"、"一带一部"、长江经济带、长江中游城市群等区域发展战略，加快建设湘江新区、长株潭自主创新示范区、承接产业转移示范区等重点片区，打造一批临空、临港经济区及综合保税区和高铁新城区，构建内部联系通畅、外部联系广泛的开放型经济高地，补齐短板，积极培育国际贸易、国际金融、国际物流、综合保税和出口加工等外向型产业集群。提升城市群内部组织协调能力，构建长株潭城市群城镇体系规划、产业发展规划和城市总体规划相互衔接的机制。一方面，加大城市群内部产业整合力度，形成更高层次的产业集群、更广泛的企业联盟和更稳定的产业链结构，以便进一步创新区际合作方式，拓展合作领域，促进更高水平的产学研一体化，提升长株潭城市群的核心竞争力；另一方面，协调城镇拓展空间和功能组织，促进中心城区、特色城镇群和美丽村镇建设。共同推进民生事业建设、环境保护、信息化建设和基础设施网络化建设。共同推进供给侧改革，鼓励淘汰和改造落后产能，引导企业、技术和人才在城市

---

① 《中共湖南省委关于制定湖南省国民经济和社会发展第十三个五年规划的建议》，《湖南日报》2015 年 12 月 3 日。

群内部高效整合，推动产业转型升级①，培育以市场为导向的民生型、技术型、生态型产业体系和市场体系，为中小城镇发展提供新动力。建立健全长株潭城市群科技创新政策的组织协调机制，通过牵头部门职能划分，构建跨区域跨行业的管理机构和协调渠道，引导城市群内各种专业技术服务机构共同搭建创新资源共享平台。同时建立农业现代化、工业信息化和服务业高端化发展的政策体系，同步推进土地改革、城乡统筹、多规合一、产城融合、生态文明等体制机制创新（见图5）。

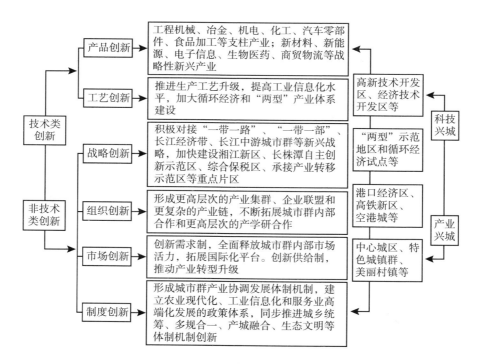

图5　城市群产业协同创新模式

① 郑小碧、陆立军：《城市群与协同型市场产业网络的协动机理研究——以浙中城市群与"义乌商圈"协动发展为例》，《经济地理》2012年第2期。

（二）促进城市群战略性新兴产业联动发展

促进城市群战略性新兴产业联动发展的基本框架可分为三个层次、三条主线。一是通过内部产业整合，全面优化长株潭城市群新兴产业的战略布局，构建由龙头企业群体、产业发展轴带和产业集聚区组成的战略性新兴产业空间体系，进一步明确八市间的重点合作产业和各自的产业发展战略；二是通过调结构、转方式、促升级，推进战略性新兴产业集聚发展、传统支柱型产业二次提升和主导产业创新发展，形成各具特色的产业体系；三是在长株潭城市群战略性新兴产业空间布局和产业体系建设的框架下，优化资源配置，科学布局重大项目，引导专项政策和资金及专业化企业、技术和人才集聚，形成空间联动、产业联动、要素联动的战略性新兴产业发展新格局①。

通过产业整合巩固战略优势。加大长株潭城市群内部产业整合力度，逐步建立政府导向与市场导向协调的产业结构调整机制，坚持点线面相结合、横向整合和纵向整合相结合的总体思路，全面优化战略性新兴产业空间布局。8 个地级市要充分结合自身优势产业，培育龙头企业和领军企业，重点培育相关的科研机构和配套企业，优化调整各地区战略性新兴产业结构。长沙市应主要依托长沙经济技术开发区、长沙高新技术产业开发区等国家级园区，紧密围绕中联重科、山河智能、蓝思科技、比亚迪汽车等龙头企业，重点构建高端装备制造、新能源汽车、电子信息、新材料、生物医药、文化产业等产业链，配套发展节能环保、机器人、健康养老等产业，打造中国中部智能制造中心、文化创意中心和现代商贸物流中心。株洲市应主要依托株洲高新技术产业开发区，紧密围绕中车集团、南方航空、北京汽车、株洲电力机车厂等龙头企业，积极培育轨道交通装备制造、航空航天制造、

---

① 王书华：《京津冀城市群发展趋势与协同创新格局》，《中国科技论坛》2015 年第 11 期。

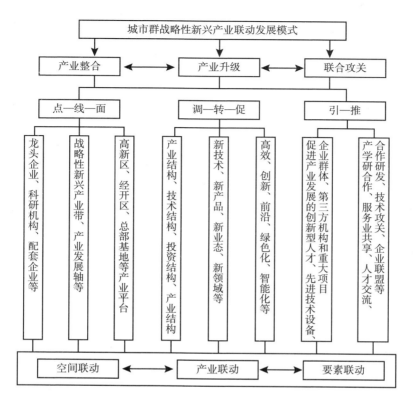

图6 城市群战略性新兴产业联动发展模式

新能源汽车等千亿级产业集群，同时加快株洲经济技术开发区的规划和建设，大力发展配套产业和智能制造业，打造中国"动力谷"。湘潭市应主要依托湘潭高新技术产业开发区和湘潭经济技术开发区，围绕华菱集团、湘电风能、湘电重装、威盛电子、泰富重工等龙头企业，加快形成新能源装备制造、海洋装备制造、矿山装备制造等高端装备制造集群。岳阳市应主要依托岳阳经济技术开发区和岳阳港口建设，围绕景达生物、中科电气、国信军创六九零六等龙头企业，积极培育先进装备制造、光伏电子、现代商贸物流、北斗导航服务等产业集群，打造湖南省北部外向型经济增长极。常德市应主要依托常德经济技术开发区等园区，围绕大汉汽车、力元新材、三升光电、三金制药等龙头企业，发展生物医药、电子和新材料产业。益阳市应主要依托益阳高新技术产业开发区，围绕金博科技、晶鑫科技、艾华电子、搜空高科、汉森制药等龙头企业，重点扶持生物医药、新材料、新能源和电子信息服务等产业集群发展。衡阳市应主要依托衡阳高新技术产业开发区，围绕衡山科学城、输变电产业园和雨母智慧生态新区建设，重点培育电子信息、新材料、节能环保、文化休闲等新兴产业集群。娄底市应主要依托娄底市经济技术开发区，围绕中国中部节能科技环保产业园和湘中国际物流园建设，重点发展节能环保和商贸物流产业。

通过产业升级培育新兴产能。全面调整环长株潭城市群产业结构，转变产业发展方式和企业生产方式，推动传统产业升级改造，尽快形成区域经济增长新动能。以促进传统产业创新发展为目标，以高新技术产业率先发展为突破口，形成以战略性新兴产业为先导、先进制造业为主导、现代服务业为支撑、现代农业为基础的产业新体系。一是通过地区和产业园区间的产业整合，重点建设新一代信息技术、智能装备、先进轨道交通装备、海洋工程装备和高端船舶、航空航天装备、节能和新能源汽车、新材料、新能源、节能环保、生物医药和高端医疗器械等新兴产业集群，引导企业、资金、技术、人才等资源加速集聚，构建战略性新兴产业加快发展新格局。二是围绕新技术应用、新产品研发、新业态拓展，加快云计算、大数据、物联网等新一代信息技术与制造业深度融合，促进工业产品研发设计、流程控制、企业管理、市场营销等环节数字化、网络化、智能化和管理现代化①。引导大型传统企业加大智能化和绿色化改造，促进钢铁、有色、化工、煤电、工程机械、食品加工、轻纺服装、建材加工等传统产业向高端化、精细化、信息化方向发展，提高传统产业的科学技术水平、产品的核

---

① 张劲文：《首都经济圈跨区域产业协同创新的模式与路径研究》，《改革与战略》2013 年第 8 期。

心竞争力以及技术工人操控生产机器的能力。三是以市场化、产业化、品质化、社会化为方向，推进生产性服务业向专业化、个性化方向发展，促进生活性服务业向精细化、人文化方向发展，加快发展设计研发、技术转移、技术孵化、知识产权保护、科技咨询、技术培训、技术推广等科技服务业，全面实现推动高端服务业发展的层次提升、比重提高、服务提质。巩固优势，补齐短板，积极拓展新领域、发展新业态，壮大金融服务、现代物流、信息技术服务、文化旅游、体育产业、文化传媒、健康养老、电子商务、服务外包、工业设计、节能环保服务、检验检测、品牌和标准化服务、人力资源服务等重点产业。

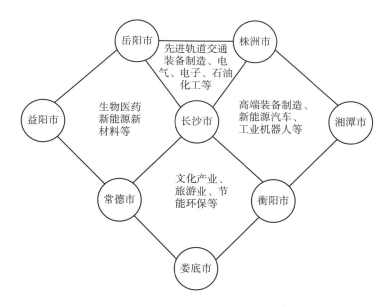

图 7　环长株潭城市群共性战略性新兴产业

通过联合攻关提升综合实力。加快跨行政区划的深度合作，在促进产业发展的创新型人才引进和培养、先进技术设备引进和研发、第三方共性服务平台搭建以及国家级、省级重大项目申报等领域加强合作。建立战略性新兴产业共享和协同发展机制，在城市群内部共性战略性新兴产业发展中，加大衔接和匹配力度，加强关键性要素的互通互联。在市级层面，通过断链、建链、强链、延链等方式建设四个以上的战略性新兴产业联盟。其中包括生物医药、新能源、新材料产业联盟（长沙、岳阳、常德、益阳），高端装备制造、工业机器人、新能源汽车产业联盟（长沙、株洲、湘潭、衡阳），节能环保、文化产业、旅游产业联盟（长沙、常德、衡阳、娄底），"一带一路"关联性产业联盟（长沙、株洲、岳阳），进出口贸易及保税经济联盟（长沙、湘潭、岳阳）。在市级合作的框架下进一步推进产学研合作、服务共享、平台共建、人才交流、合作研发、技术攻关、企业联盟，支持产业链上下游企业、高校院所组建产业战略联盟。

（三）培育高端城市功能与服务业3.0模式

全面贯彻中央城市会议精神，坚持创新、协调、绿色、开放、共享的发展理念，转变城市发展方式，培育高端城市功能。长株潭城市群高端城市功能培育与服务业3.0模式构建的路径为：引入高端城市服务功能和业态，注重高端城市功能支撑平台建设；催生高端服务业，培育服务业3.0模式，促进传统服务业与互联网、大数据、通信技术融合发展；促进传统服务业高端化，发展国际化、多样化、个性化水准的生活类服务业集群和生产性服务业集群；形成一批高端功能新城（智慧新城、空港新城、金融新城、科技新城、文化新城、职教新城等）。

引入高端城市服务功能和业态。以城市高端化发展加速产业高端化发展，围绕各中心城市打造一批国际化大都市和国际化中心商务区，依托楼宇经济和总部经济的集聚优势，引进国际连锁的高端服务型企业，打造各类高端城市服务平台，共享国际化的先进技术和管理理念，发挥高端服务的技术创新和市场引领作用，助推本土龙头企业创新经营方式和组织形式；实施筑巢引凤战略，通过市场化的体制机制创新和政策创新，营造良好的外向型产业发展环境，为关联性强、外向度高、发展前景好的战略性项目开辟绿色通道，大幅提升项目用地、设施配套和企业配套等方面的审批效率，主动承接新一轮国际高端服务业转移和国际项目投资，吸引国内外知名大企业集团设立总部、地区总部、研发中心、采购中心、营销中心等[1]。强化城市对高端服务业发展的功能性支撑，积极搭建各类技术性支撑平台、人力资源支撑平台、信息服务类支撑平台、服务外包类支撑平台、基础设施支撑平台，提高产业配套水平，促进高端服务业与地区主导产业的全方位对接，充分发挥高端服务业对于地区优势产业发展的带动作用，增强二者对于城市发展的植根性。

催生高端服务业。依靠技术和产业融合催生新型高端服务业，通过知识和技能创新、服务和设备创新、管理和运营创新，培育更具竞争力的企业主体，形成以知识密集型产业为核心的高端服务业集群，以智力输出和技术服务输出为主要形式，为相关企业、产品和消费者提供高智慧化、高智能化、高附加值的专业服务，以促进相关产业链向高端化发展。推动智慧城市建设与服务业 3.0 升级联动发展，促进技术与产业融合，通过发展电子信息技术和创新商业模式，加快移动互联网技术、云计算和大数据、物联网技术、人工智能技术与产业的融合，推出新兴产业业态和新型运营模式，如计算机服务、专业技术服务、网络通信服务等。依托城市群内部的高新技术和智能制造产业发展，以延长关键领域产业链为切入点，加快完善生产前期研发、设计、中期管理、融资和后期物流配送、市场销售、售后服务、信息反馈等服务环节，不断完善服务功能，培育壮大高端服务产业集群[2]。

---

① 陈琪：《基于产业互动视角的武汉城市圈高新技术产业发展研究》，《科技创业月刊》2012年第 10 期。

② 杜人淮：《发展高端服务业的必要性及举措》，《现代经济探讨》2007 年第 11 期。

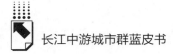

促进传统服务业高端化。一是通过供给侧系列改革，推动需求相对较少的传统服务业的优化升级，利用市场供需引导机制倒逼服务业向高端领域渗透和延伸。环长株潭城市群要在国家战略的大力推动和市场需求的强劲拉动下，建设一批示范性社区和特色组团，积极探索金融、商贸、旅游、生态、教育、生活服务等各领域的服务业高端化发展模式和路径，鼓励在传统服务业领域推广应用高新技术，探索形成新的服务模式。如精准医疗、生态养老、文化创意、工业设计、电子商务、电子政务、远程教育等。二是在传统服务领域不断创新高端服务产品。比如在传统旅游产业发展的基础上，积极探索发展工业旅游、体验式旅游、文化旅游、虚拟旅游；在传统金融服务领域进一步拓展收益灵活、形式多样的风险投资基金、保险理财产品、财产金融产品、证券和贵金属投资等中高端金融产品。

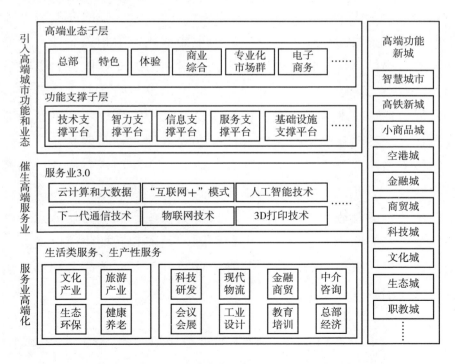

图 8　高端城市功能培育与服务业 3.0 模式

（四）联动发展城市群商贸流通产业

实施环长株潭城市群商贸流通产业联动发展战略，推进流通体系升级、商贸业态升级、商业设施升级，构建高效、畅通、开放的商贸流通载体系统，创新商贸流通技术支撑体系，培育覆盖全域的商贸流通主体，推动区域、城乡商贸流通产业一体化发展。深度融入国家"一带一路"战略和长江经济带建设，加强商贸流通区域协作联动，加快建成国家级、省级流通节点城市，打造长江中游城市群商贸流通高地。实施产业联动战略，发挥商贸流通产业先导性作用，推动工商、农商、商旅联动，构建高效、合理的产业发展链和市场分工链[1]。

优化商贸流通功能布局。发挥市场配置商贸流通资源的决定性作用，构建四大商贸流通产业功能区，促进商贸流通专业性企业和要素集聚发展。其中，长沙、株洲、湘潭三市定位为都市商务功能核心区和拓展区，重点打造现代高端商贸商务集聚区，促进总部经济、高端商业商务、国际会展、高端电子商务集聚发展，重点布局全国性、区域性现代化市场群和智能化、综合型商贸物流集群。衡阳和株洲部分地区定位为湘粤商贸核心区和湘赣商贸核心区，重点承接珠三角商贸流通产业转移和发展省际贸易，依托本地特色产业和交通枢纽重点布局特色商贸物流集群。洞庭湖地区定位为湘北门户商贸区，依托重要港口区和综合保税区，对接长江经济带、长三角等"一带一路"核心商贸区，重点发展各类进出口贸易和大型航运物流，打造长江中游城市群商贸核心区。娄底市及周边地区定位为湘中商贸核心区，依托湘中国际物流园，重点发展农产品、矿产资源等大型商品商贸流通集聚区。

---

[1] 《国务院办公厅关于促进内贸流通健康发展的若干意见》，《全国商情》（经济理论研究）2014 年第 20 期。

培育商贸流通主体。推进内外贸融合发展，鼓励大型连锁商贸流通企业引进国际先进的贸易流通标准、贸易流通技术和贸易流通模式，利用国际社区、大型商圈、综合保税区、空港城的建设契机，加快布局各类进出口商品交易平台、跨境电子商务和其他第三方商贸服务平台，面向居民、企业和园区积极开展国际贸易和采购业务。抓住国家实施"一带一路"发展战略机遇，鼓励大型商贸流通企业和地方商会"走出去"发展，建立海外营销、物流及售后服务网络。支持发展连锁经营，支持知名企业及"老字号"企业运用品牌、市场、管理技术等优势发展连锁经营，扩大规模。统筹城乡商贸流通网络，加快地方二级市场和物流枢纽建设，为连锁商场、专业市场和大型流通企业向社区和农村拓展提供土地、税收等方面的政策支持，不断增强农村地区商贸服务功能。以地方智慧城市建设为依托，促使商贸企业、供应链企业和信息服务运营商之间加强合作，支持和推广基于城市大数据平台的商贸企业的信息化、智能化升级，建设环长株潭城市群商贸物流大数据平台，用于开展物联网服务、商贸流通调度、大数据采集和监管等业务。鼓励引导商贸流通行业协会建立完善的行规行约及行业标准，逐步形成行业指导部门、执法监管部门和商贸流通行业协会合理分工、密切配合的工作机制，支持行业协会在课题研究、行业技术标准、行业发展等方面的工作①。

加快商业基础设施升级。以城市 CBD 整体提升为重心，发展总部经济和楼宇经济，打造多个集会议会展、金融投资、技术服务、文化传媒、创意设计于一体的商务集聚区。培育高端商业业态，推动传统商圈提质改造和错位发展，加快国际名品和奢侈品展销中心、大型休闲购物公园、智慧商圈等项目建设。充分发挥湖湘旅游资源在统筹

---

① 《国务院办公厅关于促进内贸流通健康发展的若干意见》，《全国商情》（经济理论研究）2014 年第 20 期。

城乡商业基础设施建设中的引领作用，打造一批各具特色的品牌商业街和风情小镇，促进商贸、旅游、农业一体化发展。加快商品市场转型升级，推动专业化提升和精细化改造，拓展商品展示、研发设计、品牌孵化、回收处理、电子商务等功能，重点布局商贸物流、居民服务、再生资源回收利用、湘菜、酒类流通、药品流通6个千亿级产业。高新技术开发区和经济技术开发区周边的新城区则需加强居民生活服务设施建设，优化社区商业网点、公共服务设施的规划布局和业态配置，支持建设集社区便利店、无公害菜市场、大中型连锁超市、特色餐饮和娱乐场所、小型专业市场群、电商配送站于一体的"一站式"新型社区便民商圈，使产城融合达到一个理想的高度。

提升商贸流通水平。加快流通体系升级，规划建设重点物流基地园区分拨中心、市县区公共配送中心、末端配送网点三级配送体系。升级商贸流通载体，逐步提升物流企业的硬件配备水平和标准化运营水平，大力发展冷链物流、城市快速配送等专业物流，支持建设农产品物流、电商物流、精密设备物流、危险品物流等区域性物流基地和多功能仓库。提升物流企业信息化运营水平，建设长株潭城市群物流公共信息平台，配套建设环长株潭城市群物流大数据管理中心，支持第三方机构或供应商运用物联网、智联网技术整合硬件资源，组建物流联盟，开展城市群共同配送业务。联合攻关商贸流通技术。鼓励商贸流通领域信息技术研发和集成创新，加快推广云计算、移动支付、检验检测、电子标签、物联网等技术在商品交易和流通领域的应用。支持商贸流通企业与先进制造企业、电子信息技术企业强强合作，利用先进的数控技术、信息技术、智能机器人技术、设备自动化技术对传统的物流基地和仓储基地进行智能化升级，提高仓储调度、采购加工、运输配送、订单交易等环节的服务质量和效率。加快商贸业态升级，规范促进电子商务发展。支持创建国家级、省级电子商务示范城市、示范基地、示范企业。支持发展O2O、移动电子商务、跨境电子商务、互联网金融等新兴商业模式。支持传统商贸流通领域开展智慧商圈、数字会展、网上市场、家政综合服务平台等信息技术创新应用。推动农村电子商务发展，扩大电子商务在居民生活服务、休闲娱乐、商贸、工业、旅游等领域的推广应用。

参考文献

［1］陈志平：《湖南省新型工业化进程中经济发展方式转变研究》，《经济研究参考》2011 年第 33 期。

［2］王赟新：《长株潭城市群碳排放的现状、趋势与政策取向》，《湖湘论坛》2012 年第 1 期。

［3］陈张书、杨璐：《湖南省发布"十二五"环长株潭城市群发展规划》，《华商》2012 年第 4 期。

［4］李拓晨：《我国高新技术产业竞争力评价研究》，哈尔滨工程大学，2008。

［5］娄底市人民政府网站，http：//www.hnloudi.gov.cn。

［6］柴攀峰、黄中伟：《基于协同发展的长三角城市群空间格局研究》，《经济地理》2014 年第 6 期。

［7］李琳、龚胜：《长江中游城市群协同创新度动态评估与比较》，《科技进步与对策》2015 年第 23 期。

［8］李君艳：《京津冀地区产业协同发展策略研究》，天津师范大学，2015。

［9］梅海涛：《兵团城镇化与产业结构协调发展研究》，石河子大学，2014。

［10］武清华、姚士谋、薛凤旋、张落成：《我国中部崛起的城市群发展策略思考》，《长江流域资源与环境》2011 年第 4 期。

［11］陈群元、宋玉祥：《基于城市流视角的环长株潭城市群空间联系分析》，《经济地理》2011 年第 11 期。

［12］何小锋、王鲁、陈敏：《基于产业转型升级视角的区域高校产学

研协同创新研究——以湖南为例》，《湖南财政经济学院学报》2015 年第 6 期。

[13] 陈文新、梅海涛、倪超军：《兵团城镇化与产业结构的协调发展度测度研究》，《科技管理研究》2014 年第 13 期。

[14] 王圣云、许双喜：《中部经济崛起度动态评估与新常态下促进崛起的战略对策》，《华东经济管理》2016 年第 1 期。

[15] 姚士谋、张平宇、余成、李广宇、王成新：《中国新型城镇化理论与实践问题》，《地理科学》2014 年第 6 期。

[16] 钟荣丙：《战略性新兴产业协同创新的组织模式研究——基于长株潭城市群的实证分析》，《改革与战略》2013 年第 2 期。

[17] 吴绍波、顾新：《战略性新兴产业创新生态系统协同创新的治理模式选择研究》，《研究与发展管理》2014 年第 1 期。

[18] 《中共湖南省委关于制定湖南省国民经济和社会发展第十三个五年规划的建议》，《湖南日报》2015 年 12 月 3 日。

[19] 郑小碧、陆立军：《城市群与协同型市场产业网络的协动机理研究——以浙中城市群与"义乌商圈"协动发展为例》，《经济地理》2012 年第 2 期。

[20] 张劲文：《首都经济圈跨区域产业协同创新的模式与路径研究》，《改革与战略》2013 年第 8 期。

[21] 陈琪：《基于产业互动视角的武汉城市圈高新技术产业发展研究》，《科技创业月刊》2012 年第 10 期。

[22] 杜人淮：《发展高端服务业的必要性及举措》，《现代经济探讨》2007 年第 11 期。

[23] 《国务院办公厅关于促进内贸流通健康发展的若干意见》，《全国商情》（经济理论研究）2014 年第 20 期。

专题报告

Special Reports

B.5
资源配置效率最大化视角下的长江中游城市群产城融合研究[*]

孙元元　张建清[**]

摘　要：　解决长江中游城市群产城融合问题的本质在于弄清城镇化如何推动长江中游城市群制造业在空间上有效集聚或者实现资源配置效率最大化，这也是进一步促进

[*] 本研究报告为国家发展和改革委员会课题"长江中游城市群新型城镇化与产业协同发展研究"的子课题研究成果，国家自然科学基金青年项目（中国制造业空间有效集聚研究：基于产业集聚与企业异质性互动的视角，批准号:71503190）阶段性研究成果，武汉大学自主科研项目（人文社会科学）研究成果，得到"中央高校基本业务经费专项资金"资助。

[**] 孙元元，博士，武汉大学中国中部发展研究院讲师，研究方向为空间经济与世界经济。主持国家自然科学基金青年基金项目、武汉大学自主科研项目、中国博士后科学基金项目等多项科研项目；张建清，武汉大学经济与管理学院教授，博士生导师，中国中部发展研究院常务副院长，研究方向为区域经济协调发展、国际贸易、国际投资等。

长江中游城市群产城融合、推动长江中游城市群经济平稳较快增长的关键。基于上述研究思路，本文的实证分析表明随着长江中游城市群人力资本水平和研发水平的上升，以及长江中游城市群城市人口密度的增加和城市公共交通的发展，长江中游城市群的产城融合进程在逐渐加快。这意味着长江中游城市群可以继续通过提升人力资本水平和增加研发投入，即通过提升城市创新潜力来改善城市群内产业资源配置的效率，也可以通过积极城市化和发展公共交通，即通过扩大城市人口规模、降低城市拥挤成本来改善城市群内产业资源配置的效率，进而加快长江中游城市群的产城融合步伐。

关键词：　产城融合　资源配置效率　城市创新潜力　城市拥挤成本

一　长江中游城市群产城融合的现状

产业升级优化与城镇化将成为"十三五"乃至更长时期内，长江中游城市群经济社会发展的主要动力来源。产业发展、城镇化是两个相互支撑、协同发展的不可分离的过程。新常态下的长江中游城市群，如何使两者更好地融合，以获得发展的动力倍增效应，是其未来经济社会发展所面临的重大课题。

那么，产城融合的本质是什么？中国经济已经进入新常态，经济新常态意味着应该更加注重经济增长的质量，这就需要弄清当前中国的经济增长是否有效率，当前高质量的经济增长或低效率的经济增长是如何形成的。因此，研究长江中游城市群的产城融合问题，其实主要在于研究城镇化如何作用于产业集聚效率的提升或产业资源配置效率的提升。对于长江中游城市群而言，由于长江中游城市群经济的增长和演化与产业空间集聚，特别是制造业的空间集聚紧密相关，因此，探讨解决长江中游城市群产城融合问题的核心在于弄清城镇化是如何推动长江中游城市群制造业在空间上有效集聚或者实现制造业资源配置效率的最大化的，这也是进一步促进长江中游城市群产城融合、推动长江中游城市群经济平稳较快增长的关键。

现有针对产城融合的研究多采用指标评估法，这很难触及产城融合的本质，而部分研究城市规模扩张的文献又没有将城市发展与产业集聚方面的内容相融合，鲜有文献基于产城融合的角度，探讨城市发展，特别是城市拥挤成本和城市创新潜力对资源配置效率的影响。部分文献认为城市规模的扩张会产生一定的集聚效应①，如技术扩散、规模效应等外部经济，而随着城市规模扩张到一定程度，边际收益就会递减，城市扩张带来的城市拥挤成本也会随之增加，当城市扩张带来的成本超过收益时，城市扩张就会缺乏效率，但是这类文献并没有分析城市扩张对产业集聚效率可能产生的影响。

那么，城市发展是如何影响产业集聚效率的？若将制造业资源配置效率区分为集约边际下的资源配置效率与扩展边际下的资源配置效率②，那么集约边际下的资源配置效率主要受产业资源流动的影响，因此其与城市拥挤成本相关；扩展边际下的资源配置效率主要受产业生产率的影响，因此其与城市的创新潜力相关。故而本文从城市拥挤

---

① 王俊、李佐军：《拥挤效应、经济增长与最优城市规模》，《中国人口·资源与环境》2014年第7期。
② 孙元元、张建清：《中国制造业省际间资源配置效率演化：二元边际的视角》，《经济研究》2015年第10期。

成本与城市创新潜力的角度出发，分析长江中游城市群城市发展对产业资源配置效率的影响，并就此探讨进一步推动长江中游城市群产城融合的可行路径。

此外，本报告也以长江中游城市群的食品制造行业和通用设备制造业为例，给出了以人力资本为代理变量的城市创新潜力，以及以城市人口密度和城市人均拥有道路面积为代理变量的城市拥挤成本与产业资源配置效率变化值的拟合图，从而初步判断长江中游城市群的产城融合状况，具体见图1～图6①。

由图1和图2可知，就食品制造行业和通用设备制造业而言，长江中游城市群人力资本水平的上升会推动食品制造行业和通用设备制造业的资源配置优化，可见长江中游城市群劳动力受教育水平的提升可能是其产业集聚效率改善的重要渠道，这也意味着长江中游城市群的产城融合离不开城市教育水平的上升与高技能人才的聚集。

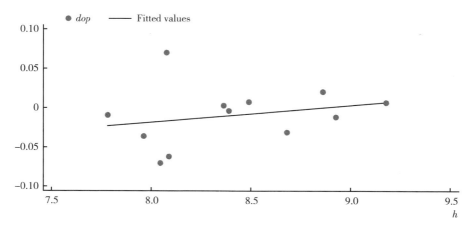

图1 长江中游城市群食品制造行业资源配置效率变化值与人力资本的拟合图

---

① 作图所用数据的来源见本报告第三部分，图中的变量 dop 表示用 OP 协方差衡量的产业资源配置效率的变化值，h 表示人力资本，$density$ 表示城市人口密度，road 表示城市人均拥有道路面积。

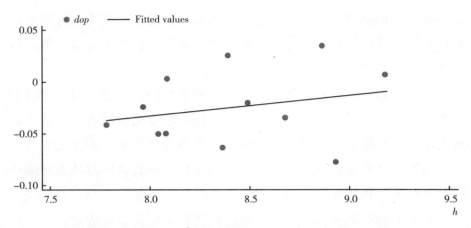

图2　长江中游城市群通用设备制造业资源配置效率
变化值与人力资本的拟合图

　　图3和图4分别给出了长江中游城市群食品制造行业和通用设备制造业资源配置效率与城市人口密度的拟合图。城市人口密度对城市产业集聚有着双重作用，一方面城市人口密度越大，意味着城市拥挤成本越高，进而越会恶化产业集聚的资源配置效率；另一方面城市人口密度越大也意味着人口聚集的外部性越大。若后者的作用大于前

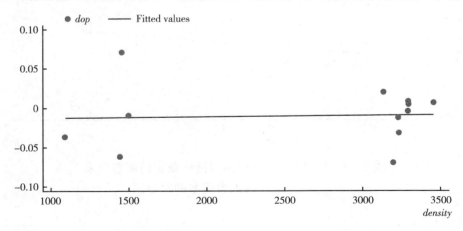

图3　长江中游城市群食品制造行业资源配置效率
变化值与城市人口密度的拟合图

者，那么城市人口密度的增加会改善产业集聚的资源配置效率。因此城市人口的急剧扩张与城市人口密度的增加在产城融合中所起到的作用是不确定的，具体的结果可能与城市或城市群的发展阶段有关。

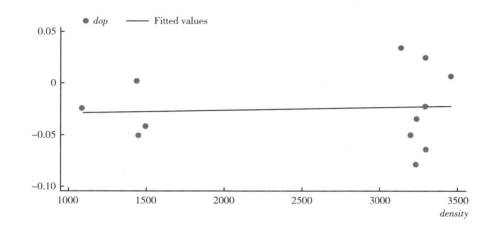

**图4 长江中游城市群通用设备制造业资源配置效率
变化值与城市人口密度的拟合图**

由图3和图4可知，长江中游城市群城市人口密度的增加与食品制造行业资源配置效率之间无显著关系，但是长江中游城市群城市人口密度的增加会显著改善通用设备制造业的资源配置效率，这说明就通用设备制造业而言，长江中游城市群城市人口的大幅增加可以提升其产城融合水平。图5和图6进一步给出了长江中游城市群食品制造行业和通用设备制造业资源配置效率与城市人均道路面积的拟合图。城市人均拥有道路面积越大意味着城市拥挤成本越小，进而越有利于城市内部产业资源的有效配置，图5和图6的结果表明长江中游城市群城市人均道路面积的增加可以改善食品制造行业和通用设备制造业的资源配置效率。

正如前文所述，解决产城融合问题的本质在于弄清城镇化是如

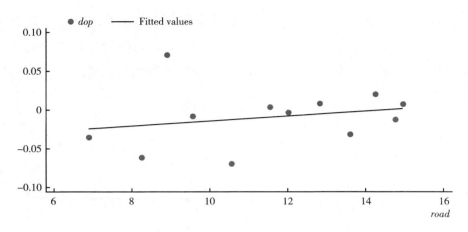

**图5　长江中游城市群食品制造行业资源配置效率变化值
与城市人均道路面积的拟合图**

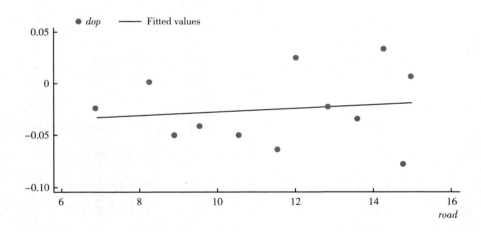

**图6　长江中游城市群通用设备制造业资源配置效率
变化值与城市人均道路面积的拟合图**

何作用于产业集聚效率的提升或产业资源配置效率的提升的，因此产城融合是一个多维概念，应从城镇化的不同角度探讨长江中游城市群的产城融合问题。本文图1～图6的结果说明长江中游城市群人力资本水平的提升、城市人口密度的增加以及城市人均拥有道路面积的增加会改善食品制造业和通用设备制造业的资源配置效率，进而至少可以推动上述两个行业的产城融合进程，但若要深入探讨长江中游城市群产城融合的内在逻辑和机理，还需要从资源配置效率的演变机制入手进一步展开分析。

二　研究方法

（一）产城融合与制造业资源配置效率的内在关系

本部分首先从城市拥挤成本和城市创新潜力的角度出发，探讨产城融合与制造业资源配置效率的内在理论关系。首先，计算并分解制造业资源配置效率的变化[①]，计算时可以用 OP 协方差计算资源配置效率，具体的分解方程为：

$$\Phi_t = \sum_i \mu_{it} \rho_{it} = \bar{\rho}_t + \sum_i (\mu_{it} - \bar{\mu}_t)(\rho_{it} - \bar{\rho}_t) \tag{1}$$

最初的 OP 分解方程中行业的基本单位为企业，而本部分主要是探讨行业在省与省之间资源配置的效率，因此本部分 OP 分解方程中行业的基本单位为地区。其中，μ_{it} 表示某地区在行业中的份额，ρ_{it} 表示某地区该行业的生产率，本文在计算时将生产率取对数[②]，$\bar{\mu}_t$ 和 $\bar{\rho}_t$ 分别表示各个地区在行业中所占份额的均值和各个地区该行业生产率的均值，（1）式中的第二项表明行业总生产率 Φ_t 是利用行业内所有地区产业份额对各个地区的生产率加权得到的，而（1）式第三项中

---

① 孙元元、张建清：《中国制造业省际间资源配置效率演化：二元边际的视角》，《经济研究》2015 年第 10 期。

② Bartelsman, E., J. Haltiwanger, and S. Scarpetta, 2013, "Cross-country Differences in Productivity: The Role of Allocative Efficiency," *American Economic Review*, *American Economic Association*, 103 (1): 305 - 34.

的 $\sum_i (\mu_{it} - \bar{\mu}_t)(\rho_{it} - \bar{\rho}_t)$ 表示该行业地区所占份额与该地区生产率的协方差，即 OP 协方差，其意味着：如果资源能够实现优化配置，那么行业内生产率更高的地区应该得到更多的资源，因此 OP 协方差越低，表明省际资源配置的效率越低，资源误置问题越严重；反之，OP 协方差越高，表明省际资源配置的效率越高。如果 OP 协方差为正数，说明总体而言，省际资源的配置是有效的；而当 OP 协方差为负数时，意味着产业份额小的地区 TFP 反而大，因此资源应该向份额小的地区流动，从而使份额增加到足以使 OP 协方差变为正数，因此资源配置优化不一定就是资源继续向产业集聚程度高的地区流动，也可以是向产业集聚规模较小的地区流动，但是都是向生产率更高的地区流动。

虽然 OP 协方差可以简洁地判断省际资源配置的有效性，但是如果分析只是止于此，那么就类似于直接测量全要素生产率的损失，仍无法分析影响资源配置效率大小的因素，而现有文献主要利用 OP 协方差直接测度资源配置总的有效程度，不足之处在于没有对资源配置效率的动态变化进行进一步的分解，从而无法探究资源配置效率低下或资源误置问题产生的根本原因。然而，在对全要素生产率损失或扭曲程度进行测算时，由于测算生产率损失的指标都是相对指标[①]，且是较为复杂的指数形式，这都制约了对其进行适宜分解，而 OP 协方差的公式相对简单，意味着有可能对其变化进行进一步的恰当分解，如此可以更为细致地分析资源配置效率的演化过程。

考虑到对行业生产率分解的公式不止（1）式，较多文献都对行业生产率的增加值进行了分解，因此可以与这两个分解公式相结合对 OP 协方差的变化进行进一步分解。这两种分解方式与（1）式相同

[①] Hsieh, C. and P. Klenow, 2009, "Misallocation and Manufacturing TFP in China and India," *Quarterly Journal of Economics*, 124（4）: 1403 – 1448.

的是，组成行业的基本单位都是企业，不同的是，两者都考虑了企业的进入和退出对行业生产率变化的影响。然而，本部分主要分析省际资源配置效率，组成行业的基本单位为地区而非企业，因此可以不用在分解公式中考虑企业进入和退出对生产率的影响，如此，分解方程可以变为：

$$\Delta \Phi_t = \sum_i \mu_{it-1} \Delta \rho_{it} + \sum_i \rho_{it-1} \Delta \mu_{it} + \sum_i \Delta \mu_{it} \Delta \rho_{it} \qquad (2)$$

若将 OP 协方差简写为 OP_t，那么由（1）式可以得到：

$$\Delta \Phi_t = \Delta \bar{\rho}_t + \Delta OP_t \qquad (3)$$

结合（2）式和（3）式可以得到：

$$\Delta OP_t = \left(\sum_i \mu_{it-1} \Delta \rho_{it} - \Delta \bar{\rho}_t \right) + \sum_i \rho_{it-1} \Delta \mu_{it} + \sum_i \Delta \mu_{it} \Delta \rho_{it} \qquad (4)$$

可见，（4）式也将 OP 协方差的变化或者省际资源配置效率的变化值分解成三个组成部分，但是，为了使各个部分蕴含的经济学含义更为直观，还需进一步对（4）式进行调整。首先，由于分析省际资源配置效率时不用考虑企业进入和退出的问题，因此每个行业所在地区数量不会随时间变化，若 N_t 为时刻 t 行业 i 所在地区的数量，那么 $\Delta \bar{\rho}_t$ 可以进一步变为：

$$\Delta \bar{\rho}_t = \frac{\sum_i \rho_{it}}{N_t} - \frac{\sum_i \rho_{it-1}}{N_{t-1}} = \frac{\sum_i \Delta \rho_{it}}{N_{t-1}} = \sum_i \bar{\mu}_{t-1} \Delta \rho_{it} \qquad (5)$$

同样，由于每个行业所在地区数量不随时间变化，且 $\sum_i \Delta \mu_{it} = 0$，故而有：

$$\sum_i \rho_{it-1} \Delta \mu_{it} = \sum_i \left(\rho_{it-1} - \Phi_{t-1} \right) \Delta \mu_{it} \qquad (6)$$

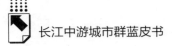

将上述两式代入公式（4）中，可以得到：

$$\Delta OP_t = \sum_i \left(\mu_{it-1} - \bar{\mu}_{t-1} \right) \Delta \rho_{it} + \sum_i \left(\rho_{it-1} - \Phi_{t-1} \right) \Delta \mu_{it} + \sum_i \Delta \mu_{it} \Delta \rho_{it}$$

（7）

按照集约边际下以及扩展边际下资源误置的定义，可以将（7）式中分解得到的三项与集约边际下的资源配置效率改善程度及扩展边际下的资源配置效率改善程度联系起来：第一项为"扩展边际下省际静态的资源配置效率变化"，第二项为"集约边际下省际静态的资源配置效率变化"，第三项为"二元边际下省际动态的资源配置效率变化"。

接下来，还可以将分解公式变为：

$$\Delta \Phi_t = \sum_i \bar{\mu}_{it} \Delta \rho_{it} + \sum_i \left(\bar{\rho}_{it} - \bar{\Phi}_t \right) \Delta \mu_{it}$$ （8）

（8）式中，$\bar{\mu}_{it}$，$\bar{\rho}_{it}$，$\bar{\Phi}_t$ 以及（9）式中的 $\bar{\mu}_{it}$ 为对应指标期初和期末的平均值或上一期和当期的平均值，按照同样的方法，可以得到：

$$\Delta OP_t = \sum_i \left(\bar{\mu}_{it} - \bar{\mu}_t \right) \Delta \rho_{it} + \sum_i \left(\bar{\rho}_{it} - \bar{\Phi}_t \right) \Delta \mu_{it}$$ （9）

由（9）式可知，ΔOP_t 分解得到的其实为扩展边际下以及集约边际下资源配置效率变化值的"年度平均值"，前文所定义的"二元边际下省际动态的资源配置效率变化"在此处消失了，事实上，只需要将（7）式中 $\sum_i \Delta \mu_{it} \Delta \rho_{it}$ 的 1/2 部分分别放入（7）式右边第一项和第二项，就会得到（9）式。可见，与（7）式相比，（9）式中第一项，也即"扩展边际下省际资源配置效率变化的均值"，及其第二项，也即"集约边际下省际资源配置效率变化的均值"，其实都包含了一半的"二元边际下省际动态的资源配置效率变化"。故而（9）式的意义在于，可以将资源配置效率的变化直接分解为扩展边际下以及集约边际下资源配置效率的变化，但是这种分解同时也混淆了各项实际的经济学含义，只是计算所得到的结果可供参考，对于二元边际下资源误置的来源或资源配置效率改善的来源而言，还需要从（7）式入手进行分析。

上述分析只是将制造业资源配置效率或产业协同发展程度的变化值分解成三项，我们还可以进一步对资源配置效率的演变机制做出相应的解释[①]。首先，（7）式中右边第一项为上一期地区产业份额超过平均产业份额的部分与当期地区生产率增加值的交叉项，若假定每个地区在前后两期所占份额不变，那么第一项意味着，如果产业份额越大的地区技术进步越显著，第一项就会为正数且数值就会越大，该行业资源配置的效率就越高，故而第一项是从产业集聚强化生产率异质的角度，将产业集聚产生的技术外部性效应与扩展边际下的资源优化配置联系在一起；其次，（7）式中的第二项意味着，在假定生产率不变的情况下，如果产业向生产率高的地区聚集，那么集约边际下静态的资源配置效率越高，与第一项相比，产业集聚可以产生技术外部性已经为众多文献所证实，而以企业异质性为特征的新新经济地理的出现，也为生产率异质可以促进产业集聚提供了相应的理论支撑；最后，（7）式的第三项可以视为产业集聚增加程度与技术进步的交叉项，反映了集约边际下资源配置优化与扩展边际下资源配置优化的相互促进效应，其为正数意味着技术进步越显著的地区，产业集聚越快，这一项测算的是产业集聚程度与技术水平之间的交叉促进作用，反映了资源配置效率的变化趋势。

---

① 孙元元、张建清：《中国制造业省际间资源配置效率深化：二元边际的视角》，《经济研究》2015 年第 10 期。

由上述分析可知，可以将资源配置效率的变化分解为扩展边际下的资源配置效率变化和集约边际下的资源配置效率变化：一方面，由于扩展边际下的资源配置效率变化来自产业集聚的技术外部性差异，因此可以认为扩展边际下的资源配置效率变化其实取决于产业所在城市或城市群的创新潜力，即城市或城市群的创新潜力越大，产业集聚的技术外部性也会越大，进而扩展边际下的资源配置效率会越高；另一方面，集约边际下的资源配置效率变化来自产业集聚的企业生产率异质性对产业布局的影响，而集约边际下资源配置效率变化主要涉及制造业资源的流动，这既与产业资源在不同城市或城市群间的流动相关，也与产业所在城市或城市群的拥挤成本相关，两者相结合共同决定了集约边际下的资源配置效率变化。不过此处只考虑后者，即从城市拥挤成本的角度分析集约边际下的资源配置效率变化，若城市或城市群的拥挤成本较大，即使该城市产业的生产率较高，其对资源的吸引力也会下降，进而不利于集约边际下的资源配置效率改善。

（二）计量模型的选取

本部分主要从实证分析角度探讨了城市群的城市拥挤成本、城市的创新潜力对制造业资源配置效率的可能影响。首先，由于扩展边际下的资源配置效率变化来自产业集聚的技术外部性差异，因此将分解的第一项对城市群的创新潜力指标回归，主要包括人力资本水平、研发投入等；其次，集约边际下的资源配置效率变化受产业集聚的企业生产率异质性对产业布局的影响，考虑到集约边际下资源配置效率变化主要涉及制造业资源的流动，因此将分解的第二项对城市群的城市拥挤成本指标回归，主要包括城市人口密度、城市每万人拥有公共交通车辆数、城市人均拥有道路面积等；最后，实证分析中也会分别控制市场规模、政府规模以

及对外开放度。在回归过程中，为了控制变量内生性，利用差分
GMM 或系统 GMM 估计方法回归，并对实证研究进行适当的稳健
性分析。

三　数据来源

（一）产业数据来源

1. 估计口径和年份的确定

在处理工业数据时，首先需要注意的是工业数据统计口径的变
化，即不同时期工业数据统计的口径存在不一致的问题，在 1997 年
之前，工业数据按隶属关系口径报告，而在 1998 年之后，工业数据
按照工业企业规模大小来统计。因此，当跨时期处理数据时，需要对
不同口径的数据做出处理，部分文献在这个方面做出了尝试①，它们
将 1980 ~ 2008 年的工业分行业数据扩展到全部工业口径：对于 1997
年及其之前的数据，工业统计调查口径按隶属关系划分为全部乡及乡
以上独立核算工业企业和非独立核算生产单位，以及村及村以下的工
业企业和个体生产单位，由于《中国统计年鉴》和《中国工业经济
统计年鉴》（2013 年开始更名为《中国工业统计年鉴》）在提供乡及
乡以上独立核算工业企业指标时，也提供了 1983 ~ 1997 年独立核算
村办工业的单位数、工业总产值和职工人数，故而可以将分行业对应
指标数据相加得到全部工业口径的数据，但是由于缺乏其他经济类型
分行业数据，因此上述两者工业总产值加总并不等于全部工业的总产
值，故而该文献以两者的比值为基准，从而可以根据一个整体的比例

---

① 陈诗一：《中国工业分行业统计数据估算：1980 ~ 2008》，《经济学》（季刊）2011 年第 3
期。

将数据调整为全部工业口径；1998 年及其之后工业数据的统计口径改为按照企业规模划分，1998～2006 年分为全部国有及规模以上非国有工业和规模以下非国有工业两部分，由于 2004 年《中国经济普查年鉴》提供了 2004 年工业分行业主要经济指标的全部工业口径数据，因此可以获得 2004 年全部国有及规模以上非国有工业占全部工业口径的不同细分行业的比例数据，从而可以利用它们将其他年份规模以上工业分行业数据调整到全部工业口径。

虽然上述方法将分行业的数据扩展到全工业口径，但本部分需要的是构建并处理分行业、分地区的工业数据。如果要将分行业分地区的工业数据扩展到全口径，那么需要经过两步处理，即首先将分行业的数据扩展到全工业口径，其次利用同行业各地区工业数据占该行业比例扩展到全工业口径。上述方法虽然可以构建出分行业、分地区的全工业口径数据，但是其中至少有两个步骤需要估算，而且这只是对总产值和从业人员而言，对固定资产全口径的估算尚无较好的处理方法，考虑到估算步骤过多会严重影响数据的准确性和数据分析的可靠性，而 1998 年前后分地区工业数据统计口径又不一致，且无 1999 年的工业经济统计年鉴，因此本部分主要估算并处理 1999～2014 年规模以上的分行业、分地区投入产出数据。

2. 行业门类的选择

依据《中国工业经济统计年鉴》的分类，本部分主要选择 1999～2014 年分行业、分地区数据较为连续完整的 21 个二位数工业行业，其中 20 个行业属于制造业，这些行业及其对应的分类号分别为：农副食品加工业（13）；食品制造业（14）；饮料制造业（15）；烟草加工业（16）；纺织业（17）；造纸及纸制品业（22）；石油加工及炼焦业（25）；化学原料及化学制品制造业（26）；医药制造业（27）；化学纤维制造业（28）；非金属矿物制品业（31）；黑色金属冶炼及压延加工业（32）；有色金属冶炼及压延加工业（33）；金属制品业（34）；通用设备制造业（35）；专用设备制造业（36）；交通运输设备制造业（37）；电气机械及器材制造业（39）；通信设备、计算机及其他电子设备制造业（40）；仪器仪表及文化办公机械制造业（41）；电力、热力的生产和供应业（44）。上述 21 个行业中前 20 个行业都属于制造业，由于最后一个行业"电力、热力的生产和供应业"与制造业联系紧密，且行业数据完整，因此也将其纳入数据的处理和分析范围。

3. 投入和产出变量的选取

现有估计 TFP 的方法主要有两种：一种是利用工业增加值、资本存量和劳动投入估计 TFP；另一种是利用工业总产值、资本存量、中间投入和劳动投入估算，除产出数据外，两者的主要差别在于中间投入是否需要估算。本部分决定采用第一种方法，原因如下。

（1）虽然可以利用工业总产值与应缴增值税之和，减去工业增加值获得工业中间投入，然而由于缺乏 1999~2000 年分行业、分地区的应缴增值税，对此也没有较为权威的估算方法，特别是当前对中间投入的平减并无十分准确的处理方法。如可以用投入产出表估算出分行业中间投入的价格指数[1]，不过利用投入产出表和工业品出厂价格计算的问题在于，难以准确纳入进口原材料对中间投入价格的影响，而事实上进口原材料价格波动是中国各行业中间投入价格波动的重要原因[2]。但若对其分行业类别进行平减，某一行业不可能只投入某一类原材料，如通用机械制造可能要用到黑色金属材料、有色金属材料、建筑材料以及电力等动力，而若用总的价格指数，即用总的原材料、燃料、动力购进价格指数进行平减又过于粗糙。

---

① 朱钟棣、李小平：《中国工业行业资本形成、全要素生产率变动及其趋异化》，《世界经济》2005 年第 9 期。

② 李建伟：《我国工业企业原材料燃料动力购进价格的影响因素》，《重庆理工大学学报》（社会科学）2011 年第 11 期。

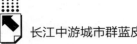

（2）本部分曾尝试利用第二种方法估算生产率，虽然 2001 年的《中国工业经济统计年鉴》并没有提供分行业的应缴增值税数据，但是 2000～2001 年的《中国统计年鉴》提供了 1999～2000 年分行业的应缴增值税数据，因此，本部分曾尝试首先按照 2001 年分行业、分地区应缴增值税占总产值的比例估算出 1999～2000 年分行业、分地区的应缴增值税，接着是利用《中国统计年鉴》公布的分行业的应缴增值税，按照同一行业不同地区估算的增值税占比，对估算的增值税进行进一步调整，而后用总的原材料、燃料、动力购进价格指数对其进行平减，购进价格指数来自 2015 年的《中国价格统计年鉴》，不过此时无论是利用面板数据估算，还是利用 OLS 估算，计算得到的中间投入对产出的弹性均超过 1，而劳动对产出的弹性均为负值，估计结果难与实际相符。原因可能在于，当利用估计的中间投入和第二种方法对生产率进行估算时，容易过度高估中间投入对产出的贡献。

（3）部分文献也开始认识到准确处理数据的重要性，即在处理分行业数据时，中间投入价格指数的构造具有一定的主观性，进行数据处理时估算步骤太多也会产生难以识别的误差，因此采用第一种方法估算生产率[①]。事实上中间投入的名义值完全需要估算，而往往这些理论上正确的估算方法可能会得到与真实数据相差甚远的估计值，如后文在采用固定资产原值之差估算年度固定资产投资时，就会出现大量负值。由于中间投入在估算生产率时所占份额往往又很大，中间投入估算的准确性会对生产率的估算造成很大的影响，这都说明，应该采用直接的统计数据或者估算步骤最少的数据，即采用第一种方法估算生产率。

4. 工业增加值的估算

虽然分行业、分地区工业总产值的数据比较完整，但是工业增加

---

① 陈勇、李小平：《中国工业行业的面板数据构造及资本深化评估：1985～2003》，《数量经济技术经济研究》2006 年第 10 期。

值的数据存在缺失。首先，2004 年的工业增加值缺失，故而用 2003 年和 2005 年各工业行业分地区增加值的均值来替代。其次，2008 ~ 2011 年的工业增加值缺失，此处本文考虑了两种处理方法：一是利用 2008 年之前工业增加值的几何平均增长率估算出 2008 ~ 2011 年分行业、分地区的工业增加值；二是利用 2007 年增加值占总产值的比例估算出 2008 ~ 2011 年分行业、分地区的工业增加值。在实际估算中，发现第一种方法容易出现总产值小于增加值的情形，因此采用第二种方法对缺失的增加值进行估算。最后，2012 ~ 2013 年的工业总产值和工业增加值均缺失，但是 2013 ~ 2015 年的《中国工业统计年鉴》给出了 2012 ~ 2014 年的销售值，因此可以利用 2007 年工业增加值占销售产值的比例估算出 2012 ~ 2014 年的工业增加值。

接着需要考虑如何对工业增加值进行价格平减。由于工业增加值主要是由总产值减去工业中间投入构成的，因此应该用工业品出厂价格指数和原材料、燃料、动力购进价格指数同时消除产品和原材料的价格变动因素，计算出与基期价格可比的工业增加值，即利用所谓"双缩法"进行缩减。但是现行的工业价格指数缩减法仍然采用与工业总产值缩减类似的"单缩法"来缩减增加值，也即用工业品出厂价格直接缩减工业增加值，而不考虑原材料等购进价格因素[①]，本部分亦如此估算。本部分所使用的产出价格平减指数来自《中国城市（镇）生活与价格年鉴》提供的工业分行业的工业品出厂价格指数（上年 = 100）。首先，2006 ~ 2012 年的《中国城市（镇）生活与价格年鉴》提供了 2005 ~ 2011 年分行业、分地区的工业品出厂价格指数，2013 ~ 2015 年的《中国价格统计年鉴》提供了 2012 ~ 2014 年分行业、分地区的工业品出厂价格指数，这其中部分地区在某些行业缺

---

① 陈诗一：《中国工业分行业统计数据估算：1980 ~ 2008》，《经济学》（季刊）2011 年第 3 期。

失的价格指数可以用该行业总体的出厂价格指数替代。2005 年之前无细分行业、分地区的工业品出厂价格指数，因此用分行业的出厂价格指数来替代，2011 年的《中国城市（镇）生活与价格年鉴》提供了 2010 年及其之前年份的分行业出厂价格指数。2002 年及其之前的农副食品加工业的价格指数缺失，用食品制造业价格指数来替代。2002 年及其之前通用设备制造业的价格指数缺失，用专用设备制造业价格指数来替代。利用上述方法，本部分构建了以 1999 年为基期的工业品出厂价格指数，并计算出了实际工业增加值。

5. 资本存量的估算

对资本存量的估算主要有永续盘存法和利用固定资产净值年平均余额估算法，因此首先需要明确估算时采用的方法。本部分首先尝试用永续盘存法估算，有较多文献选择永续盘存法估算分行业的资本存量[1]，然而适用于分行业资本存量估算的永续盘存法却不一定适用于分行业、分地区的资本存量估算。

（1）折旧率难以合适估算。首先，若将固定资本分为设备和建筑两部分，分别估算两者折旧率的方法可能并不合适，这是由于各行业建筑类和设备类资产结构存在区别，每个行业建筑类和设备类资产的权重较难准确确定，因此这种折旧率的设定方式可能不是一个适宜的方法。为此，可以根据固定资产原值和净值的序列构建隐含的折旧率，首先是用当年固定资产原值与固定资产净值差得到累计折旧，而后用本年度与上年累计折旧差得到当年的本年折旧，最后用当年的本年折旧除以上年固定资产原值得到当年的折旧率，本部分尝试采用这种方法构建分行业、分地区的工业折旧率。由于统计年鉴并没有提供1999～2000 年，以及 2008～2010 年分行业、分地区的本年折旧，因

---

① 黄勇峰、任若恩、刘晓生：《中国制造业资本存量永续盘存法估计》，《经济学》（季刊）2002 年第 2 期。

此需要对本年折旧进行估算。然而，在具体的估算中，却发现本年折旧会出现较多负值，如此估算的折旧率也会出现较多负值。

（2）年度新增固定资产投资额难以合适估算。本部分用当年固定资产原值减去上年固定资产原值得到当年的投资额，这也是计算分行业当年投资额的常用方法，但是用此方法在计算分行业、分地区的投资额时，却发现大量样本的当年固定资产投资为负值。在处理工业分行业数据的折旧时，用相邻两年的固定资产净增加值作为投资额，同时也可以跳过折旧的问题，而本部分在利用分行业、分地区数据如此计算时，同样出现了大量的负值①。

可见，在分行业时适用于处理折旧和新增固定资产投资额的方法，在处理分行业、分地区的数据时，却并不适用。因此，本部分在估算分行业、分地区的资本存量时，采用固定资产净值年平均余额估算工业分行业资本存量，较多文献都是如此处理的②，基于企业数据的研究也通常直接使用固定资产净值作为资本存量的代理变量。由于统计资料只给出了 2001 ~ 2008 年分行业、分地区的固定资产净值年均余额，故而 2000 年、2009 年以及 2010 年的固定资产净值年均余额可以用当年底和上一年底的固定资产净值的均值替代。

接着是利用固定资产投资价格指数进行平减。对于分行业的固定资产投资价格指数，可以用建筑安装价格指数和设备价格指数的加权值来计算，但是部分文献用各行业的出厂价格指数作为其设备价格指数，如此处理的适宜性还有待验证。本部分参考大多数文献的处理方法，用固定资产投资价格指数替代，由于本部分处理的是分行业、分地区的数据，因此本部分用各地区的固定资产投资价格指数替代，广

---

① 陈勇、李小平：《中国工业行业的面板数据构造及资本深化评估：1985 ~ 2003》，《数量经济技术经济研究》2006 年第 10 期。

② 李胜文、李大胜：《中国工业全要素生产率的波动：1986 ~ 2005——基于细分行业的三投入随机前沿生产函数分析》，《数量经济技术经济研究》2008 年第 5 期。

东 1999 年和 2000 年，以及海南 1999 年的固定资产投资价格指数缺失，用全国的数据替代。对于初始资本存量，用 1999 年分行业、分地区的固定资产净值作为初始资本存量。

6. 劳动投入

本部分用分行业、分地区的从业人员年平均人数作为劳动力投入数据，历年的《中国统计年鉴》和《中国工业经济统计年鉴》提供了完整的数据。

7. 缺失数据的剔除

首先，西藏的数据由于不完整全部剔除。其次，部分"行业—地区"的工业增加值、从业人员等数据在某些年份不完整或者为负值，本部分将这部分数据剔除。包括：化学纤维制造业中的北京、内蒙古、黑龙江、湖北、广西、贵州、云南、青海、宁夏、新疆的数据；石油化工及炼焦业中的海南、重庆、贵州、青海的数据；通信设备、计算机及其他电子设备制造业中的青海、宁夏的数据；烟草加工业中的黑龙江、青海、宁夏的数据；仪器仪表及文化办公机械制造业中的内蒙古、海南的数据；造纸及纸制品业中的青海的数据；专用设备制造业中的吉林、新疆的数据。

（二）城市数据来源

实证分析中用到的数据还包括：①城市创新潜力指标，包括人力资本水平和研发投入，其中人力资本水平用人均受教育年限度量，小学、初中、高中以及大专以上的受教育年限分别定为 6 年、9 年、12 年以及 16 年①，数据来自历年的《中国人口和就业统计年鉴》以及《中国统计年鉴》；研发投入用研发存量度量，测算研发存量时用永

---

① 由于大专以上学历包含本科、研究生等学历，因此将大专以上学历的受教育年限定为 16 年。

续盘存法计算，初始年份的研发存量用初始年份的研发投入除以折旧率和样本期内研发投入增长率得到，折旧率设为10%，数据来自历年的《中国科技统计年鉴》。②城市拥挤成本指标，主要包括城市人口密度、城市每万人拥有公共交通车辆数、城市人均拥有道路面积等指标，数据来自历年的《中国统计年鉴》。此外，实证分析中也会分别控制市场规模、政府规模以及对外开放度。市场规模用常住人口度量，政府规模用地方财政支出占 GDP 比重度量，对外开放度用进出口总额占 GDP 比重度量，数据来自历年的《中国统计年鉴》。

四 长江中游城市群制造业资源配置效率的计算与分解

（一）长江中游城市群制造业资源配置效率的计算

利用 1999～2014 年的工业数据，表 1～表 5 计算了以增加值占比作为地区产业份额，并将 TFP 取对数后的 OP 协方差，此处计算的是 1999～2014 年 OP 协方差的平均值，计算结果表明：长江中游除化学纤维制造业、黑色金属冶炼及压延加工业、有色金属冶炼及压延加工业和电力、热力的生产和供应业之外的行业以及长江上游除化学纤维制造业之外的行业 OP 协方差都为正数；全国各个行业 OP 协方差都为正数；长江经济带除造纸及纸制品业之外的行业，长江下游除造纸及纸制品业、电气机械及器材制造业和仪器仪表及文化办公用机械制造业之外的行业 OP 协方差都为正数，这说明无论是在长江经济带，还是在全国范围内，制造业的资源配置在不同区域都发挥了一定的正面作用。

表1 长江中游分行业的资源配置效率评估

行业	OP 协方差	行业	OP 协方差
农副食品加工业	0.0356	黑色金属冶炼及压延加工业	−0.0036
食品制造业	0.0454	有色金属冶炼及压延加工业	−0.0070
饮料制造业	0.0853	金属制品业	0.0618
烟草制品业	0.1022	通用设备制造业	0.0708
纺织业	0.0350	专用设备制造业	0.1656
造纸及纸制品业	0.0370	交通运输设备制造业	0.0932
石油加工、炼焦及核燃料加工业	0.1574	电气机械及器材制造业	0.0396
化学原料及化学制品制造业	0.0422	通信设备、计算机及其他电子设备制造业	0.2980
医药制造业	0.0155	仪器仪表及文化办公用机械制造业	0.1537
化学纤维制造业	−0.0067	电力、热力的生产和供应业	−0.0071
非金属矿物制品业	0.0404	均值	0.0692

表2 长江下游分行业的资源配置效率评估

行业	OP 协方差	行业	OP 协方差
农副食品加工业	0.0998	黑色金属冶炼及压延加工业	0.0666
食品制造业	0.0680	有色金属冶炼及压延加工业	0.1845
饮料制造业	0.0175	金属制品业	0.0376
烟草制品业	0.0978	通用设备制造业	0.0176
纺织业	0.0039	专用设备制造业	0.0190
造纸及纸制品业	−0.0476	交通运输设备制造业	0.0564
石油加工、炼焦及核燃料加工业	0.1349	电气机械及器材制造业	−0.0207
化学原料及化学制品制造业	0.0585	通信设备、计算机及其他电子设备制造业	0.0158
医药制造业	0.1286	仪器仪表及文化办公用机械制造业	−0.0420
化学纤维制造业	0.1597	电力、热力的生产和供应业	0.0110
非金属矿物制品业	0.0105	均值	0.0513

表3　长江上游分行业的资源配置效率评估

行业	OP 协方差	行业	OP 协方差
农副食品加工业	0.3459	黑色金属冶炼及压延加工业	0.0384
食品制造业	0.1354	有色金属冶炼及压延加工业	0.0500
饮料制造业	0.2289	金属制品业	0.2473
烟草制品业	0.2429	通用设备制造业	0.2724
纺织业	0.4486	专用设备制造业	0.2259
造纸及纸制品业	0.1311	交通运输设备制造业	0.1679
石油加工、炼焦及核燃料加工业	0.0743	电气机械及器材制造业	0.1044
化学原料及化学制品制造业	0.0891	通信设备、计算机及其他电子设备制造业	0.1691
医药制造业	0.0012	仪器仪表及文化办公用机械制造业	0.1239
化学纤维制造业	−0.2498	电力、热力的生产和供应业	0.0081
非金属矿物制品业	0.2020	均值	0.1456

由前文分析可知，长江经济带制造业的资源配置是整体有效的，而且就平均值而言，长江经济带产业资源配置优化的程度要低于全国产业资源配置优化的程度，长江上游产业资源配置优化的程度要高于长江中游和下游，原因可能在于：中国各地区的区域特征显著影响了制造业的地理集聚特征，中国制造业主要是劳动密集型产业，产业发展的资本和技术门槛较低，长江中游、下游经济发展水平和产业多元化程度相对较高，导致其产业分布较为分散，而长江上游地区经济发展相对落后，某一地区往往集中资源重点发展特定行业，从而产业资源配置效率相对较高。因此，不同区域资源配置优化程度的横向差异，既是市场经济中资源配置的结果，也是地理位置、经济发展水平以及政府推动作用共同形成的结果。

表4　长江经济带分行业的资源配置效率评估

行业	OP 协方差	行业	OP 协方差
农副食品加工业	0.1843	黑色金属冶炼及压延加工业	0.0835
食品制造业	0.0799	有色金属冶炼及压延加工业	0.1255
饮料制造业	0.1338	金属制品业	0.1016
烟草制品业	0.1467	通用设备制造业	0.1307
纺织业	0.1574	专用设备制造业	0.2162
造纸及纸制品业	-0.0179	交通运输设备制造业	0.1441
石油加工、炼焦及核燃料加工业	0.1701	电气机械及器材制造业	0.1055
化学原料及化学制品制造业	0.1493	通信设备、计算机及其他电子设备制造业	0.0528
医药制造业	0.0392	仪器仪表及文化办公用机械制造业	0.1518
化学纤维制造业	0.1652	电力、热力的生产和供应业	0.1059
非金属矿物制品业	0.1323	均值	0.1218

表5　全国分行业的资源配置效率评估

行业	OP 协方差	行业	OP 协方差
农副食品加工业	0.2530	黑色金属冶炼及压延加工业	0.0979
食品制造业	0.1476	有色金属冶炼及压延加工业	0.1628
饮料制造业	0.1619	金属制品业	0.1489
烟草制品业	0.2814	通用设备制造业	0.2222
纺织业	0.2135	专用设备制造业	0.2535
造纸及纸制品业	0.1455	交通运输设备制造业	0.2297
石油加工、炼焦及核燃料加工业	0.2187	电气机械及器材制造业	0.1506
化学原料及化学制品制造业	0.2601	通信设备、计算机及其他电子设备制造业	0.2466
医药制造业	0.0844	仪器仪表及文化办公用机械制造业	0.1908
化学纤维制造业	0.1908	电力、热力的生产和供应业	0.1402
非金属矿物制品业	0.2434	均值	0.1952

　　根据制造业产业资源配置优化程度的计算结果，表6给出了长江经济带制造业、长江上游、长江中游、长江下游及全国布局合理的行业和布局亟须调整的行业。其中，长江经济带布局合理的行业为化学纤维制造业，石油加工、炼焦及核燃料加工业，农副食品加工业和专用设备制造业；亟须调整的行业为造纸及纸制品业，医药制造业，通信设备、计算机及其他电子设备制造业，食品制造业。长江中游布局合理的行业为仪器仪表及文化办公用机械制造业，石油加工、炼焦及核燃料加工业，专用设备制造业，通信设备、计算机及其他电子设备制造业，亟须调整的行业为电力、热力的生产和供应业，有色金属冶炼及压延加工业，化学纤维制造业，黑色金属冶炼及压延加工业。全国布局合理的行业为农副食品加工业，专用设备制造业，化学原料及化学制品制造业，烟草制品业；亟须调整的行业为医药制造业，黑色金属冶炼及压延加工业，电力、热力的生产和供应业，造纸及纸制品业。

表6　长江经济带布局合理的行业和亟须调整的行业

区域	布局合理的行业	布局亟须调整的行业
长江经济带	化学纤维制造业,石油加工、炼焦及核燃料加工业,农副食品加工业,专用设备制造业	造纸及纸制品业,医药制造业,通信设备、计算机及其他电子设备制造业,食品制造业
长江上游	金属制品业,通用设备制造业,农副食品加工业,纺织业	化学纤维制造业,医药制造业,电力、热力的生产和供应业,黑色金属冶炼及压延加工业
长江中游	仪器仪表及文化办公用机械制造业,石油加工、炼焦及核燃料加工业,专用设备制造业,通信设备、计算机及其他电子设备制造业	电力、热力的生产和供应业,有色金属冶炼及压延加工业,化学纤维制造业,黑色金属冶炼及压延加工业
长江下游	医药制造业,石油加工、炼焦及核燃料加工业,化学纤维制造业,有色金属冶炼及压延加工业	造纸及纸制品业,仪器仪表及文化办公用机械制造业,电气机械及器材制造业,纺织业
全国	农副食品加工业,专用设备制造业,化学原料及化学制品制造业,烟草制品业	医药制造业,黑色金属冶炼及压延加工业,电力、热力的生产和供应业,造纸及纸制品业

（二）长江中游城市群制造业资源配置效率的分解

为了进一步分析包括长江中游城市群在内的长江经济带产业资源配置效率变化的决定因素，表7~表11将OP协方差变化值的均值分解为扩展边际下资源配置效率变化的均值和集约边际下资源配置效率变化的均值。表7~表9对比了长江上游、中游以及下游制造业资源配置效率的动态变化，比较时主要从对应指标正值或负值的行业数量以及指标的均值入手进行分析。首先，就OP协方差变化值而言，长江上游、中游以及下游制造业依次有10个行业、3个行业以及6个行业的OP协方差变化值为正值，而且长江中游制造业OP协方差变化值的均值最低，这都说明长江中游制造业产业资源配置效率下降最为显著。

表7　长江上游产业资源配置效率变化的分解

行业	OP协方差的变动值	扩展边际下资源配置效率变化的均值	集约边际下资源配置效率变化的均值
农副食品加工业	−0.0109	−0.0170	0.0062
食品制造业	0.0030	0.0011	0.0019
饮料制造业	−0.0108	−0.0112	0.0004
烟草制品业	−0.0131	−0.0113	−0.0018
纺织业	−0.0049	−0.0128	0.0078
造纸及纸制品业	0.0194	0.0183	0.0010
石油加工、炼焦及核燃料加工业	0.0207	0.0220	−0.0013
化学原料及化学制品制造业	0.0107	0.0075	0.0032
医药制造业	0.0031	0.0017	0.0014
化学纤维制造业	−0.0339	−0.0091	−0.0248
非金属矿物制品业	0.0102	0.0064	0.0038
黑色金属冶炼及压延加工业	0.0033	0.0024	0.0009
有色金属冶炼及压延加工业	−0.0147	−0.0148	0.0001

行业	OP 协方差的变动值	扩展边际下资源配置效率变化的均值	集约边际下资源配置效率变化的均值
金属制品业	0.0195	0.0101	0.0094
通用设备制造业	− 0.0141	− 0.0196	0.0054
专用设备制造业	0.0016	0.0006	0.0010
交通运输设备制造业	− 0.0057	− 0.0104	0.0047
电气机械及器材制造业	− 0.0067	− 0.0101	0.0034
通信设备、计算机及其他电子设备制造业	− 0.0577	− 0.0606	0.0028
仪器仪表及文化办公用机械制造业	− 0.0091	− 0.0065	− 0.0026
电力、热力的生产和供应业	0.0050	0.0036	0.0014
均值	− 0.0041	− 0.0052	0.0012

其次，就扩展边际下资源配置效率变化而言，长江上游、中游以及下游制造业依次有 10 个行业、4 个行业以及 5 个行业的扩展边际下资源配置效率变化为正值，而且长江中游制造业扩展边际下资源配置效率变化的均值最低，这也说明了长江中游制造业扩展边际下资源配置效率下降同样最为显著。

表8 长江中游产业资源配置效率变化的分解

行业	OP 协方差的变动值	扩展边际下资源配置效率变化的均值	集约边际下资源配置效率变化的均值
农副食品加工业	− 0.0141	− 0.0130	− 0.0012
食品制造业	− 0.0095	− 0.0097	0.0001
饮料制造业	0.0034	0.0033	0.0001
烟草制品业	− 0.0040	− 0.0034	− 0.0006
纺织业	− 0.0254	− 0.0228	− 0.0025
造纸及纸制品业	− 0.0151	− 0.0112	− 0.0040

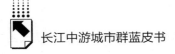

续表

行业	OP 协方差的变动值	扩展边际下资源配置效率变化的均值	集约边际下资源配置效率变化的均值
石油加工、炼焦及核燃料加工业	0.0225	0.0176	0.0049
化学原料及化学制品制造业	− 0.0136	− 0.0092	− 0.0044
医药制造业	− 0.0120	− 0.0109	− 0.0011
化学纤维制造业	− 0.0086	0.0014	− 0.0100
非金属矿物制品业	− 0.0118	− 0.0073	− 0.0046
黑色金属冶炼及压延加工业	− 0.0008	− 0.0009	0.0001
有色金属冶炼及压延加工业	− 0.0100	− 0.0073	− 0.0027
金属制品业	− 0.0223	− 0.0169	− 0.0054
通用设备制造业	− 0.0127	− 0.0145	0.0019
专用设备制造业	− 0.0041	− 0.0035	− 0.0006
交通运输设备制造业	− 0.0050	− 0.0049	− 0.0001
电气机械及器材制造业	− 0.0079	− 0.0059	− 0.0020
通信设备、计算机及其他电子设备制造业	− 0.0122	− 0.0146	0.0024
仪器仪表及文化办公用机械制造业	0.0010	0.0037	− 0.0027
电力、热力的生产和供应业	− 0.0050	− 0.0021	− 0.0029
均值	− 0.0080	− 0.0063	− 0.0017

　　最后，就集约边际下资源配置效率变化而言，长江上游、中游以及下游制造业依次有 17 个行业、6 个行业以及 15 个行业的集约边际下资源配置效率变化为正值，同时长江上游、中游以及下游制造业集约边际下资源配置效率变化的均值依次为 0.0012、− 0.0017以及 0.0019，这说明仅仅只有长江中游制造业集约边际下资源配置效率显著下降，原因可能在于长江中游各类市场的一体化程度相对较低。

表9　长江下游产业资源配置效率变化的分解

行业	OP 协方差的变动值	扩展边际下资源配置效率变化的均值	集约边际下资源配置效率变化的均值
农副食品加工业	0.0036	− 0.0007	0.0043
食品制造业	− 0.0021	0.0014	− 0.0035
饮料制造业	0.0052	0.0018	0.0034
烟草制品业	0.0141	0.0083	0.0059
纺织业	− 0.0098	− 0.0095	− 0.0003
造纸及纸制品业	− 0.0035	− 0.0001	− 0.0034
石油加工、炼焦及核燃料加工业	0.0082	0.0029	0.0053
化学原料及化学制品制造业	0.0009	− 0.0005	0.0014
医药制造业	− 0.0009	− 0.0052	0.0043
化学纤维制造业	− 0.0166	− 0.0107	− 0.0060
非金属矿物制品业	− 0.0021	− 0.0024	0.0003
黑色金属冶炼及压延加工业	− 0.0009	− 0.0058	0.0048
有色金属冶炼及压延加工业	0.0004	− 0.0049	0.0053
金属制品业	− 0.0059	− 0.0113	0.0055
通用设备制造业	− 0.0094	− 0.0122	0.0028
专用设备制造业	− 0.0055	− 0.0094	0.0039
交通运输设备制造业	− 0.0011	0.0015	− 0.0026
电气机械及器材制造业	− 0.0013	− 0.0088	0.0074
通信设备、计算机及其他电子设备制造业	− 0.0021	− 0.0037	0.0016
仪器仪表及文化办公用机械制造业	− 0.0108	− 0.0101	− 0.0007
电力、热力的生产和供应业	− 0.0003	− 0.0008	0.0005
均值	− 0.0019	− 0.0038	0.0019

表 10 的计算结果表明，长江经济带 21 个行业扩展边际下资源配置效率变化的均值均为负值，而除化学纤维制造业、交通运输设备制造业以及电力、热力的生产和供应业之外的行业集约边际下资源配置

效率变化的均值都为正值。长江经济带集约边际下资源配置效率有所提升,即长江经济带各省份间的资源流动促进了长江经济带产业资源配置效率改善,其实意味着长江经济带各省份之间生产要素流动的障碍正在逐步消除,长江经济带整体的市场一体化程度在日益提升,特别是随着城市群或城市圈建设的兴起,以及高铁网络的逐渐形成,长江经济带的市场一体化水平也逐步提高,这些都有益于各类生产要素的流动和集约边际下资源配置效率的改善。然而,长江经济带扩展边际下的资源配置效率不断下降,意味着长江经济带各省份产业集聚的外部性较低,产业的大规模集聚并没有带来技术水平的提升。与表 11 对比,可以发现长江经济带产业资源配置效率变化与全国较为相似。

表 10　长江经济带产业资源配置效率变化的分解

行业	OP 协方差的变动值	扩展边际下资源配置效率变化的均值	集约边际下资源配置效率变化的均值
农副食品加工业	− 0.0100	− 0.0142	0.0042
食品制造业	− 0.0017	− 0.0039	0.0022
饮料制造业	0.0022	− 0.0027	0.0049
烟草制品业	− 0.0006	− 0.0060	0.0053
纺织业	− 0.0416	− 0.0450	0.0034
造纸及纸制品业	− 0.0034	− 0.0044	0.0010
石油加工、炼焦及核燃料加工业	0.0022	− 0.0027	0.0049
化学原料及化学制品制造业	− 0.0070	− 0.0085	0.0015
医药制造业	− 0.0014	− 0.0034	0.0021
化学纤维制造业	− 0.0375	− 0.0311	− 0.0064
非金属矿物制品业	0.0012	− 0.0003	0.0014
黑色金属冶炼及压延加工业	− 0.0010	− 0.0050	0.0040
有色金属冶炼及压延加工业	− 0.0101	− 0.0111	0.0011
金属制品业	− 0.0128	− 0.0215	0.0086
通用设备制造业	− 0.0386	− 0.0436	0.0049
专用设备制造业	− 0.0154	− 0.0231	0.0077

行业	OP 协方差的变动值	扩展边际下资源配置效率变化的均值	集约边际下资源配置效率变化的均值
交通运输设备制造业	− 0.0147	− 0.0136	− 0.0011
电气机械及器材制造业	− 0.0235	− 0.0310	0.0074
通信设备、计算机及其他电子设备制造业	− 0.0419	− 0.0578	0.0158
仪器仪表及文化办公用机械制造业	− 0.0355	− 0.0370	0.0015
电力、热力的生产和供应业	− 0.0067	− 0.0017	− 0.0049
均值	− 0.0142	− 0.0175	0.0033

表 11　全国产业资源配置效率变化的分解

行业	OP 协方差的变动值	扩展边际下资源配置效率变化的均值	集约边际下资源配置效率变化的均值
农副食品加工业	− 0.0109	− 0.0146	0.0037
食品制造业	− 0.0020	− 0.0084	0.0064
饮料制造业	0.0057	0.0013	0.0044
烟草制品业	− 0.0069	− 0.0087	0.0018
纺织业	− 0.0272	− 0.0341	0.0068
造纸及纸制品业	− 0.0067	− 0.0095	0.0028
石油加工、炼焦及核燃料加工业	0.0252	0.0189	0.0063
化学原料及化学制品制造业	0.0009	− 0.0044	0.0053
医药制造业	0.0062	0.0026	0.0036
化学纤维制造业	− 0.0131	− 0.0138	0.0007
非金属矿物制品业	0.0043	− 0.0007	0.0050
黑色金属冶炼及压延加工业	− 0.0065	− 0.0121	0.0056
有色金属冶炼及压延加工业	0.0088	0.0041	0.0047
金属制品业	− 0.0138	− 0.0236	0.0098
通用设备制造业	− 0.0265	− 0.0318	0.0053
专用设备制造业	− 0.0172	− 0.0200	0.0028

行业	OP 协方差的变动值	扩展边际下资源配置效率变化的均值	集约边际下资源配置效率变化的均值
交通运输设备制造业	−0.0198	−0.0215	0.0017
电气机械及器材制造业	−0.0324	−0.0375	0.0051
通信设备、计算机及其他电子设备制造业	−0.0364	−0.0470	0.0106
仪器仪表及文化办公用机械制造业	−0.0421	−0.0494	0.0073
电力、热力的生产和供应业	−0.0042	−0.0010	−0.0033
均值	−0.0102	−0.0148	0.0046

五　长江中游城市群产城融合的实证分析

（一）实证方法的选取

本部分的实证分析首先需要解决由遗漏变量以及双向因果关系，特别是双向因果关系带来的内生性问题，这在涉及宏观变量的计量分析中往往难以避免，此处选择系统 GMM 估计方法来解决这个问题。系统 GMM 估计法从差分 GMM 估计法发展而来，差分 GMM 估计法是用内生变量的水平滞后项作为其差分项的工具变量，而系统 GMM 估计还会同时用内生变量的差分滞后项作为其水平项的工具变量。另外，在一阶差分方程中，水平变量的滞后项往往都是弱工具变量，因此差分 GMM 估计量较易受到弱工具变量的影响而产生有限样本偏误，即较易出现弱工具变量问题从而影响估计结果的渐进有效性，而系统 GMM 估计可以利用更多的有效工具变量，系统 GMM 估计的结果也因此具有更好的有限样本性质。

事实上，本部分在用差分 GMM 估计时，估计结果远不如系统

GMM 估计的结果理想，原因正是由于差分 GMM 估计较易出现弱工具变量问题，因此此处选择系统 GMM 估计。系统 GMM 估计可以分为一步和两步 GMM 估计，虽然两步估计的标准差存在向下偏倚，但是这种偏倚经过调整已有很大改善，在调整之前，一般是用一步估计的结果作为参考，然而，相对于一步估计，由于调整后两步估计值的偏差更小，因此其要优于一步估计。由于经过调整的稳健性两步估计要优于稳健性一步估计，因此本节所有参数估计值均为两步或两阶段稳健性系统 GMM 估计值。此外，若以 5% 为标准，本部分 AR（2）检验和 Hansen 检验的统计值也表明，实证分析得到的结果是可信的。

（二）长江中游城市群的实证结果分析

表 12 分析了长江中游城市群城市创新潜力和城市拥挤成本对资源配置效率的影响。就城市创新潜力指标对扩展边际下的资源配置效率变化而言，人力资本水平的系数显著为正数，研发存量的系数同样显著为正数，这说明长江中游城市群人力资本水平和研发水平的提升均能显著促进生产率的提升，进而会改善扩展边际下的资源配置效率。就城市拥挤成本指标对集约边际下的资源配置效率变化而言，城市人口密度的系数和城市每万人拥有公共交通车辆数的系数均显著为正数，而城市人均拥有道路面积的系数并不显著。城市人口密度越大，意味着城市拥挤成本越高，进而会恶化集约边际下资源配置效率，然而城市人口密度越大也意味着人口聚集的外部性越大，若后者的作用大于前者，那么城市人口密度的增加反而会改善集约边际下的资源配置效率；城市每万人拥有公共交通车辆数越大，说明拥挤成本越小，实证的结论与预期相符合，即城市拥挤成本的下降会改善集约边际下的资源配置效率；城市人均拥有道路面积越大意味着拥挤成本越小，实证结果说明与城市每万人拥有公共交通车辆数相比，增加人均拥有道路面积对降低长江中游城市群拥挤成本的作用并不大。

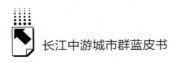

表 12　长江中游城市群的实证结果

	扩展边际下资源配置效率变化		集约边际下资源配置效率变化		
	（1）	（2）	（3）	（4）	（5）
人力资本水平	0.0322 *** (3.37)				
研发存量		0.0000329 *** (4.69)			
城市人口密度			0.00000116 ** (2.04)		
城市每万人拥有公共交通车辆数				0.00126 *** (3.48)	
城市人均拥有道路面积					0.000201 (0.77)
对外开放度	− 0.421 * (− 1.95)	− 0.343 (− 1.64)	− 0.0938 *** (− 2.94)	− 0.141 *** (− 4.08)	− 0.0603 ** (− 2.15)
人口规模	− 0.0000367 *** (− 3.28)	0.00000851 * (1.71)	0.00000170 * (1.70)	0.00000166 * (1.78)	0.000000714 (0.76)
地方财政支出占 GDP 比重	− 0.225 * (− 1.91)	− 0.237 *** (− 2.75)	0.0119 (0.42)	− 0.0110 (− 0.38)	0.0321 (1.14)
AR(2)	− 1.762	− 1.774	1.248	1.231	1.295
AR(2)_p	0.0780	0.0761	0.212	0.218	0.195
Hansen	11.55	10.96	12.69	11.90	14.25
Hansen_p	0.172	0.204	0.123	0.156	0.0755
样本数量	252	252	252	252	252

（三）长江中游城市群与其他城市群实证结果的对比分析

表 13 ～表 16 分别给出了长三角、京津冀、成渝城市群以及东北地区的实证结果，与前文长江中游城市群的实证结果相结合，就可以对比分析国内五个城市群内城市创新潜力和城市拥挤成本对资源配置效率的影响。就城市创新潜力指标对扩展边际下的资源配置效率变化

而言，长三角和长江中游城市群人力资本水平的系数显著为正数，东北地区的系数显著为负数，这说明长三角和长江中游城市群的人力资本相对得到了更好的利用，与之对比发现，京津冀较高的人力资本水平并没有改善其资源配置效率。

表 13　长三角的实证结果

	扩展边际下资源配置效率变化		集约边际下资源配置效率变化		
	（1）	（2）	（3）	（4）	（5）
人力资本水平	0.00541 **				
	（2.43）				
研发存量		0.000000365			
		（0.25）			
城市人口密度			0.000000499		
			（0.18）		
城市每万人拥有公共交通车辆数				0.0000484	
				（0.10）	
城市人均拥有道路面积					−0.000635
					（−1.17）
对外开放度	−0.109 ***	−0.0698 ***	−0.0165 ***	−0.0154 **	−0.0219 ***
	（−8.68）	（−3.47）	（−4.52）	（−2.43）	（−3.81）
人口规模	0.0000194 ***	0.0000140 ***	0.00000311 ***	0.00000295 **	0.00000479 ***
	（5.18）	（3.10）	（2.68）	（1.98）	（2.98）
地方财政支出占GDP比重	−0.813 ***	−0.396 ***	−0.0616 *	−0.0559	−0.0371
	（−4.34）	（−2.83）	（−1.78）	（−1.64）	（−0.97）
AR（2）	0.988	0.935	−0.590	−0.583	−0.555
AR（2）_p	0.323	0.350	0.555	0.560	0.579
Hansen	14.68	14.49	11.03	10.90	10.09
Hansen_p	0.0656	0.0699	0.200	0.207	0.259
样本数量	252	252	252	252	252

就研发存量而言，仅仅只有京津冀和长江中游城市群研发存量的系数显著为正数，相比而言，五个城市群中只有长江中游城市群的人力资本和研发投入可以显著促进生产率的提升，进而会改善扩展边际下的资源配置效率。城市创新潜力对生产率和资源配置效率的影响可能与城市群的发展阶段相关，上述实证结果意味着当前提升人力资本水平和增加研发投入是长江中游城市群改善其资源配置效率的有效途径。

表 14　京津冀的实证结果

	扩展边际下资源配置效率变化		集约边际下资源配置效率变化		
	（1）	（2）	（3）	（4）	（5）
人力资本水平	-0.00236 （-0.11）				
研发存量		0.0000206** （2.13）			
城市人口密度			-0.00000190 （-0.39）		
城市每万人拥有公共交通车辆数				0.000250 （0.40）	
城市人均拥有道路面积					0.00111 （0.57）
对外开放度	0.0679* （1.74）	0.0791** （2.13）	0.00337 （0.30）	0.00223 （0.21）	0.00232 （0.22）
人口规模	-0.0000257 （-0.35）	-0.0000143 （-0.67）	-0.00000454 （-0.87）	-0.00000533 （-0.88）	-0.00000659 （-0.88）
地方财政支出占GDP比重	0.481* （1.72）	-0.0918 （-0.22）	0.135 （1.31）	0.108 （1.38）	0.0765 （0.86）
AR(2)	0.625	0.694	1.467	1.393	1.427
AR(2)_p	0.532	0.488	0.142	0.164	0.154
Hansen	10.94	9.966	11.60	11.73	11.63
Hansen_p	0.205	0.267	0.170	0.164	0.169
样本数量	252	252	252	252	252

就城市拥挤成本指标对集约边际下的资源配置效率变化而言，五个城市群实证结果的差异也较大。首先，长江中游城市群、成渝城市群以及东北地区城市人口密度的系数均显著为正，长三角和京津冀城市人口密度的系数不显著。正如前文所述，城市人口密度可以同时产生一定的城市拥挤成本和外部性，如果城市人口集聚的外部性大于拥挤成本，城市人口密度的增加会改善集约边际下的资源配置效率。另外，城市人口集聚产生的外部性可能与城市人口密度呈倒"U"形关系，即人口较为密集的长三角和京津冀城市群的城市拥挤成本要大于城市人口集聚产生的外部性，进而这两个城市群人口密度的增加会恶化集约边际下资源配置效率。

表 15 成渝城市群的实证结果

	扩展边际下资源配置效率变化		集约边际下资源配置效率变化		
	（1）	（2）	（3）	（4）	（5）
人力资本水平	−0.0319 （−1.55）				
研发存量		0.0000390 （1.15）			
城市人口密度			0.00000218* （1.67）		
城市每万人拥有公共交通车辆数				0.000447 （1.12）	
城市人均拥有道路面积					−0.000358 （−0.98）
对外开放度	0.375** （2.08）	−0.109 （−0.49）	−0.0196 （−1.56）	−0.0229 （−1.05）	0.00159 （0.11）
人口规模	0.0000363 （1.60）	0.00000702 （1.17）	−0.000000323 （−0.83）	−0.000000743* （−1.65）	−0.000000406 （−0.95）

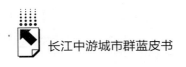

	扩展边际下资源配置效率变化		集约边际下资源配置效率变化		
	（1）	（2）	（3）	（4）	（5）
地方财政支出占 GDP 比重	− 0.000669 （− 0.01）	− 0.235 ** （− 2.02）	0.000543 （0.05）	0.0128 * （1.89）	0.0248 *** （2.67）
AR（2）	0.232	0.156	1.282	1.281	1.309
AR（2）_p	0.817	0.876	0.200	0.200	0.191
Hansen	13.94	13.96	9.901	9.783	9.078
Hansen_p	0.0833	0.0828	0.272	0.281	0.336
样本数量	252	252	252	252	252

其次，长江中游城市群和东北地区城市每万人拥有公共交通车辆数的系数均显著为正数，其他三个城市群的系数并不显著，这说明与长三角、京津冀以及成渝城市群相比，城市公共交通的发展对长江中游城市群和东北地区而言更加重要，可能的原因在于经济较为发达的长三角和京津冀等城市群的私人交通更为发达，公共交通的改善并不意味着城市拥挤成本有显著下降。最后，城市人均拥有道路面积的系数仅东北地区显著，其他四个城市群该指标的系数均不显著，意味着对于大部分城市群而言，城市人均拥有道路面积对降低长江中游城市群拥挤成本的作用并不太大。

表 16　东北地区的实证结果

	扩展边际下资源配置效率变化		集约边际下资源配置效率变化		
	（1）	（2）	（3）	（4）	（5）
人力资本水平	− 0.0181 * （− 1.68）				
研发存量		− 0.0000247 ** （− 2.06）			

	扩展边际下资源配置效率变化		集约边际下资源配置效率变化		
	（1）	（2）	（3）	（4）	（5）
城市人口密度			0.00000207* (1.89)		
城市每万人拥有公共交通车辆数				0.00150** (2.06)	
城市人均拥有道路面积					0.000812** (2.09)
对外开放度	−0.239** (−2.38)	−0.244** (−2.44)	−0.0199 (−1.11)	−0.00783 (−0.27)	−0.00405 (−0.15)
人口规模	0.0000773** (2.55)	0.0000320*** (3.77)	0.00000354** (2.16)	−1.76e−08 (−0.01)	0.000000356 (0.14)
地方财政支出占GDP比重	−0.353*** (−2.84)	−0.264* (−1.94)	−0.0678* (−1.81)	−0.0624* (−1.82)	−0.0418 (−1.48)
AR（2）	−2.357	−2.356	0.776	0.720	0.714
AR（2）_p	0.0184	0.0185	0.437	0.472	0.475
Hansen	7.119	7.058	8.057	7.941	7.915
Hansen_p	0.524	0.530	0.428	0.439	0.442
样本数量	252	252	252	252	252

（四）长江经济带和全国的实证结果分析

表 17 和表 18 分别计算了长江经济带和全国的实证结果：对于长江经济带而言，两个城市创新潜力指标都可以显著改善扩展边际下的资源配置效率，而全国范围仅研发存量的系数显著为正数；另外，全国城市拥挤成本指标对集约边际下资源配置效率变化的影响与长江中游城市群相似，城市人口密度的系数和城市每万人拥有公共交通车辆

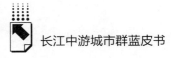

数的系数均显著为正数，但是长江经济带城市人口密度、城市每万人拥有公共交通车辆数以及城市人均拥有道路面积的系数均显著为负数，这说明就整个长江经济带而言，较高城市人口密度体现的拥挤成本仍然大于人口密集带来的外部性，不过长江经济带城市每万人拥有公共交通车辆数和城市人均拥有道路面积的系数都显著为负数，意味着就整个长江经济带而言，公共交通发展和城市面积扩张的效果并不显著。

表 17　长江经济带的实证结果

	扩展边际下资源配置效率变化		集约边际下资源配置效率变化		
	（1）	（2）	（3）	（4）	（5）
人力资本水平	0.0196*** （2.99）				
研发存量		0.0000153*** （4.24）			
城市人口密度			−0.00000169** （−2.13）		
城市每万人拥有公共交通车辆数				−0.000489** （−1.96）	
城市人均拥有道路面积					−0.000655*** （−3.03）
对外开放度	−0.129*** （−3.26）	−0.124*** （−3.22）	−0.0104 （−1.51）	−0.0170*** （−2.59）	−0.0150** （−2.02）
人口规模	−0.0000224** （−2.02）	0.00000671** （2.35）	−0.000000504 （−0.51）	0.000000953 （0.87）	0.000000811 （0.76）
地方财政支出占GDP比重	−0.0772** （−1.98）	−0.0963*** （−3.27）	0.0761*** （2.77）	0.0531** （2.28）	0.0681*** （2.62）

	扩展边际下资源配置效率变化		集约边际下资源配置效率变化		
	（1）	（2）	（3）	（4）	（5）
AR（2）	- 1.932	- 1.909	- 0.302	- 0.330	- 0.330
AR（2）_p	0.0534	0.0563	0.763	0.742	0.742
Hansen	11.11	9.547	9.466	9.461	8.798
Hansen_p	0.195	0.298	0.305	0.305	0.360
样本数量	252	252	252	252	252

表18　全国的实证结果

	扩展边际下资源配置效率变化		集约边际下资源配置效率变化		
	（1）	（2）	（3）	（4）	（5）
人力资本水平	0.0152 (1.36)				
研发存量		0.0000157*** (3.56)			
城市人口密度			0.00000122* (1.69)		
城市每万人拥有公共交通车辆数				0.000901** (2.42)	
城市人均拥有道路面积					0.000130 (0.35)
对外开放度	- 0.257*** (- 3.75)	- 0.224*** (- 3.10)	- 0.0215*** (- 2.92)	- 0.0156* (- 1.93)	- 0.0171* (- 1.74)
人口规模	- 0.00000412 (- 0.18)	0.0000238*** (2.93)	0.00000235*** (3.08)	0.000000552 (0.37)	0.00000216 (1.20)
地方财政支出占GDP比重	- 0.191** (- 2.57)	- 0.254*** (- 3.86)	- 0.00544 (- 0.62)	- 0.00652 (- 0.69)	- 0.00101 (- 0.10)

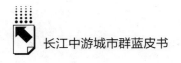

续表

	扩展边际下资源配置效率变化		集约边际下资源配置效率变化		
	（1）	（2）	（3）	（4）	（5）
AR(2)	−1.707	−1.856	1.243	1.146	1.254
AR(2)_p	0.0877	0.0635	0.214	0.252	0.210
Hansen	10.54	7.536	13.29	13.02	14.45
Hansen_p	0.229	0.480	0.102	0.111	0.0708
样本数量	252	252	252	252	252

六　长江中游城市群产城融合中存在的问题与建议

　　本报告认为研究长江中游城市群的产城融合问题主要在于研究城镇化是如何作用于产业集聚效率的提升或产业资源配置效率的提升的，即解决长江中游城市群产城融合问题的本质在于弄清城镇化是如何推动长江中游城市群制造业在空间上有效集聚或者实现制造业资源配置效率的最大化的，这也是进一步促进长江中游城市群产城融合、推动长江中游城市群经济平稳较快增长的关键。基于上述研究思路，本报告将制造业资源配置效率分解为集约边际下的资源配置效率变化与扩展边际下的资源配置效率变化，其中集约边际下的资源配置效率主要受产业资源流动的影响，因此其与城市拥挤成本相关；扩展边际下的资源配置效率主要受产业生产率的影响，因此其与城市的创新潜力相关，进而本报告从城市拥挤成本与城市创新潜力的角度，分析了长江中游城市群城市发展对产业集聚资源配置效率的影响。本报告的结论意味着，随着长江中游城市群人力资本水平和研发水平的上升，以及长江中游城市群城市人口密度的增加和城市公共交通的发展，长江中游城市群的产城融合进程在逐渐加快。未来长江中游城市群可以继续通过提升人力资本水平和增加研发投入，即通过提升城市创新潜力来改善城市群内产业资源配置的效率，也可以通过积极城市化和发展公共交通，即通过扩张城市人口规模、降低城市拥挤成本来改善城市群内产业资源配置的效率，进而加快长江中游城市群的产城融合步伐。

本报告的结论还表明长江中游城市群产城融合主要存在以下问题：①长江中游城市群的产业集聚效率下降十分显著。虽然长江中游城市群内部生产要素流动的障碍正在逐步消除，长江中游城市群各行业资源配置整体有效，但是资源配置效率却在逐渐下降。一方面长江中游制造业扩展边际下资源配置效率下降最为显著，另一方面长江中游制造业集约边际下资源配置效率同样有所下降，这也说明长江中游城市群产城融合存在较大的障碍。②长江中游城市群的人口密度还有待提升。城市人口密度对城市产业的发展十分重要，一方面，城市人口密度越大，意味着城市拥挤成本越高，进而会恶化集约边际下资源配置效率；另一方面，城市人口密度越大也意味着人口聚集的外部性越大，若后者的作用大于前者，那么城市人口密度的增加反而会改善集约边际下的资源配置效率。当前长江中游城市群城市人口密度增加的外部性要大于其产生的拥挤成本。与长三角相比，长江中游城市群城市人口密度偏低，城市人口集聚的外部性还未充分体现，因此长江中游城市群现阶段还可以通过积极城市化、推动城市人口扩张来改善城市群内产业资源配置的效率，进而推动长江中游城市群的产城融合进程。③长江中游城市群的城市空间布局应该进一步优化。长江中游城市群城市人均拥有道路面积的系数并不显著，这意味着对于长江中游城市群而言，城市人均拥有道路面积对降低产业集聚带来的拥挤成本的作用并不太大，这说明长江中游城市群的城市空间布局，特别是城市交通布局与其产业布局并不匹配。

为了进一步加快长江中游城市群产城融合进程，本报告针对上述问题提出以下建议：①优化城市布局，不断降低城市群产业集聚的拥

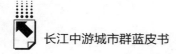

挤成本。城市群产业集聚会造成城市的资源短缺，如用地紧张、地价上涨、住房困难、空气污染等，进而会直接影响产业集聚的效率和城市群发展，而城市群产业布局作为城市资源在空间上的配置方式，对城市资源的科学有效利用必然具有重要的影响。因此，要积极促进长江中游城市群产业合理布局，加快实现土地、劳动力、资本等生产要素的科学配置，提高长江中游城市群资源的使用效率，推动城市群经济的健康发展，不断带动城市群产业结构的优化升级，提升城市群的功能定位，实现长江中游城市群空间结构的优化和城市拥挤成本的下降。②逐步扩大城市规模、适当增加城市群的人口密度，坚持以人口城镇化为核心，以城市承载能力为支撑，全面提升长江中游城市群的城镇化水平，着力解决已转移到城镇就业的农业转移人口落户问题和有能力在城镇就业、居住的常住人口市民化问题，逐步推进农民工市民化，未来长江中游城市群应根据城市规模和发展水平因地制宜地制定农民工落户标准，加快公共服务对落户农民工的覆盖。③强化区域互动，不断推进城市群市场协同发展，长江中游城市群产业集聚效率的提高和产城融合程度的提升离不开长江中游城市群市场一体化的深化，只有如此才能推动资源在城市群内部的合理配置，实现长江中游城市群内部产业资源与城市发展状况相匹配，而若要进一步削弱市场分割，在长江中游城市群内部建立统一的市场，就必须打破地区和部门封锁，加强长江中游城市群各地区间的互动，去除阻碍商品和劳动、资本等生产要素自由流动的各类限制，取消地区性歧视和不公平的市场政策，建立完善的区域合作利益协调机制，不断提升长江中游城市群的市场一体化水平。

参考文献

［1］陈诗一：《中国工业分行业统计数据估算：1980～2008》，《经济

学》（季刊）2011 年第 3 期。

［2］陈勇、李小平：《中国工业行业的面板数据构造及资本深化评估：1985～2003》，《数量经济技术经济研究》2006 年第 10 期。

［3］黄勇峰、任若恩、刘晓生：《中国制造业资本存量永续盘存法估计》，《经济学》（季刊）2002 年第 2 期。

［4］李建伟：《我国工业企业原材料燃料动力购进价格的影响因素》，《重庆理工大学学报》（社会科学）2011 年第 11 期。

［5］李胜文、李大胜： 《中国工业全要素生产率的波动：1986～2005——基于细分行业的三投入随机前沿生产函数分析》，《数量经济技术经济研究》2008 年第 5 期。

［6］聂辉华、贾瑞雪：《中国制造业企业生产率与资源误置》，《世界经济》2011 年第 7 期。

［7］孙元元、张建清：《中国制造业省际间资源配置效率演化：二元边际的视角》，《经济研究》2015 年第 10 期。

［8］朱钟棣、李小平：《中国工业行业资本形成、全要素生产率变动及其趋异化》，《世界经济》2005 年第 9 期。

［9］Bartelsman, E., J., Haltiwanger, and S. Scarpetta, 2013, "Cross-Country Differences in Productivity: The Role of Allocative Efficiency," *American Economic Review*, *American Economic Association*, 103（1）.

［10］Hsieh, C. and P. Klenow, 2009, "Misallocation and Manufacturing TFP in China and India," *Quarterly Journal of Economics*, 124（4）.

B.6
长江中游城市群产城融合的测度、
评价与分类推进路径研究[*]

王 磊 方慧群 瞿兆聃[**]

摘 要： 改革开放以来，我国经济高速增长，主要体现在产业和城市的迅速发展上。然而在近40年的发展历程中，二者并没有呈现相互融合促进的局面，反而出现了空间和功能上分离的趋势，由此产生了发展不可持续的问题。十八大以来，国家提出了新型城镇化的发展战略，推进以人为核心的城镇化，推动产业与城市融合协调发展。本文在此基础上，简要比较了国内外产城融合的发展轨迹，并建立相应评价指标通过主成分分析法对长江中游城市群三个类别9个城市2004~2013年的产城融合发展历程进行分析，根据产城融合水平计算结果对整个长江中游不同类型城市在产城融合过程中出现的问题进行了分析，并以此为依据提出相关的政策建议。

关键词： 长江中游城市群 产城融合 主成分分析 分类推进

---

* 本研究报告为国家发展和改革委员会课题"长江中游城市群新型城镇化与产业协同发展研究"的子课题,武汉大学自主科研项目(人文社会科学)研究成果,得到"中央高校基本业务经费专项资金"资助。

** 王磊，美国哥伦比亚大学城市规划博士，现任武汉大学中国中部发展研究院副教授，中国区域科学协会理事，中国区域经济学会副秘书长。主要研究转型背景下的区域经济发展与空间结构演化。曾主持教育部人文社科基金、美国林肯土地政策研究院研究基金、日本东京财团优秀青年基金、韩国高等教育财团等科研项目，在国内外重要刊物上发表论文40余篇，出版英文专著1部，译著《正义的理念》被新华网评为"2012年度中国影响力图书"。方慧群、瞿兆聃，武汉大学中国中部发展研究院硕士研究生。

一 产城融合概述

产城融合是指以人的发展为核心的城市生产职能、生活职能、消费职能三者在空间与功能上的有机融合[1]。克鲁格曼[2]等多位主流经济学家从市场规模的角度对产业集聚进行过开创性的研究，国内刘荣增[3]，夏保林、李润田[4]，王新涛[5]等众多学者也就产业、城市互动发展等问题进行了多角度、多层面的研究。西方发达国家城市化和工业化起步较早。由于市场经济发达、人口流动性高，产城融合建立在人口外迁所形成的郊区新城基础上，且主要受到 20 世纪 70 年代以后经济全球化背景下向郊区集聚的高新技术资本的推动作用，形成了人口与高新技术产业融合度较高的科技新城，进而构建起多中心城市——区域体系。我国的工业化起步于计划经济时期，而城市化当时并没有得到相应发展，相对滞后。在改革开放前，由于居住与工作空间统一位于城市中心的生产单位，并没有产生类似西方国家人口外迁的动力。改革开放后，城市化逐渐起步，但工业化尚未完成，因此中国经济的高速增长突出表现为产业与城市各自的迅速发展以及两者发展的不同步：从 1978 年到 1998 年的 20 年间，产业发展快于城市。随着各类开发园区的设立和对外开放领域的不断扩大，第二、第三产业产值分别增长了 9.1 倍和 8.0 倍，而同期城镇化率仅从 17.92% 提高到 33.35%，年均提高不足 1%；从 1998 年到 2013 年的 15 年间，城市

① 李学杰：《城市化进程中对产城融合发展的探析》，《经济师》2012 年第 10 期。
② 〔美〕保罗·克鲁格曼：《地理与贸易》，北京大学出版社，2000。
③ 刘荣增：《产业城市区域：关联与机理》，郑州大学出版社，2004。
④ 夏保林、李润田：《产业带动，双向推进：中原地区城镇化的根本道路》，《经济地理》2000 年第 3 期。
⑤ 王新涛：《产城融合理念下中原经济区小城镇产业选择与培育》，《区域经济评论》2011 年第 8 期。

发展明显加快，而产业发展放缓。随着城市住房和土地利用改革的推进，城镇化率提高到53.73%，年均提高1.3%，而第二、第三产业产值仅分别增长了4.5倍和4.4倍。

尽管我国城镇化率在2014年已经达到54.77%，但在产业发展和城市开发的驱动下，城市面积增速远超人口增速。2000～2010年，我国建成区土地面积增幅为99.29%，而城市市区人口平均增幅仅有35.31%。土地面积的迅速扩展，一方面催生了大量"有城无产"的空城；另一方面由于制造业的资本—劳动比显著提高，制造业在很大程度上脱离了人口密集的城市中心而向郊区聚集，又促使了"有产无城"的孤岛的形成。因此，产城分离源于我国计划经济先于市场经济、工业化先于城市化、土地城市化快于人口城市化的特殊发展路径，并已成为我国当前亟须解决的重要问题。十八大以来，国家提出了新型城镇化的发展战略，推进以人为核心的城镇化，推动产业与城市融合协调发展。根据《国家新型城镇化规划（2014～2020年)》有关要求，国家发改委已开展产城融合示范区建设工作，以进一步完善城镇化健康发展体制机制，推动产业和城镇融合发展。产城融合的基本内涵是产业与城市在空间、功能、组织和政策等方面相互匹配、有机互动、共同演进、螺旋上升的状态和过程①，而人始终贯穿于整个动态过程中。随着社会经济的快速发展，经济发展模式与产业结构都在不断转型升级，社会生产空间与生活空间之间的联系随之愈加紧密，产业与城市融合有助于促进经济发展方式快速转变，推动产业的创新升级，实现经济发展主体从单一的生产型业务模式向生产、服务、消费的多元化发展②，从而促进城市产业功能与空间的统筹发展，提升城市发展活力。

---

① 楚天娇：《新常态下产城融合的总体思路与实现路径研究》，《中国浦东干部学院学报》2015年第5期。

② 杨刚军：《产城融合下商业地产开发模式创新研究》，《商场现代化》2015年第22期。

（一）我国城镇化率与工业化率的比较

1978～1998 年为我国工业化快于城镇化的阶段，1998 年至今为城镇化快于工业化的时期，产城融合一直处于不同步状态。我国产城融合提出的背景是开发区成为产业孤岛而城市新城又多是"睡城""空城"，由此工业化与城市化不匹配，城市生产与生活功能无法融合的矛盾日益凸显。1995～2013 年我国城镇化率及工业化率变化趋势如图 1 所示。

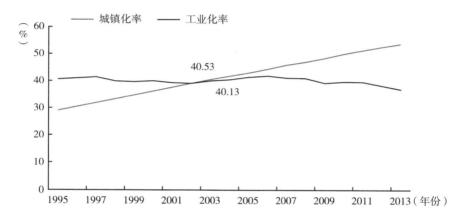

图 1　1995～2013 年我国城镇化率及工业化率变化趋势比较

从图 1 中可以看到，我国工业化率十余年间并未有太大变化，而城镇化率则一直以较快的速度增长，二者呈现不协调发展的态势。同时，产业和城市发展不仅在规模上不同步，在空间上往往也呈现出彼此分离的格局。一方面，改革开放初期，大量产业园区以工业生产为主，缺乏居住和生活功能，形成产业孤岛；另一方面，尤其是 21 世纪以来，很多新近开发的城市新城新区往往以基础设施建设为主，缺乏产业和就业功能，形成了"睡城"，甚至"空城"。随着城市的扩大和消费需求的变化，产城分离不仅带来了巨大的交通和环境压力，也使得生产缺乏密度和创新的支撑，传统工业化和城镇化发展模式亟待改变。

（二）我国与世界其他主要国家的比较

纵观历史，工业革命之后，世界各国都快速进入工业化时代，各国工业化率都有了明显的提升且保持在较高水平。在城镇化率方面，西方发达国家早在 20 世纪中叶就开始了城镇化进程，人口、产业外移，形成多结构的城镇化格局，而我国作为农业大国历史悠久，城镇化迟迟未启动。我国与世界主要国家城镇化率变化趋势比较如图 2、图 3 所示①。

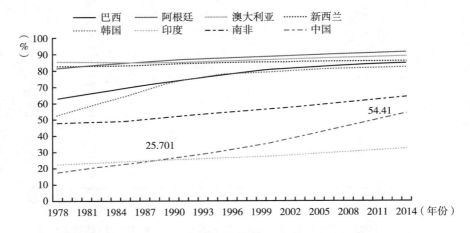

图 2　1978 ~ 2014 年我国与世界主要国家城镇化率比较

同时，我国与世界主要国家工业化率的比较如图 4 所示②。

由图 2、图 3 可以看出，无论是美、英、法、德等发达国家，还是巴西、南非等发展中国家，除了印度外，中国与这些极具代表性的国家城镇化率的差距都非常显著。中国的新型城镇化建设任重而道远，我们还有很长一段路要走。而工业化率方面，相较而言，中国始终处于 40% ~ 50% 的非常稳定的状态，其他国家均呈现下降的趋势

---

① 数据来源：国家统计局、世界银行数据库。
② 数据来源：国家统计局、世界银行数据库。

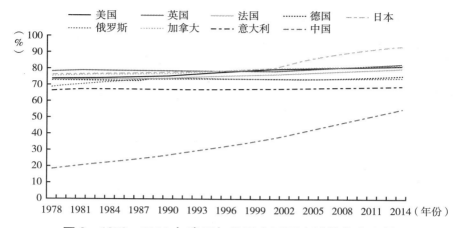

图3 1978～2014年我国与世界主要国家城镇化率比较

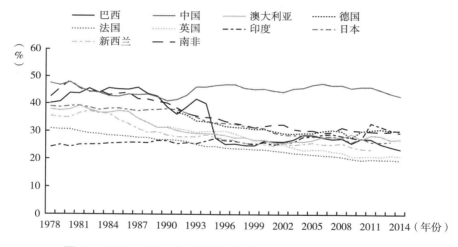

图4 1978～2014年我国与世界主要国家工业化率比较

（见图4）。在这样的比较中，可以认为中国的城镇化率还需进一步提高，同时工业化进程不可停歇，要继续加快以适应新型城镇化的要求，二者今后应达到最为匹配和和谐的发展状态。

（三）长江中游城市群产城融合情况概述

根据国家发改委2015年4月印发的《长江中游城市群发展规

划》，长江中游城市群是以武汉城市圈、环长株潭城市群、环鄱阳湖城市群为主体形成的特大型城市群，规划范围包括：湖北省武汉市、黄石市、鄂州市、黄冈市、孝感市、咸宁市、仙桃市、潜江市、天门市、襄阳市、宜昌市、荆州市、荆门市，湖南省长沙市、株洲市、湘潭市、岳阳市、益阳市、常德市、衡阳市、娄底市，江西省南昌市、九江市、景德镇市、鹰潭市、新余市、宜春市、萍乡市、上饶市及抚州市、吉安市的部分县（区）。长江中游城市群的划定，能够有效促进区域经济交流合作，带动周边城市经济发展，促使产业结构加快转变。在对长江中游城市群产城融合状况进行分析时，我们以城区常住人口为统计口径，选出长江中游城市群中不同类型的代表性城市（Ⅰ型大城市：武汉、长沙、南昌；Ⅱ型中等城市：宜昌、九江、岳阳；Ⅲ型小城市：咸宁、荆州、新余）作为具体分析对象。

我们选取了以上9个代表城市进行分析，简单回顾梳理它们在2009～2013年的工业化水平。本文以当年工业增加值占生产总值的比重来衡量其工业化水平。数据来源于各省市统计局公开数据，结果如表1所示。

表1　长江中游城市群代表城市工业化水平

城市群	城市	工业化水平				
		2013 年	2012 年	2011 年	2010 年	2009 年
武汉城市圈	武汉	34.40	33.88	36.39	35.20	36.31
	宜昌	49.89	51.77	51.41	48.31	45.80
	荆州	44.66	43.69	43.03	38.86	35.81
	咸宁	48.51	47.27	47.43	45.70	43.18
环鄱阳湖城市群	南昌	34.76	32.24	28.31	29.49	40.99
	九江	40.78	47.87	49.23	46.38	42.30
	新余	50.90	56.30	60.41	57.05	51.32
环长株潭城市群	长沙	46.87	47.69	47.38	44.44	41.51
	岳阳	54.89	55.54	56.78	54.19	51.0

如表1所示，Ⅰ型大城市，人口最为密集，经济最为发达，而工业化率却不及Ⅱ型中等城市、Ⅲ型小城市。纵观历史，洋务运动伊始，张之洞在武汉兴办轻工业，大规模进行机器化生产，为武汉的工业化发展奠定了良好的基础，也确立了当时武汉的领头地位，但随后并没有大的发展。这可能是由于武汉、长沙及南昌等省会城市的产业结构更加合理，对GDP增长做出贡献的除传统工业外，还有第三产业。在这一类型的城市中，随着经济的快速增长，生活服务、科教文卫、金融服务等与城镇人口生活服务相匹配的产业得到迅速发展。而反观Ⅱ型中等城市、Ⅲ型小城市，它们仍处在一个追求工业化发展、追求经济高增长的阶段，城市产业结构较为单一。

同时，仍然以武汉为例，2009～2013年，其城镇化水平突飞猛进，甚至突破70%的水平，与工业化水平呈现较大的差距，二者发展并不协调。较为明显的现象为近年来城市区域不断扩大，城镇常住人口不断增加，城市新区的开发以基础设施建设为主，其生活服务水平及就业环境没有得到相应的提升和改善，而形成大量"空城""睡城"，没有发挥出其应有的功能。这样的问题在长沙和南昌这一级别的大型城市中都普遍存在着。

（四）研究意义

结合以上背景分析，本课题研究意义在于：①以城镇化和工业化为核心，对我国产城融合发展的背景、作用和方向进行分析，深化了新型工业化和新型城镇化的相关理论。②对产城融合进行定量测度，凸显了作为后发地区的长江中游的地域特征，并为分类研究推进路径奠定了基础。③针对不同城市的类型和发展阶段，分析产城融合的发展目标和实现方式，有利于制定差别化的推进产城融合发展的政策措施，实践创新引领、协调发展的发展理念。

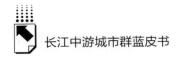

二 长江中游城市群产城融合水平
评价分析

（一）研究范围及指标体系建立

我们选取上文所确定的 9 个城市作为研究对象，其中新余属于衰退型资源型城市，其产城融合路径可为全国其他衰退型资源型城市提供参考。为了方便表述，下文我们将武汉、长沙、南昌作为大城市代表，宜昌、九江、岳阳作为中型城市代表，新余、荆州、咸宁作为小城市代表，我们选取 2005 ~ 2013 年的数据，以探讨几年间长江中游城市群的产城融合发展历程。

产城融合的字面含义主要包含"产"和"城"两方面，即产业发展程度和城镇化程度，但这二者的发展始终围绕着人的活动，产业发展程度提升由人实现，表现为城镇化程度提升，最终由人流带来的消费促进产业发展，三者互联互通，形成一个产、城、人三者共同发展的闭环。衡量产城融合水平不能脱离人的因素，因此我们在评价指标系统中加入人的发展程度以及产、城、人三者融合程度两个方面。

借助产业发展水平、城镇化发展水平、人的发展水平及产、城、人三者融合程度四个方面，在前人的研究基础上我们构建了产城融合的评价指标体系。

（二）数据来源与研究方法

本文 26 项具体指标的计算数据来源于各地级市 2005 ~ 2014 年统计年鉴、中国城市建设统计年鉴、中经网、EPS 等。原始数据中总额指标通过总人口进行平均可得到人均指标。

表2 评价指标体系

		GDP 发展指标	人均 GDP
产城融合程度	产业发展水平	第二产业发展	第二产业产值占比
			人均工业废水排放水平
			万人工业二氧化硫排放水平
		第三产业发展	第三产业产值占比
			人均货运量
	城镇化发展水平	城市规划	建成区面积与城市建设用地面积之比
			人口密度
		设施配套	人均道路面积
			人均固定资产投资额
			房地产投资占固定资产投资比重
		环境建设	污水集中处理率
			生活垃圾无害化处理率
			建成区绿化覆盖率
		城市公共服务	每百人公共图书馆藏书量
			每万人出租汽车运营数
			年末公共汽(电)车每万人客运量
			普通中学师生比
			每万人医院、卫生院床位数
	人的发展水平	收入水平	职工平均工资水平
			人均社会消费品零售额
	产、城、人三者融合水平	人城互动	每万人国际互联网用户数
			教育支出占政府支出一般性预算水平比重
		人产互动	每万人高等学校在校学生数
			科技支出占政府支出一般性预算水平比重
		产城互动	第二产业中电力、建筑业就业占比
			第三产业中生产性服务业就业占比

目前国内构建的评价分析方法有多种,主流的包括 DEA,主要用于衡量投入产出效率;层次分析法、主成分分析法,用于对多指标

的评价体系进行测量；神经网络分析，主要用于风险评估；投影寻踪分析，主要用于处理高维数据；灰色关联度分析，适用于对一个系统内部各子系统的数值关系进行分析。本文所构建的指标体系为多指标多层次的，采用主成分分析法与层次分析法较为适当，但层次分析法在确定指标权重的时候具有较大的主观性；相对而言，主成分分析法在确定指标权重时更为客观，而且适合本文数据之间具有较强相关性的情况，所以我们采用主成分分析法进行评价。主成分分析法是利用降维的思想，将众多存在相互关系的指标提炼成几个相互独立的主成分，并客观地对各个指标赋予权重，使用新的提取出的互不相关的主成分对问题做出评价，减少了分析的复杂性，同时也避免了类似于层次分析法等方法存在的主观性问题。

（三）权重确定与得分计算

为了获得各主成分权重并计算最终得分，首先我们将 9 个城市2013 年的标准化之后的所有指标数据导入 SPSS 中，提炼出合适的主成分并确定每个主成分的权重，之后依据各主成分权重对每个城市每个年份的原始数据标准化后的数据进行最终得分计算。

首先我们对原始数据进行相关性分析，获得如下结果。

表3　相关性分析

相关矩阵	人均 GDP	第二产业产值占比	人均工业废水排放水平	万人工业二氧化硫排放水平	第三产业产值占比	人均货运量
人均 GDP	1.000	0.398	− 0.146	− 0.112	0.616	0.532
第二产业产值占比	0.398	1.000	− 0.663	− 0.427	− 0.180	0.472
人均工业废水排放水平	− 0.146	− 0.663	1.000	0.729	0.359	− 0.659

相关矩阵	人均 GDP	第二产业产值占比	人均工业废水排放水平	万人工业二氧化硫排放水平	第三产业产值占比	人均货运量
万人工业二氧化硫排放水平	−0.112	−0.427	0.729	1.000	0.059	−0.868
第三产业产值占比	0.616	−0.180	0.359	0.059	1.000	0.197
人均货运量	0.532	0.472	−0.659	−0.868	0.197	1.000

由于指标过多，相关性表格较大，表3仅展示部分结果。通过对整个相关性输出结果的分析，我们可以看到相关性数值大部分大于0.3且显著水平较高，原始指标之间具有较强的相关性，适合进行主成分分析。

我们使用SPSS软件进行主成分分析，依次选择分析—降维—因子分析，并在具体选项中分别选择系数相关矩阵、方法为主成分分析、分析选择相关性矩阵、抽取选择基于特征根、选择 Kaiser 标准化的正交旋转法进行旋转，勾选载荷图并选择系数按大小排序。运行软件，得到以下结果。

表4　旋转成分矩阵

旋转成分矩阵	1	2	3	4
人均社会消费品零售额	0.981	−0.056	−0.093	−0.130
每百人公共图书馆藏书量	0.971	0.031	0.167	−0.039
每万人出租汽车运营数	0.947	0.048	−0.170	0.238
房地产投资占固定资产投资比重	0.946	−0.246	0.103	−0.128
人均固定资产投资额	0.939	−0.072	−0.088	−0.022
每万人医院、卫生院床位数	0.924	−0.050	0.026	−0.328
科技支出占政府支出一般性预算水平比重	0.919	0.051	−0.073	−0.303

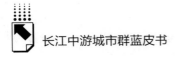
续表

旋转成分矩阵	1	2	3	4
每万人高等学校在校学生数	0.903	− 0.110	0.078	0.279
每万人国际互联网用户数	0.878	− 0.132	− 0.316	0.262
职工平均工资水平	0.875	0.154	0.198	0.214
第三产业产值占比	0.854	0.085	0.108	0.471
人均GDP	0.854	0.339	0.049	− 0.283
人口密度	0.852	− 0.089	− 0.241	0.418
年末公共汽(电)车每万人客运量	0.803	0.037	− 0.434	0.289
第三产业中生产性服务业就业占比	0.760	− 0.132	− 0.010	− 0.459
人均道路面积	0.053	0.934	0.092	0.136
万人工业二氧化硫排放水平	0.222	− 0.902	0.136	− 0.064
人均货运量	0.182	0.876	− 0.191	− 0.113
建成区绿化覆盖率	− 0.279	0.847	0.230	0.250
人均工业废水排放水平	0.256	− 0.759	0.367	0.224
第二产业产值占比	− 0.025	0.669	0.370	− 0.381
污水集中处理率	0.345	0.667	0.554	− 0.078
生活垃圾无害化处理率	0.339	0.484	0.466	− 0.157
普通中学师生比	0.236	− 0.030	− 0.889	0.040
教育支出占政府支出一般性预算水平比重	− 0.340	− 0.065	0.880	0.235
第二产业中电力、建筑业就业占比	0.344	− 0.284	0.163	0.633
建成区面积与城市建设用地面积之比	− 0.277	− 0.244	0.225	− 0.306

　　根据表4结果,综合我们建立的评价指标体系,提取四个主成分。第一个主成分为城镇化建设发展水平,具体包含每百人公共图书馆藏书量,每万人出租汽车运营数,房地产投资占固定资产投资比重,人均固定资产投资额,每万人医院、卫生院床位数,人口密度,年末公共汽(电)车每万人客运量,污水集中处理率,生活垃圾无害化处理率,普通中学师生比;第二个主成分为产业发展水平,具体包括第三产业产值占比、人均GDP、人均货运量、第二产业产值占

比、人均工业废水排放水平、万人工业二氧化硫排放水平；第三个主成分为人的发展水平，具体包括职工平均工资水平、人均社会消费品零售额；第四个主成分为产、城、人三者融合水平，具体包括教育支出占政府支出一般性预算水平比重，每万人国际互联网用户数，每万人高等学校在校学生数，科学技术支出占政府支出一般性预算水平比重，第二产业中电力、建筑业就业占比，第三产业中生产性服务业就业占比。提取四个主成分后，我们删掉与产城融合关联性较低的几个成分：人均道路面积、建成区面积与城市建设用地面积之比、普通中学师生比、建成区绿化覆盖率。

表5　成分得分系数

成分得分系数矩阵	1	2	3	4
人均 GDP	0.074	0.055	0.019	− 0.140
第二产业产值占比	0.012	0.106	0.101	− 0.157
人均工业废水排放水平	0.023	− 0.151	0.154	0.082
万人工业二氧化硫排放水平	0.021	− 0.181	0.077	− 0.063
第三产业产值占比	0.061	0.029	0.054	0.214
人均货运量	0.013	0.172	− 0.089	− 0.031
人口密度	0.056	0.004	− 0.059	0.180
人均固定资产投资额	0.074	− 0.012	− 0.011	− 0.031
房地产投资占固定资产投资比重	0.079	− 0.055	0.058	− 0.086
污水集中处理率	0.039	0.110	0.172	− 0.017
生活垃圾无害化处理率	0.038	0.075	0.147	− 0.062
每百人公共图书馆藏书量	0.081	0.000	0.073	− 0.034
每万人出租汽车运营数	0.068	0.022	− 0.039	0.097
年末公共汽(电)车每万人客运量	0.051	0.030	− 0.130	0.121
每万人医院、卫生院床位数	0.080	− 0.021	0.024	− 0.176
职工平均工资水平	0.069	0.031	0.080	0.094
人均社会消费品零售额	0.079	− 0.012	0.134	− 0.084
每万人国际互联网用户数	0.059	− 0.007	− 0.084	0.102
教育支出占政府支出一般性预算水平比重	− 0.015	− 0.032	0.295	0.126

成分得分系数矩阵	1	2	3	4
每万人高等学校在校学生数	0.068	− 0.015	0.049	0.114
科技支出占政府支出一般性预算水平比重	0.077	0.002	− 0.012	0.162
第二产业中电力、建筑业就业占比	0.019	− 0.039	0.076	0.290
第三产业中生产性服务业就业占比	0.069	− 0.040	0.010	0.239

根据表 5 成分得分系数矩阵我们可以得到四个主成分的组成指标的权重系数，并写出四个主成分的系数公式：

$$X_1 = 0.056x_{11} + 0.074x_{12} + 0.079x_{13} + 0.039x_{14} + 0.038x_{15} +$$
$$0.081x_{16} + 0.068x_{17} + 0.051x_{18} + 0.08x_{19}$$
$$X_2 = 0.055x_{21} + 0.106x_{22} - 0.151x_{23} - 0.181x_{24} + 0.029x_{25} + 0.172x_{26}$$
$$X_3 = 0.08x_{31} + 0.134x_{32}$$
$$X_4 = 0.102x_{41} + 0.126x_{42} + 0.114x_{43} + 0.162x_{44} + 0.29x_{45} + 0.239x_{46}$$

将每个指标对应的系数乘以对应主成分的贡献率，汇总即可得综合得分模型：

$$Y = 0.17X_1 + 0.24X_2 + 0.28X_3 + 0.31X_4$$

根据以上综合得分模型，我们根据 9 个城市 10 年的数据计算出产城融合得分，如表 6 所示。

表 6　产城融合得分

年份	武汉	长沙	南昌	宜昌	岳阳	九江	荆州	咸宁	新余
2004	− 1.006	− 0.774	− 0.868	− 0.597	− 0.657	− 0.640	− 0.394	− 0.407	− 0.531
2005	− 0.674	− 0.605	− 0.540	− 0.490	− 0.717	− 0.541	− 0.367	− 0.752	− 0.533
2006	− 0.572	− 0.479	− 0.373	− 0.392	− 0.643	− 0.346	− 0.463	− 0.595	− 0.369
2007	− 0.446	− 0.203	− 0.229	− 0.025	− 0.181	− 0.148	− 0.285	− 0.280	− 0.078
2008	− 0.110	− 0.065	− 0.067	− 0.023	− 0.020	− 0.217	− 0.119	− 0.148	0.126
2009	0.094	0.077	0.129	0.075	0.149	0.000	− 0.016	− 0.058	− 0.196

年份	武汉	长沙	南昌	宜昌	岳阳	九江	荆州	咸宁	新余
2010	0.356	0.053	0.202	0.119	0.227	0.134	0.149	0.142	0.112
2011	0.518	0.394	0.479	0.205	0.517	0.395	0.205	0.463	0.160
2012	0.926	0.726	0.617	0.399	0.559	0.470	0.472	0.633	0.449
2013	0.915	0.940	0.873	0.728	0.829	0.889	0.819	1.002	0.860

（四）结果评价

1. 因子权重评价

根据因子的总解释方差得出的综合得分模型，其中产业发展水平、城镇化建设发展水平、人的发展水平及产、城、人三者融合水平的权重分别为 0.24、0.17、0.28、0.31，我们可以看出对于产城融合这个命题，最为关键的是产、城、人三者的互动，其次才是三者各自的发展水平。由此可见，提高产城融合水平虽然与经济发展关系重大，但是其核心要义不是如何促进经济发展，而是要研究如何将经济发展与人的发展结合起来，产城融合所要达到的目的是人民安居乐业，这个总体目标里既包含经济的发展，也包含公共服务水平的提高、教育的普及、收入的分配、环境的保护等许多不可忽视的问题。

接着我们看各因子中所包含的具体指标的得分，在城镇化发展因子中，医院、卫生院床位数与公共图书馆藏书量最为关键，其次是固定资产投资与房地产业的发展，然后是人口密度与交通情况，最后则是城市环境维护问题。医院、卫生院床位数与医疗问题紧密相关，这说明当前百姓最注重的医疗问题也是影响产城融合的重要因素，就医方便与否与居民的生产与生活都有着密切的关系。我们可以将公共图书馆藏书量理解为这个城市的居民文化水平，关于居民的文化水平对于提高产城融合水平的作用，我们可以从两方面理解：一是文化水平高有利于经济发展，二是文化水平高有利于整个城市人文环境的塑造。紧接着是固定资产投资与房地产投资占固定资产投资比重，这一部分主要反映了城市的基础设施建设情况和房屋建设情况，城市的基础设施建设状况越好，对于提升城镇化水平越有益处。最后则是城市交通问题与环境问题。交通便利则居民花费在通勤过程中的时间少，能大幅提高工作效率，同时能使居住地与工作地之间的联系更加紧密。环境优美则对于人的身体与心情都有好处。

在产业发展因子中，由于人均 GDP 是对地区经济的综合反映，为最重要的指标；第二产业在我国中部地区快速工业化的大背景下较第三产业更为重要，这可能是由于长江中游城市群的几个城市除了武汉、长沙等发展较快外，其他城市都处于工业发展中期，第二产业对于这些城市的经济发展来说仍是主要拉动力；但是人均货运量这一项指标显示出了较强的影响力，这一点反映出第三产业中贸易对于经济发展的推动作用越来越强，也反映出长江中游城市群各城市之间的交流更加频繁，产城融合的实现需要加强地区间交流，打破地区间贸易壁垒。

在人的发展水平这个因子中，很显然收入水平的高低十分重要。关于人的发展因素，一方面由于数据原因，我们仅从收入与消费角度考虑；另一方面，评价体系中的其他方面，比如医疗、教育、交通、文化等因素的最终落脚点也是人的发展，所以也可以从侧面反映出这一因素的作用。

在产、城、人三者融合因子中各因素影响力都比较均匀，其中产城互动表现出更高的影响力，人产互动与人城互动则影响力相对较为均匀，这体现了产、城、人融合最基本的要素是产业与城镇化的互动，但总的来说，三者之间的互动的重要程度相差不多。

2. 产城融合程度

结合图 5 与表 6 我们可以看出整个长江中游城市群的产城融合度

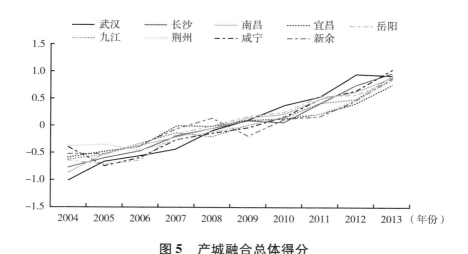

图5 产城融合总体得分

在10年间有了很大提高。分年份来看，各年份产城融合度增长速度相差不大，武汉、长沙、南昌、宜昌、岳阳从2009年开始为正值，荆州、咸宁、新余则从2010年开始为正值，这与我国提出产城融合的概念的时间大致相符。同时各城市之间的产城融合差距也逐渐缩小，2004年，产城融合得分最低的为武汉（-1.006），最高的为荆州（-0.394），相差0.612；2013年，产城融合得分最高的为咸宁（1.002），最低的为宜昌（0.728），仅相差0.274。从城市类别来看，2004年大城市武汉、长沙、南昌产城融合程度最低，2005年、2006年中型城市岳阳和小型城市咸宁产城融合度相对较低，2007～2011年中型城市产城融合度基本相对较高，2012年、2013年则是大城市表现更为出色。总的来看，产城融合水平一般是大城市优于中等城市，中等城市优于小城市。

3. 产城融合分城市具体发展水平评价

武汉市的产城融合度在2004～2013年的10年间经历了较大变化，从2004年的排位最末到2013年位居第三，同时其产城融合度一直保持增长且增长速度较为均匀，但2013年较2012年有所下降。我们分析影

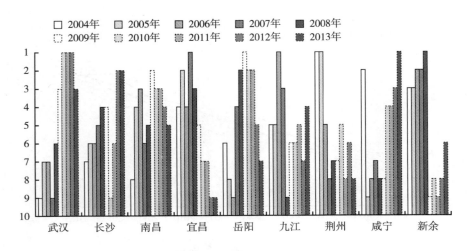

图6 产城融合度历年排名

响其产城融合水平的四个具体因素发现，对于其产城融合程度影响最
大的因素为人的发展水平，即人们的收入水平及消费水平，这也是造
成其早期产城融合度较低的主要因素。在早期，武汉的职工收入水平
相对于其他城市来说竞争力不大，2004年职工工资水平低于长沙、南
昌，与其他城市的差距也不大，甚至与新余工资水平相似。对于武汉
这样的大城市来说，这样的收入水平显然影响了其产城融合的发展。
另外，对于武汉产城融合具有显著推动作用的是产、城、人三者融合
水平的提升，这一点主要是武汉高校、科研机构较多，使得产、城、
人三者互动指标中科学教育支出以及高校人数都大幅增加。

　　长沙市的产城融合度在10年间也保持增长，排名从第7名升至
第2名，总体上升幅度为中等水平，增长速度在2007年之后加快，
虽然在2010年出现相对大幅度下降，但之后迅速回升。其总体得分
在2009年之前都高于武汉，但从2009年起落后于武汉。长沙作为湖
南省省会城市，高校及科研机构也比较多，因此在产、城、人三者融
合因子上的表现与武汉类似，造成长沙与武汉在后期出现差距的主要

因素是产业的发展水平。在 2006 年以前，长沙的产业发展水平总体得分高于武汉，但 2006 年后武汉的得分超过长沙。从产业发展的角度来看，虽然武汉的 GDP 要高于长沙，但是由于武汉人口众多，人口密度约是长沙的两倍，人均 GDP 一直低于长沙。2006 年之后产业发展水平开始上升，一方面是由于经济进一步发展；另外一方面是由于工业废物排放量减少，经济发展更加绿色化，而且长沙的第二产业占比一直高于 50%，相比之下武汉的第三产业却发展得越来越好，逐步向工业化后期迈进。

南昌作为江西省省会城市，排名一直处于中位，在 2009 ~ 2011 年三年间排名前三，比较靠前，较武汉与长沙来说，产城融合水平发展比较和缓，整体偏上。从南昌的具体因子得分情况来看，南昌的产城融合发展各方面都比较均匀，在初期由于南昌的人口密度低，经济发展比较绿色环保，同时在产、城、人三者融合方面做得较好，一直保持了相对较高的产城融合水平。但是在武汉和长沙迅速崛起的时期，南昌的经济发展水平却没有发生较大幅度的增长，人均 GDP 在后期大大落后于武汉与长沙，以至于其产城融合水平最终在中位徘徊。

宜昌市作为武汉周边的副中心城市，其产城融合水平总体得分上升路线比较陡峭，2006 ~ 2007 年与 2012 ~ 2013 年经历了两次较大幅度的上升，其余的时候仅稍有上升。从其排名来看，前期其产城融合水平一直排名靠前，但是由于后期上升速度放慢，整体排名逐步下降，到 2012 年、2013 年已排名最末。在初期，宜昌市产城融合水平较高的原因在于其产业发展水平较高，城镇化水平在 2006 年之后也一路处于上升趋势，逐步与岳阳及九江拉开了差距。后期，宜昌市产城融合水平整体排名下降的主要原因在于产、城、人三者融合水平在 2007 年之后有了下降，后续虽有回升但幅度有限，2013 年同等级城市九江与岳阳产、城、人三者融合水平已达到 0.24 与 0.32，而宜昌产、城、人三者融合水平处于 0.1 的低位。根据宜昌市产、城、人三者融合水平原始计算指标，我们发现造成这种差距的主要原因在于宜昌市教育支出占政府支出一般性预算水平比重较低。同时宜昌产业发展水平在 2009～2012 年也出现了大幅下降，我们观察产业发展状况发现其人均 GDP 上升速度较快，且高于岳阳与九江，但是其人均 GDP 增长的背后是工业废水与二氧化硫排放量的大幅增加，是典型的以污染换发展的表现，因此在本评价体系中表现为产业发展水平的非绿色化发展，导致了得分下降。

岳阳的产城融合总体得分在 2006 年以后开始上升。2004～2006 年岳阳产城融合总体水平停滞不前的原因在于产、城、人融合水平不升反降，同时产业发展、城镇化建设以及人的发展水平也都没有上升。2006 年之后产城融合总体水平有了较大提升，同时其产城融合总体排名也表现出相似的变化，在 2006 年之后有了迅速的提升，在 2008～2011 年三次第二名、一次第一名，但是由于后期面对武汉等城市的竞争，在 2012 年、2013 年排名又有所下降。总的来说，岳阳产城融合水平在 2006 年之后一直处于中高水平，属于产城融合发展得较好的城市。我们观察岳阳市产城融合水平原始数据发现，促使其产城融合水平领先的主要原因在于其产、城、人三者融合水平较高，2007 年在 9 个城市中排名第一，此后也一直保持在高位，总体仅弱于武汉，与南昌齐平。我们观察岳阳产、城、人三者融合水平指标发现，各指标表现都较好，但是在人产互动方面的每万人高等学校在校学生数上表现较差，与其他城市差距较大，如果在这个方面岳阳能有所突破，那么其产城融合水平将有更大幅度的提升。

九江市的产城融合水平在 2008 年有所下降，且之后上升速度也很缓慢，同时其产城融合水平排名 2006 年达到第一的高位后迅速下降，此后，一直处于中低水平。我们分析九江市数据可以发现，其产城融合水平较低的原因主要在于其城镇化建设以及产业发展水平迟滞不前，而其他两项表现也较为一般，仅在 2011 年后稍有上升。其产业发展水平迟滞不前的主要原因就在于缺乏产业基础，人均 GDP 一直处于低位，属于中型城市中最差的，城镇化建设在环保与文化方面做得较好，但其他方面略差。

荆州市作为湖北省的小城市代表，其产城融合水平虽然在 2006 年之后开始持续增长，但是其总排名却在 2006 年开始大幅下降，由 2004 年、2005 年第一的高位下降至中低位，并且持续低迷。荆州市产城融合得分在 2006～2010 年与咸宁保持相似水平，2011 年起，咸宁整体得分走高，与新余保持相似水平。我们分析荆州的数据可以发现，其在初期保持较高水平是由于其起步水准较高，在小城市中，荆州的城镇化建设水平、产业发展水平及产、城、人三者融合水平都保持领先地位，然而 2004～2010 年其城镇化建设水平、产业发展水平止步不前，2011～2013 年产业发展水平甚至大幅下降，这导致了其产城融合总体发展后劲不足，排名逐渐下滑。

咸宁市作为武汉周边的小城市，不同于其他小城市排名从高位逐步走低的发展态势，其产城融合水平经历了大幅下跌后大幅提升，产城融合排名也迅速提升，在 2013 年超越武汉达到第一位。我们分析咸宁市数据发现其城镇化建设与产业发展水平进步一般，前期发展较慢，2009 年后有了大幅提升，与荆州、新余拉开了差距，同时人的发展水平及产、城、人三者融合水平后期也表现不错，这成为其 2010 年后水平大幅提升的主要原因。武汉在 2009 年后产城融合水平大幅提升，咸宁在 2010 年后的优越表现与武汉崛起的时间基本一致，我们可以认为，咸宁的产城融合水平大幅上升与其紧邻武汉的地理区位相关。

新余市的产城融合水平在 2008 年之前基本处于稳步上升阶段，排名也在前几名，而 2008 年以后其产城融合水平先经历了大幅下降后缓慢上升，排名也一直处于末位。作为一个衰落型资源型城市，新余市努力转型，成为江西省光伏产业基地，但是 2008 年国际金融危

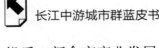

机后，新余市产业发展受到巨大影响，尤其是 2011 年后赛维的企业危机严重影响了新余市整体产业发展情况，使新余市产业发展水平在 2011 年后大幅下降，这也成为新余市产城融合整体水平下降的主要原因。

三　产城融合发展建议

（一）大型城市产城融合发展建议

大型城市具有的相似特点：产业发展水平及潜力较大，需要进行产业的升级；城镇化建设方面要满足巨大的基础设施以及公共服务需求量，同时保证城市中的所有居民都可以享受到同等的公共服务，以解决已经或者可能出现的城市病问题。

武汉由于早期发展基础较好，同时在湖北省省市关系的重构等因素作用下，目前产城融合发展程度高于相邻省份湖南与江西的省会城市长沙和南昌，产城融合发展总体水平较高，属于有产有城的产城融合类型。但目前来看，武汉相较于东部地区一些城市整体发展水平仍稍微落后。从产业结构来看，武汉的第二产业与第三产业产值比例相当，仍处于工业化的中后期；在产业发展上，武汉应注重引进高端制造业，发挥其高校、科研机构多的优势大力发展科技产业，实现第二产业的升级转型，并且发挥自身的中心龙头带动作用，向周边中小城市扩散转移一些科技含量较低的产业。此外，应大力发展第三产业，培育形成以金融服务、总部经济、文化创意产业、知识服务业等为代表的高端产业，打造辐射带动区域产业升级的增长极和动力源。同时，作为一个老工业基地，武汉的国有企业众多，尤其是像武钢这样的目前效益较低的大型国有企业的改制问题将成为武汉产业发展升级中面临的一个重要问题。通过国有企业改革，调动市场活力，积极扶持中小企业的发展，既能提高产业发展水平，又能提供大量就业岗位，为产城融合提供后续动力。

城镇化发展方面，大城市人口众多且人口密度大，对于公共服务及基础设施需求量极大，而且目前大城市病比如交通拥堵、空气污染、城中村治理等问题日益凸显。在基础设施方面，大城市主要通过新建轨道交通以及公交系统升级配套等来解决城市拥堵等目前最紧要的问题；环境保护方面，大城市需要加强环保法规的执行，治理目前市内的污染排放量较高的企业；公共服务方面，除了加大投资，更重要的是要合理分配资源，减少居民获取公共服务的成本。武汉由汉口、汉阳、武昌三大主要区域构成，并横跨长江形成天然的多中心城市发展格局，如果通过合理分配公共服务资源，可以形成三个较为完善的生活、生产空间，促进形成城市内部生活圈，避免给市中心带来巨大压力。同时结合外围发展的产业新城，利用多中心与产业新城的结合模式，一方面能够实现产业与城镇化的充分结合；另一方面也能避免房价的过快上涨，有利于人民生活的稳定，为城市持续健康发展提供动力。

此外，武汉市的职工工资水平在促进其产城融合发展过程中显示出较低的作用水平，因此提高人民收入水平，注重收入分配也是提高武汉产城融合水平的一个关键因素。

长沙及南昌作为长江中游城市群中仅次于武汉的两个区域中心城市，发展潜力巨大，从我们的分析结果来看，目前它们与产城融合水平较高的武汉拉开差距的主要原因在于其产业发展后劲不足。在产业发展上，长沙和南昌目前仍然是第二产业比重大于第三产业，所以在产业发展上依然要大力发展制造业，注意在承接东部沿海地区产业转移的同时要走可持续发展道路，不能以破坏环境为代价来发展经济。与武汉一样作为省会城市，南昌、长沙的高校以及科研机构也比较多，因此也应该充分利用此优势，大力发展科技产业，促进科技创新，提高劳动生产率。同时城镇化发展主要包括两方面内容：一是加大公共基础设施建设投入；二是扩大公共服务覆盖面，尽早实现公共服务均等化。

（二）中型城市产城融合发展建议

中型城市作为省域副中心城市，其产城融合水平总体处于中等水平。各个城市发展水平相似，但是在发展道路上却不一致。虽然每个城市各有各的问题，但是可以总结为产城融合总体发展水平处于中位，存在某一方面短板，需要具体问题具体分析。宜昌的主要问题在于产业发展过程中要注重环保，不能只顾发展，不重视持续性；岳阳主要是应提高产、城、人三者融合水平；九江则是经济发展水平稍微落后。

中型城市在产业发展上主要注重承接本省中心城市的产业转移，对于与本省省会距离较近的中型城市，如岳阳、九江，可以采取同城化发展策略。同城化发展策略主要包括交通同城化、产业同城化、设施与服务同城化。

交通同城化具体来说就是做好两个城市间的交通联动工作，通过高铁、动车缩短距离，进一步安排好配套交通方案的设计，同时要加强高速公路与快速道路和普通公路与主干路的衔接，增加进出城通道，促进车流的快速出入，使两个城市之间的要素流动更为便利。产业同城化则主要是承接大城市产业转移，并借大城市的科研优势提高自身产业水平，在稳步发展中求突破，与中心大城市形成合理的产业分工。设施与服务同城化的内涵则主要反映在生活服务方面，比如养老保险、医保等的共享。

对于与省会城市较远的中型城市，由于其与省会城市较远，不适宜采用同城化发展策略。但是其周边资源、要素也更加易于集中在这个中型城市中，而不是流向经济更为发达的省会城市，因此这样的城市可以将自身定位为省域次级中心，通过提高基础设施建设水平与提升公共服务水平，吸引周边人口，同时抓住承接东部沿海地区产业转移的契机，大力发展自身经济，促进自身与周边小城市的互联互通，获得聚集效应，提升产城融合水平。

（三）小城市产城融合发展建议

小城市由于经济基础比较弱，在产城融合中的表现处于最末。对于小城市来说，其产城融合发展方向主要在于找到当地特色产业，形成以产业带动城镇化从而促进人的发展最终获得产、城、人三者有机互动的局面。

咸宁具有靠近武汉及当地旅游资源丰富的先天优势，一方面应充分利用其地缘优势，利用武咸城际铁路建成的契机，积极促进咸宁与武汉在产业发展上的分工合作；另一方面则应利用其旅游资源丰富的先天优势，大力发展第三产业，尤其是酒店、宾馆等服务业，这类产业能提供的就业岗位多且就业门槛低，能吸纳农村转移人口。为了进一步促进旅游产业的发展，应引进新的旅游服务项目，延长当地旅游消费链条，实现旅游产业的进一步发展。比如咸宁应利用九宫山资源，将温泉与滑雪结合，还可依此发展大型购物中心，实现旅游项目的多样化。

新余作为衰退型资源型城市的典型，其产城融合的发展方向在于找到新的主导产业。新余市目前主要是发展新能源产业尤其是光伏产业，但受 2008 年国际金融危机影响以及国内光伏行业产能过剩影响，产城融合水平也因产业发展迟滞不前而持续下降。对于这样的衰退的资源型城市，其需要找到新的主导产业，同时也应避免经济过于依赖某一单一产业，以免城市经济发展陷入"一荣俱荣，一损俱损"的状态。

总的来说，长江中游城市群中的小城市由于中部地区经济发展处

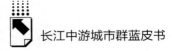

于弱势地位，目前产业基础仍旧薄弱，此类型城市产城融合水平的提升关键在于提升城市产业发展水平，吸引劳动力，同时做好转移人口的城镇化配套工作，提升城市公共服务供给能力，达到产业化与城镇化同步发展的良好局面。

参考文献

［1］楚天骄：《新常态下产城融合的总体思路与实现路径研究》，《中国浦东干部学院学报》2015 年第 5 期。

［2］《国家发展改革委办公厅关于开展产城融合示范区建设有关工作的通知》，发改办地区〔2015〕1710 号。

［3］李学杰：《城市化进程中对产城融合发展的探析》，《经济师》2012 年第 10 期。

［4］保罗·克鲁格曼：《地理与贸易》，北京大学出版社，2000。

［5］刘荣增：《产业城市区域：关联与机理》，郑州大学出版社，2004。

［6］夏保林、李润田：《产业带动，双向推进：中原地区城镇化的根本道路》，《经济地理》2000 年第 3 期。

［7］王新涛：《产城融合理念下中原经济区小城镇产业选择与培育》，《区域经济评论》2011 年第 8 期。

［8］杨刚军：《产城融合下商业地产开发模式创新研究》，《商场现代化》2015 年第 22 期。

B.7
后　记

党的十八大报告提出："坚持走中国特色新型工业化、信息化、城镇化、农业现代化道路，推动信息化和工业化深度融合、工业化和城镇化良性互动、城镇化和农业现代化相互协调，促进工业化、信息化、城镇化、农业现代化同步发展。"党的十八届三中全会提出："坚持走中国特色新型城镇化道路，推进以人为核心的城镇化，推动大中小城市和小城镇协调发展、产业和城镇融合发展。"《国家新型城镇化规划（2014～2020)》《长江中游城市群发展规划》明确要求，深入推进新型城镇化，必须大力促进产业支撑、就业转移与城镇化发展相统一。《长江经济带发展规划纲要》也明确指出，要"坚持生态优先、绿色发展"，"着力优化沿江城镇和产业布局，着力推动长江上中下游协调发展"。因此，推进新型城镇化与产业协同发展，既是牢固树立和贯彻落实创新、协调、绿色、开放、共享发展理念的重大举措，也是全面推进以人为本、四化同步、优化布局、生态文明、文化传承的中国特色新型城镇化战略的重要内容。

长江中游城市群涵盖了我国"两型社会"建设的试验区和重要的生态经济区，是长江经济带的重要组成部分和国家推进新型城镇化的重点区域，在区域发展格局中占有重要地位。近年来，以武汉、长沙、南昌为中心，以武汉城市圈、环长株潭城市群、环鄱阳湖城市群为主体形成的特大城市群发展迅速，城镇化水平大幅提升。但受原有城镇化模式、路径等多方面的影响，长江中游城市群部分大城市出现了"摊大饼"式扩张和"城市病"，部分中小城市存在集聚产业和人口不足等问题，严重制约着城市空间结构的优化、公共资源的合理配置，使得城镇化的水平和质量难以有效提升，产业转型升级和基本公共服务均等化的进程缓慢。因此，运用"产城融合"的理念引领新型城镇化，全面推进新型城镇化与产业的协同发展，对于优化长江中游城镇和产业布局，加快长江中游城市群资源优势互补、产业分工协作、城市互动合作，实现"以产促城、以城兴产，产城融合"具有重要的现实意义。

为全面分析长江中游城市群新型城镇化与产业发展态势及面临的新情况、新问题，提出有效促进长江中游城市群城镇化与产业协同发展的新思路、新举措，国家发展和改革委员会地区经济司、湖北省发展和改革委员会中部办和武汉大学高度重视，均给予课题经费支持，并指导和组织相关领域专家学者开展了长江中游城市群新型城镇化的研究工作，形成了《长江中游城市群新型城镇化与产业协同发展报告（2016）》。

在此，感谢国家发展和改革委员会地区经济司、湖北省发展和改革委员会、湖南省发展和改革委员会、江西省发展和改革委员会、武汉大学人文社会科学研究院、武汉大学中国中部发展研究院理事单位、金石学院、社会科学文献出版社，对"长江中游城市群蓝皮书"的出版给予的大力支持。

本报告在写作过程中，参阅了大量的优秀学术研究成果，尽一切努力把握新型城镇化与产业协同发展的理论前沿，全面反映长江中游城市群发展的现实态势，但因实践经验不足，书中难免有不足和遗憾之处，真诚地希望广大读者提出宝贵建议。

课题组

2016 年 10 月

Abstract

Covering the pilot area of "two-oriented society" and significant ecological economic zone, the Urban Agglomeration in the Middle Reaches of the Yangtze River, which is an important part of the Yangtze Economic Zone and the focus area of new type of urbanization, plays an important role in regional development of China. The coordinated development of urbanization and industrial of the Urban Agglomeration in the Middle Reaches of the Yangtze River had vital practical significance in optimizing layout of the urban and industries, promoting resource complementary, industry collaboration and inter-city cooperation, achieving city and industry integration of the Urban Agglomeration in the Middle Reaches of the Yangtze River.

Taking the coordinated development of urbanization and industrial of the Urban Agglomeration in the Middle Reaches of the Yangtze River as the subject, *Blue Book of Urban Agglomeration in the Middle Reaches of the Yangtze River* takes amulti-level and multi-angle analysis of the situation, the model, the path and the policy of the coordinated development of urbanization and industrial of Urban Agglomeration in the Middle Reaches of the Yangtze River in the form of general report, regional reports and subjective report, which will have important guiding significance and reference value for promoting the coordinated development ofurbanization and industrial of the Urban Agglomeration in the Middle Reaches of the Yangtze River.

This study suggests that it is important to firmly establish concepts of innovative, harmonious , green, open and sharing development and adhere to the new type of urbanization with Chinese characteristics of people-oriented, new-type industrialization, informatization, urbanization and agricultural modernization, layout optimization, ecological civilization and cultural heritage in order to promote the coordinated development of urbanization and industrial of the Urban Agglomeration in the Middle Reaches of the Yangtze River. Based on the urban functions and industrial development space, we should focus on people's urbanization and keep a firm grasp on promoting urban economic restructuring and upgrading, in order to enhance industrial's dynamic action for urbanization, promote the coordinated development amongbig, medium and small cities and small towns and integration development of industry and urban.

In terms of specific policies, firstly we should adhere to innovative development, promoting the urbanization quality improvement and the industrial restructuring and upgrading. The Urban Agglomeration in the Middle Reaches of the Yangtze River should take the advantages of innovation to full, promoting the industrial restructuring and upgrading by technology innovation and improving people's living standard and the urbanization quality by the industrialization achievement of emerging technology.

Secondly we should adhere to harmonious development, promoting the coordinated development of urbanization and industrial, such as promoting the synchronous development of urbanization, industrialization, informatization and agricultural modernization, the industrial restructuring and upgrading and layout optimization and the healthy development of small-town and county territory.

Thirdly we should adhere to green development, promoting the sustainable development of urban and industrial. Putting the ecological civilization concept and principle into the process of urbanization, we should take the intensive, smart, green and low-carbon road of new type of urbanization. Based on the construction of "two-oriented society", we should adhere to green development, recycle development, and low-carbon development, transfer the production and living method, promote resource conservation and recycling economy construction, strengthen the natural ecological environment protection and governance and createlow-carbon lifestyle and livable environment.

Fourthly, we should adhere to open development, promoting the open and inclusive development of urban and industrial. Relying on the inland central cities such as Wuhan, Changsha and Nanchang and the urban agglomerations such as Wuhan Megalopolis, Chang-Zhu-Tan urban agglomeration and Ecological economic zone of Poyang Lake, we should build the strategy support band of inland open, form different open to outside bases by positively developing export-oriented industrial clusters, develop inland open economy and steadily deepen regional cooperation in and abroad, in order to achieve optimal allocation of resource elements in bigger range, wider field and higher standard.

Last, we should adhere to sharing development, promoting the integration development of industries, cities and people. we should strengthen the exchanges and cooperation of the public service, establish and improve the public affairs management mechanism in optimal allocation of resource elements, Sharing, transferringsmoothly and managingcollaboratively in order to achieve equalization of basic public services and promote collaboratively layout of industrial development, population agglomeration and urban construction and achieve integration developmentof industrial and urban, population and industry co-agglomeration.

Keywords: Urban Agglomeration in the Middle Reaches of the Yangtze River; New Type of Urbanization; Industrial; Integration Development

Contents

I General Report

Abstract: The coordinated development of urbanization and industrial is the significant part of the new type of urbanization and the inherent requirement of promoting resource complementary, industry collaboration and inter-city cooperation of Urban Agglomeration in the

Middle Reach of Yangtze River. This paper analyzes the macroeconomic environment and the current status, and then puts forward the model, path and policy recommendations of the development of the coordinated development of urbanization and industrial of urban agglomeration in the middle reach of Yangtze River under the new normal.

Keywords: Urban Agglomeration in the Middle Reaches of the Yangtze River; New Type of Urbanization; City and Industry Integration

Ⅱ Regional Reports

B. 2 Research on the New Urbanization and the Coordinated Development of the Industry in Wuhan City Circle

Fan Fei / 035

Abstract: The new urbanization and industrial development has a strong interactive relationship. New urbanization is the spatial carrier of the development of industrial agglomeration, industry is the driving force of the construction of new urbanization, the two collaborative development can achieve the smooth progress of the new urbanization and industrial optimization and upgrading. Reference information entropy, correlation theory, on the analysis of the coordinated development of city production of composite system based on co-evolution mechanism; build a comprehensive evaluation index system. Using AHP-PP model to calculate the comprehensive evaluation value of the new urbanization and industrial development subsystem of Wuhan city circle in 2009 ~ 2014. Through information entropy model for the joint development of the city produced a composite system information entropy is calculated on the degree of order and found that: In addition to Xiaogan, Huanggang, Xianning, Xiantao,

Qianjiang and day outside, the city produced the remaining three cities of Wuhan city circle collaborative development complex system information entropy declining, the internal state of the system is reduced entropy, the degree of order on the rise year by year trend, but more significant regional differences. Further build production city coordinated development of complex systems co-evolution model and accelerated genetic algorithm model parameter estimation, identification of their co-evolution type, the results show: Yellowstone, Ezhou, Huanggang, Xianning and Tianmen performance for competitive production city relationship, Xiaogan and Xiantao city produced the performance of the conflict type relationship with Wuhan and Qianjiang city was produced synergetic relationship; and finally analyze the various types of paper and briefly raised the Wuhan city circle new urbanization and industrial deveBIlopment Suggestions.

Keywords: New Urbanization; Industry; Coordinated Development; Information Entropy

B. 3   The Synergy Development between New-type Urbanization and Industry of Urban Agglomeration around Poyang Lake

Li Xuesong, Zhang Yudi / 072

Abstract: This paperanalyzedthe development of urban agglomeration around Poyang Lake, using the data of 9 prefecture-level cities during the period of 2005 to 2014 data in urban agglomeration around Poyang Lake to construct a PVAR model, and a comprehensive index system is built about New-type urbanization and industry through principal component analysis completed estimates. New-type urbanization and industry of Urban Agglomeration around Poyang Lake have a high correlation. Finally, the path selection and policy suggestions are given to promote the synergy development between New-type urbanization and industry of Urban Agglomeration around Poyang Lake

Keywords: Urban Agglomeration Around Poyang Lake; New-type Urbanization; Synergy Development

B. 4 Research on the Coordination Development of the New Urbanization and Industry in the ring of Changsha-Zhuzhou-Xiangtan Urban Agglomeration　　　*He Qingyun etc.* / 098

Abstract: Through the analysis on the ring of Changsha, Zhuzhou and Xiangtan urban agglomeration of new urbanization level and industrial development, and build the city produced synergistic comprehensive evaluation system, using the entropy weight method, variation coefficient method and the combination weight analysis and other methods to quantitative evaluate the city coordinated development level and coordination degree and coordinated development degree. Concludes that the level of urbanization lags behind, the industrial structure is not reasonable, and the development coordination is not enough. Put on a coordinated developmentthought of insisting on " City-Industry Integration" development guided by new urbanization, adhering to the urban cluster development pattern of "A core and a number of centers", adhering to the construction of industrial system matched with urban functions. And puts forward regional industrial collaborative innovation, urban cluster strategic emerging industry linkage development, high-end urban function of fostering and services 3. 0 development model, urban agglomeration trade industry interactive development, In order to improve

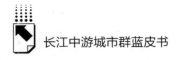
the collaborative development of the urban agglomeration.

Keywords: The New Urbanization; Production City Integration; Synergy Degree

Ⅲ   Special Reports

B. 5   The City-industry Integration of Urban Agglomeration
in the Middle Reaches of the Yangtze River: Based on the
Perspective of Maximizing the Efficiency of
Resource Allocation   *Sun Yuanyuan*, *Zhang Jianqing* / 140

Abstract: The key point of city-industry integration of the urban agglomeration in the middle reaches of Yangtze River is to be clear on how to maximize the efficiency of resource allocation of this urban agglomeration. The conclusions of this paper is that the process of city-industry integration of the urban agglomeration in the middle reaches of Yangtze River is going to speed up, as the level of human capital is improving and the density of city population is increasing. This means that the urban agglomeration in the middle reaches of Yangtze River can promote the efficiency of resource allocation through improving the level of human capital to remove the potential for innovation and increasing the density of city population to reduce the congestion costs. Finally, the city-industry integration of the urban agglomeration in the middle reaches of Yangtze River can be promoted.

Keywords: City-industry Integration; Efficiency of Resource Allocation; The Potential for Innovation of City; The Congestion Costs of City

Abstract: China's rapid economic growth since its reform and opening up can be reflected from of its urban and industrialdevelopment, which, however, have been separated from each other either spatially and functionally. Prompted by the unsustainability of this growth patterm, China puts forwards the strategy of new urbanization after the 18th national congress of the communist party that centers around human development and aims toward city-industry integration. This paper briefly reviews the paths of urban and industrial development in China and western countries. It then quantitatively indexing city-industry integration through principal component analysis across nine cities in the Yangtze River Middle Range Urban-Region from 2004 to 2013. Following a qualitative examination of the problems for each group of cities, this paper concludes with differential suggestions promoting city-industry integration.

Keywords: Yangtze River Middle Range Urban-Region; City-Industry Integration; Principal Component Analysis; Targeted Policy

法 律 声 明

  "皮书系列"（含蓝皮书、绿皮书、黄皮书）之品牌由社会科学文献出版社最早使用并持续至今，现已被中国图书市场所熟知。"皮书系列"的 LOGO（▨）与"经济蓝皮书""社会蓝皮书"均已在中华人民共和国国家工商行政管理总局商标局登记注册。"皮书系列"图书的注册商标专用权及封面设计、版式设计的著作权均为社会科学文献出版社所有。未经社会科学文献出版社书面授权许可，任何使用与"皮书系列"图书注册商标、封面设计、版式设计相同或者近似的文字、图形或其组合的行为均系侵权行为。

  经作者授权，本书的专有出版权及信息网络传播权为社会科学文献出版社享有。未经社会科学文献出版社书面授权许可，任何就本书内容的复制、发行或以数字形式进行网络传播的行为均系侵权行为。

  社会科学文献出版社将通过法律途径追究上述侵权行为的法律责任，维护自身合法权益。

  欢迎社会各界人士对侵犯社会科学文献出版社上述权利的侵权行为进行举报。电话：010 - 59367121，电子邮箱：fawubu@ ssap. cn。

社会科学文献出版社

我们是图书出版者，更是人文社会科学内容资源供应商；

我们背靠中国社会科学院，面向中国与世界人文社会科学界，坚持为人文社会科学的繁荣与发展服务；

我们精心打造权威信息资源整合平台，坚持为中国经济与社会的繁荣与发展提供决策咨询服务；

我们以读者定位自身，立志让爱书人读到好书，让求知者获得知识；

我们精心编辑、设计每一本好书以形成品牌张力，以优秀的品牌形象服务读者，开拓市场；

我们始终坚持"创社科经典，出传世文献"的经营理念，坚持"权威、前沿、原创"的产品特色；

我们"以人为本"，提倡阳光下创业，员工与企业共享发展之成果；

我们立足于现实，认真对待我们的优势、劣势，我们更着眼于未来，以不断的学习与创新适应不断变化的世界，以不断的努力提升自己的实力；

我们愿与社会各界友好合作，共享人文社会科学发展之成果，共同推动中国学术出版乃至内容产业的繁荣与发展。

社会科学文献出版社社长
中国社会学会秘书长

2016 年 1 月

社会科学文献出版社
SOCIAL SCIENCES ACADEMIC PRESS (CHINA)

社会科学文献出版社成立于1985年，是直属于中国社会科学院的人文社会科学专业学术出版机构。

成立以来，特别是1998年实施第二次创业以来，依托于中国社会科学院丰厚的学术出版和专家学者两大资源，坚持"创社科经典，出传世文献"的出版理念和"权威、前沿、原创"的产品定位，社科文献立足内涵式发展道路，从战略层面推动学术出版五大能力建设，逐步走上了智库产品与专业学术成果系列化、规模化、数字化、国际化、市场化发展的经营道路。

先后策划出版了著名的图书品牌和学术品牌"皮书"系列、"列国志"、"社科文献精品译库"、"全球化译丛"、"全面深化改革研究书系"、"近世中国"、"甲骨文"、"中国史话"等一大批既有学术影响又有市场价值的系列图书，形成了较强的学术出版能力和资源整合能力。2015年社科文献出版社发稿5.5亿字，出版图书约2000种，承印发行中国社科院院属期刊74种，在多项指标上都实现了较大幅度的增长。

凭借着雄厚的出版资源整合能力，社科文献出版社长期以来一直致力于从内容资源和数字平台两个方面实现传统出版的再造，并先后推出了皮书数据库、列国志数据库、"一带一路"数据库、中国田野调查数据库、台湾大陆同乡会数据库等一系列数字产品。数字出版已经初步形成了产品设计、内容开发、编辑标引、产品运营、技术支持、营销推广等全流程体系。

在国内原创著作、国外名家经典著作大量出版，数字出版突飞猛进的同时，社科文献出版社从构建国际话语体系的角度推动学术出版国际化。先后与斯普林格、博睿、牛津、剑桥等十余家国际出版机构合作面向海外推出了"皮书系列""改革开放30年研究书系""中国梦与中国发展道路研究丛书""全面深化改革研究书系"等一系列在世界范围内引起强烈反响的作品；并持续致力于中国学术出版走出去、组织学者和编辑参加国际书展，筹办国际性学术研讨会，向世界展示中国学者的学术水平和研究成果。

此外，社科文献出版社充分利用网络媒体平台，积极与中央和地方各类媒体合作，并联合大型书店、学术书店、机场书店、网络书店、图书馆，逐步构建起了强大的学术图书内容传播平台。学术图书的媒体曝光率居全国之首，图书馆藏率居于全国出版机构前十位。

上述诸多成绩的取得，有赖于一支以年轻的博士、硕士为主体，一批从中国社科院刚退出科研一线的各学科专家为支撑的300多位高素质的编辑、出版和营销队伍，为我们实现学术立社，以学术品位、学术价值来实现经济效益和社会效益这样一个目标的共同努力。

作为已经开启第三次创业梦想的人文社会科学学术出版机构，我们将以改革发展为动力，以学术资源建设为中心，以构建智慧型出版社为主线，以"整合、专业、分类、协同、持续"为各项工作指导原则，全力推进出版社数字化转型，坚定不移地走专业化、数字化、国际化发展道路，全面提升出版社核心竞争力，为实现"社科文献梦"奠定坚实基础。

经济类

皮书系列
重点推荐

经 济 类

经济类皮书涵盖宏观经济、城市经济、大区域经济，
提供权威、前沿的分析与预测

经济蓝皮书

2016年中国经济形势分析与预测

李 扬/主编　　2015年12月出版　　定价：79.00元

◆　本书为总理基金项目，由著名经济学家李扬领衔，联合中国社会科学院等数十家科研机构、国家部委和高等院校的专家共同撰写，系统分析了2015年的中国经济形势并预测2016年我国经济运行情况。

世界经济黄皮书

2016年世界经济形势分析与预测

王洛林　张宇燕/主编　　2015年12月出版　　定价：79.00元

◆　本书由中国社会科学院世界经济与政治研究所的研究团队撰写，2015年世界经济增长继续放缓，增长格局也继续分化，发达经济体与新兴经济体之间的增长差距进一步收窄。2016年世界经济增长形势不容乐观。

产业蓝皮书

中国产业竞争力报告（2016）NO.6

张其仔/主编　　2016年12月出版　　定价：98.00元

◆　本书由中国社会科学院工业经济研究所研究团队在深入实际、调查研究的基础上完成。通过运用丰富的数据资料和最新的测评指标，从学术性、系统性、预测性上分析了2015年中国产业竞争力，并对未来发展趋势进行了预测。

3

G20 国家创新竞争力黄皮书

二十国集团（G20）国家创新竞争力发展报告（2016）

李建平　李闽榕　赵新力 / 主编　　2016 年 11 月出版　估价：138.00 元

◆　本报告在充分借鉴国内外研究者的相关研究成果的基础上，紧密跟踪技术经济学、竞争力经济学、计量经济学等学科的最新研究动态，深入分析 G20 国家创新竞争力的发展水平、变化特征、内在动因及未来趋势，同时构建了 G20 国家创新竞争力指标体系及数学模型。

国际城市蓝皮书

国际城市发展报告（2016）

屠启宇 / 主编　　2016 年 2 月出版　　定价：79.00 元

◆　本书作者以上海社会科学院从事国际城市研究的学者团队为核心，汇集同济大学、华东师范大学、复旦大学、上海交通大学、南京大学、浙江大学相关城市研究专业学者。立足动态跟踪介绍国际城市发展实践中，最新出现的重大战略、重大理念、重大项目、重大报告和最佳案例。

金融蓝皮书

中国金融发展报告（2016）

李　扬　王国刚 / 主编　2015 年 12 月出版　定价：79.00 元

◆　本书由中国社会科学院金融研究所组织编写，概括和分析了 2015 年中国金融发展和运行中的各方面情况，研讨和评论了 2015 年发生的主要金融事件。本书由业内专家和青年精英联合编著，有利于读者了解掌握 2015 年中国的金融状况，把握 2016 年中国金融的走势。

农村绿皮书

中国农村经济形势分析与预测（2015 ~ 2016）

魏后凯　杜志雄　黄秉信 / 主编　　2016 年 4 月出版　定价：79.00 元

◆　本书描述了 2015 年中国农业农村经济发展的一些主要指标和变化，以及对 2016 年中国农业农村经济形势的一些展望和预测。

西部蓝皮书

中国西部发展报告（2016）

姚慧琴　徐璋勇 / 主编　　2016 年 8 月出版　　估价 :89.00 元

◆　本书由西北大学中国西部经济发展研究中心主编，汇集了源自西部本土以及国内研究西部问题的权威专家的第一手资料，对国家实施西部大开发战略进行年度动态跟踪，并对2016 年西部经济、社会发展态势进行预测和展望。

民营经济蓝皮书

中国民营经济发展报告 NO.12（2015 ~ 2016）

王钦敏 / 主编　　2016 年 8 月出版　　估价 :75.00 元

◆　本书是中国工商联课题组的研究成果，对 2015 年度中国民营经济的发展现状、趋势进行了详细的论述，并提出了合理的建议。是广大民营企业进行政策咨询、科学决策和理论创新的重要参考资料，也是理论工作者进行理论研究的重要参考资料。

经济蓝皮书夏季号

中国经济增长报告（2015 ~ 2016）

李　扬 / 主编　　2016 年 8 月出版　　估价 :69.00 元

◆　中国经济增长报告主要探讨 2015~2016 年中国经济增长问题，以专业视角解读中国经济增长，力求将其打造成一个研究中国经济增长、服务宏微观各级决策的周期性、权威性读物。

中三角蓝皮书

长江中游城市群发展报告（2016）

秦尊文 / 主编　　2016 年 10 月出版　　估价 :69.00 元

◆　本书是湘鄂赣皖四省专家学者共同研究的成果，从不同角度、不同方位记录和研究长江中游城市群一体化，提出对策措施，以期为将"中三角"打造成为继珠三角、长三角、京津冀之后中国经济增长第四极奉献学术界的聪明才智。

社 会 政 法 类

社会政法类皮书聚焦社会发展领域的热点、难点问题，
提供权威、原创的资讯与视点

社会蓝皮书

2016 年中国社会形势分析与预测

李培林　陈光金　张　翼 / 主编　2015 年 12 月出版　　定价 :79.00 元

◆　本书由中国社会科学院社会学研究所组织研究机构专
家、高校学者和政府研究人员撰写，聚焦当下社会热点，对
2015 年中国社会发展的各个方面内容进行了权威解读，同时
对 2016 年社会形势发展趋势进行了预测。

法治蓝皮书

中国法治发展报告 NO.14（2016）

李　林　田　禾 / 主编　　2016 年 3 月出版　　定价 :118.00 元

◆　本年度法治蓝皮书回顾总结了 2015 年度中国法治发展
取得的成就和存在的不足，并对 2016 年中国法治发展形势
进行了预测和展望。

反腐倡廉蓝皮书

中国反腐倡廉建设报告 NO.6

李秋芳　张英伟 / 主编　2017 年 1 月出版　　估价 :79.00 元

◆　本书抓住了若干社会热点和焦点问题，全面反映了新时
期新阶段中国反腐倡廉面对的严峻局面，以及中国共产党反
腐倡廉建设的新实践新成果。根据实地调研、问卷调查和舆
情分析，梳理了当下社会普遍关注的与反腐败密切相关的热
点问题。

生态城市绿皮书

中国生态城市建设发展报告（2016）

刘举科　孙伟平　胡文臻 / 主编　2016 年 9 月出版　估价 :148.00 元

◆　报告以绿色发展、循环经济、低碳生活、民生宜居为理念，以更新民众观念、提供决策咨询、指导工程实践、引领绿色发展为宗旨，试图探索一条具有中国特色的城市生态文明建设新路。

公共服务蓝皮书

中国城市基本公共服务力评价（2016）

钟　君　吴正杲 / 主编　2016 年 12 月出版　估价 :79.00 元

◆　中国社会科学院经济与社会建设研究室与华图政信调查组成联合课题组，从 2010 年开始对基本公共服务力进行研究，研创了基本公共服务力评价指标体系，为政府考核公共服务与社会管理工作提供了理论工具。

教育蓝皮书

中国教育发展报告（2016）

杨东平 / 主编　2016 年 4 月出版　定价 :79.00 元

◆　本书由国内的中青年教育专家合作研究撰写。深度剖析 2015 年中国教育的热点话题，并对当下中国教育中出现的问题提出对策建议。

生态文明绿皮书

中国省域生态文明建设评价报告（ECI 2016）

严耕 / 主编　2016 年 12 月出版　估价 :85.00 元

◆　本书基于国家最新发布的权威数据，对我国的生态文明建设状况进行科学评价，并开展相应的深度分析，结合中央的政策方针和各省的具体情况，为生态文明建设推进，提出针对性的政策建议。

行 业 报 告 类

 行业报告类皮书立足重点行业、新兴行业领域，
提供及时、前瞻的数据与信息

房地产蓝皮书

中国房地产发展报告 NO.13（2016）

李春华　王业强/主编　　2016 年 5 月出版　　定价 :89.00 元

◆　蓝皮书秉承客观公正、科学中立的宗旨和原则，追踪 2015
年我国房地产市场最新资讯，深度分析，剖析因果，谋划对策，
并对 2016 年房地产发展趋势进行了展望。

旅游绿皮书

2015 ～ 2016 年中国旅游发展分析与预测

宋　瑞/主编　　2016 年 4 出版　　定价 :89.00 元

◆　本书是中国社会科学院旅游研究中心组织相关专家编写的
年度研究报告，对 2015 年旅游行业的热点问题进行了全面的
综述并提出专业性建议，并对 2016 年中国旅游的发展趋势进
行展望。

互联网金融蓝皮书

中国互联网金融发展报告（2016）

李东荣/主编　　2016 年 8 月出版　　估价 :79.00 元

◆　近年来，许多基于互联网的金融服务模式应运而生并对
传统金融业产生了深刻的影响和巨大的冲击，"互联网金融"
成为社会各界关注的焦点。 本书探析了 2015 年互联网金融
的特点和 2016 年互联网金融的发展方向和亮点。

资产管理蓝皮书

中国资产管理行业发展报告（2016）

智信资产管理研究院 / 编著　　2016 年 6 月出版　　定价 :89.00 元

◆　中国资产管理行业刚刚兴起，未来将成为中国金融市场最有看点的行业，也会成为快速发展壮大的行业。本书主要分析了 2015 年度资产管理行业的发展情况，同时对资产管理行业的未来发展做出科学的预测。

老龄蓝皮书

中国老龄产业发展报告（2016）

吴玉韶　党俊武 / 编著
2016 年 9 月出版　估价 :79.00 元

◆　本书着眼于对中国老龄产业的发展给予系统介绍，深入解析，并对未来发展趋势进行预测和展望，力求从不同视角、不同层面全面剖析中国老龄产业发展的现状、取得的成绩、存在的问题以及重点、难点等。

金融蓝皮书

中国金融中心发展报告（2016）

王　力　黄育华 / 编著　　2017 年 11 月出版　　估价 :75.00 元

◆　本报告将提升中国金融中心城市的金融竞争力作为研究主线，全面、系统、连续地反映和研究中国金融中心城市发展和改革的最新进展，展示金融中心理论研究的最新成果。

流通蓝皮书

中国商业发展报告（2016~2017）

王雪峰　林诗慧 / 主编　2016 年 7 月出版　　定价 :89.00 元

◆　本书是中国社会科学院财经院与利丰研究中心合作的成果，从关注中国宏观经济出发，突出了中国流通业的宏观背景，详细分析了批发业、零售业、物流业、餐饮产业与电子商务等产业发展状况。

国别与地区类

 国别与地区类皮书关注全球重点国家与地区，
提供全面、独特的解读与研究

美国蓝皮书

美国研究报告（2016）

郑秉文 黄 平／主编 2016 年 5 月出版 定价：89.00 元

◆ 本书是由中国社会科学院美国所主持完成的研究成果，它回顾了美国 2015 年的经济、政治形势与外交战略，对 2016 年以来美国内政外交发生的重大事件以及重要政策进行了较为全面的回顾和梳理。

拉美黄皮书

拉丁美洲和加勒比发展报告（2015~2016）

吴白乙／主编 2016 年 6 月出版 定价：89.00 元

◆ 本书对 2015 年拉丁美洲和加勒比地区诸国的政治、经济、社会、外交等方面的发展情况做了系统介绍，对该地区相关国家的热点及焦点问题进行了总结和分析，并在此基础上对该地区各国 2016 年的发展前景做出预测。

日本经济蓝皮书

日本经济与中日经贸关系研究报告（2016）

张季风／主编 2016 年 5 月出版 定价：89.00 元

◆ 本书系统、详细地介绍了 2015 年日本经济以及中日经贸关系发展情况，在进行了大量数据分析的基础上，对 2016 年日本经济以及中日经贸关系的大致发展趋势进行了分析与预测。

俄罗斯黄皮书

俄罗斯发展报告（2016）

李永全 / 编著　2016 年 7 月出版　定价 :89.00 元

◆ 　本书系统介绍了 2015 年俄罗斯经济政治情况，并对 2015 年该地区发生的焦点、热点问题进行了分析与回顾；在此基础上，对该地区 2016 年的发展前景进行了预测。

国际形势黄皮书

全球政治与安全报告（2016）

李慎明　张宇燕 / 主编　2015 年 12 月出版　定价 :69.00 元

◆ 　本书旨在对本年度全球政治及安全形势的总体情况、热点问题及变化趋势进行回顾与分析，并提出一定的预测及对策建议。作者通过事实梳理、数据分析、政策分析等途径,阐释了本年度国际关系及全球安全形势的基本特点，并在此基础上提出了具有启示意义的前瞻性结论。

德国蓝皮书

德国发展报告（2016）

郑春荣 / 主编　2016 年 6 月出版　定价 :79.00 元

◆ 　本报告由同济大学德国研究所组织编撰，由该领域的专家学者对德国的政治、经济、社会文化、外交等方面的形势发展情况，进行全面的阐述与分析。

中东黄皮书

中东发展报告 NO.18（2015 ～ 2016）

杨光 / 主编　2016 年 10 月出版　估价 :89.00 元

◆ 　报告回顾和分析了一年来多以来中东地区政治经济局势的新发展，为跟踪中东地区的市场变化和中东研究学科的研究前沿，提供了全面扎实的信息。

地方发展类

 地方发展类皮书关注中国各省份、经济区域，
提供科学、多元的预判与资政信息

北京蓝皮书

北京公共服务发展报告（2015~2016）

施昌奎 / 主编　　2016 年 2 月出版　　定价 : 79.00 元

◆　　本书是由北京市政府职能部门的领导、首都著名高校的教授、知名研究机构的专家共同完成的关于北京市公共服务发展与创新的研究成果。

河南蓝皮书

河南经济发展报告（2016）

河南省社会科学院 / 编著　　2016 年 3 月出版　　定价 : 79.00 元

◆　　本书以国内外经济发展环境和走向为背景，主要分析当前河南经济形势，预测未来发展趋势，全面反映河南经济发展的最新动态、热点和问题，为地方经济发展和领导决策提供参考。

京津冀蓝皮书

京津冀发展报告（2016）

文　魁　祝尔娟 / 等著　　2016 年 4 月出版　　定价 : 89.00 元

◆　　京津冀协同发展作为重大的国家战略，已进入顶层设计、制度创新和全面推进的新阶段。本书以问题为导向，围绕京津冀发展中的重要领域和重大问题，研究如何推进京津冀协同发展。

文 化 传 媒 类

文化传媒类皮书透视文化领域、文化产业，
探索文化大繁荣、大发展的路径

新媒体蓝皮书

中国新媒体发展报告 NO.7（2016）

唐绪军 / 主编　　2016 年 6 月出版　　定价 :79.00 元

◆　本书是由中国社会科学院新闻与传播研究所组织编写的关于新媒体发展的最新年度报告，旨在全面分析中国新媒体的发展现状，解读新媒体的发展趋势，探析新媒体的深刻影响。

移动互联网蓝皮书

中国移动互联网发展报告（2016）

官建文 / 编著　　2016 年 6 月出版　　定价 :79.00 元

◆　本书着眼于对中国移动互联网 2015 年度的发展情况做深入解析，对未来发展趋势进行预测，力求从不同视角、不同层面全面剖析中国移动互联网发展的现状、年度突破以及热点趋势等。

文化蓝皮书

中国文化产业发展报告（2015~2016）

张晓明 王家新 章建刚 / 主编　　2016 年 2 月出版　　定价 :79.00 元

◆　本书由中国社会科学院文化研究中心编写。从 2012 年开始，中国社会科学院文化研究中心设立了国内首个文化产业的研究类专项资金——"文化产业重大课题研究计划"，开始在全国范围内组织多学科专家学者对我国文化产业发展重大战略问题进行联合攻关研究。本书集中反映了该计划的研究成果。

经济类

G20国家创新竞争力黄皮书
二十国集团（G20）国家创新竞争力发展报告（2016）
著（编）:李建平　李闽榕　赵新力
2016年11月出版 / 估价:138.00元

产业蓝皮书
中国产业竞争力报告（2016）NO.6
著（编）:张其仔　2016年12月出版 / 估价:98.00元

城市创新蓝皮书
中国城市创新报告（2016）
著（编）者:周天勇 旷建伟　2016年8月出版 / 估价:69.00元

城市竞争力蓝皮书
中国城市竞争力报告（1973~2015）
著（编）者:李小林　2016年1月出版 / 定价:128.00元

城市蓝皮书
中国城市发展报告 NO.9
著（编）者:潘家华 魏后凯　2016年9月出版 / 估价:69.00元

城市群蓝皮书
中国城市群发展指数报告（2016）
著（编）者:刘士林 刘新静　2016年10月出版 / 估价:69.00元

城乡一体化蓝皮书
中国城乡一体化发展报告（2015～2016）
著（编）者:汝信 付崇兰　2016年8月出版 / 估价:85.00元

城镇化蓝皮书
中国新型城镇化健康发展报告（2016）
著（编）者:张占斌　2016年8月出版 / 估价:79.00元

创新蓝皮书
创新型国家建设报告（2015～2016）
著（编）者:詹正茂　2016年11月出版 / 估价:69.00元

低碳发展蓝皮书
中国低碳发展报告（2015~2016）
著（编）者:齐晔　2016年3月出版 / 定价:98.00元

低碳经济蓝皮书
中国低碳经济发展报告（2016）
著（编）者:薛进军 赵忠秀　2016年8月出版 / 估价:85.00元

东北蓝皮书
中国东北地区发展报告（2016）
著（编）者:马克 黄文艺　2016年8月出版 / 估价:79.00元

发展与改革蓝皮书
中国经济发展和体制改革报告NO.7
著（编）者:邹东涛 王再文
2016年1月出版 / 定价:98.00元

工业化蓝皮书
中国工业化进程报告（2016）
著（编）者:黄群慧 吕铁 李晓华 等
2016年11月出版 / 估价:89.00元

管理蓝皮书
中国管理发展报告（2016）
著（编）者:张晓东　2016年9月出版 / 估价:98.00元

国际城市蓝皮书
国际城市发展报告（2016）
著（编）者:屠启宇　2016年2月出版 / 定价:79.00元

国家创新蓝皮书
中国创新发展报告（2016）
著（编）者:陈劲　2016年9月出版 / 估价:69.00元

金融蓝皮书
中国金融发展报告（2016）
著（编）者:李扬 王国刚　2015年12月出版 / 定价:79.00元

京津冀产业蓝皮书
京津冀产业协同发展报告（2016）
著（编）者:中智科博（北京）产业经济发展研究院
2016年8月出版 / 估价:69.00元

京津冀蓝皮书
京津冀发展报告（2016）
著（编）者:文魁 祝尔娟　2016年4月出版 / 定价:89.00元

经济蓝皮书
2016年中国经济形势分析与预测
著（编）者:李扬　2015年12月出版 / 定价:79.00元

经济蓝皮书·春季号
2016年中国经济前景分析
著（编）者:李扬　2016年6月出版 / 定价:79.00元

经济蓝皮书·夏季号
中国经济增长报告（2015～2016）
著（编）者:李扬　2016年8月出版 / 估价:99.00元

经济信息绿皮书
中国与世界经济发展报告（2016）
著（编）者:杜平　2015年12月出版 / 定价:89.00元

就业蓝皮书
2016年中国本科生就业报告
著（编）者:麦可思研究院　2016年6月出版 / 定价:98.00元

就业蓝皮书
2016年中国高职高专生就业报告
著（编）者:麦可思研究院　2016年6月出版 / 定价:98.00元

临空经济蓝皮书
中国临空经济发展报告（2016）
著（编）者:连玉明　2016年11月出版 / 估价:79.00元

民营经济蓝皮书
中国民营经济发展报告 NO.12（2015～2016）
著（编）者:王钦敏　2016年8月出版 / 估价:75.00元

农村绿皮书
中国农村经济形势分析与预测（2015～2016）
著（编）者:魏后凯 杜志雄 黄秉信
2016年4月出版 / 定价:69.00元

农业应对气候变化蓝皮书
气候变化对中国农业影响评估报告 NO.2
著（编）者:矫梅燕　2016年8月出版 / 估价:98.00元

企业公民蓝皮书
中国企业公民报告 NO.4
著(编)者:邹东涛　2016年8月出版 / 估价:79.00元

气候变化绿皮书
应对气候变化报告（2016）
著(编)者:王伟光 郑国光　2016年11月出版 / 估价:98.00元

区域蓝皮书
中国区域经济发展报告（2015～2016）
著(编)者:赵弘　2016年6月出版 / 定价:79.00元

全球环境竞争力绿皮书
全球环境竞争力报告（2016）
著(编)者:李建平 李闽榕 王金南
2016年12月出版 / 估价:198.00元

人口与劳动绿皮书
中国人口与劳动问题报告 NO.17
著(编)者:蔡昉 张车伟　2016年11月出版 / 估价:69.00元

商务中心区蓝皮书
中国商务中心区发展报告 NO.2（2015）
著(编)者:魏后凯 单菁菁　2016年1月出版 / 定价:79.00元

世界经济黄皮书
2016年世界经济形势分析与预测
著(编)者:王洛林 张宇燕　2015年12月出版 / 定价:79.00元

世界旅游城市绿皮书
世界旅游城市发展报告（2015）
著(编)者:宋宇　2016年1月出版 / 定价:128.00元

西北蓝皮书
中国西北发展报告（2016）
著(编)者:孙发平 苏海红 鲁顺元
2016年3月出版 / 定价:79.00元

西部蓝皮书
中国西部发展报告（2016）
著(编)者:姚慧琴 徐璋勇　2016年8月出版 / 估价:89.00元

县域发展蓝皮书
中国县域经济增长能力评估报告（2016）
著(编)者:王力　2016年10月出版 / 估价:69.00元

新型城镇化蓝皮书
新型城镇化发展报告（2016）
著(编)者:李伟 宋敏 沈体雁　2016年11月出版 / 估价:98.00元

新兴经济体蓝皮书
金砖国家发展报告（2016）
著(编)者:林跃勤 周文　2016年8月出版 / 估价:79.00元

长三角蓝皮书
2016年全面深化改革中的长三角
著(编)者:张伟斌　2016年10月出版 / 估价:69.00元

中部竞争力蓝皮书
中国中部经济社会竞争力报告（2016）
著(编)者:教育部人文社会科学重点研究基地
　　　　南昌大学中国中部经济社会发展研究中心
2016年10月出版 / 估价:79.00元

中部蓝皮书
中国中部地区发展报告（2016）
著(编)者:宋亚平　2016年12月出版 / 估价:78.00元

中国省域竞争力蓝皮书
中国省域经济综合竞争力发展报告（2014～2015）
著(编)者:李建平 李闽榕 高燕京
2016年2月出版 / 定价:198.00元

中三角蓝皮书
长江中游城市群发展报告（2016）
著(编)者:秦尊文　2016年10月出版 / 估价:69.00元

中小城市绿皮书
中国中小城市发展报告（2016）
著(编)者:中国城市经济学会中小城市经济发展委员会
　　　　中国城镇化促进会中小城市发展委员会
　　　　《中国中小城市发展报告》编纂委员会
　　　　中小城市发展战略研究院
2016年10月出版 / 估价:98.00元

中原蓝皮书
中原经济区发展报告（2016）
著(编)者:李英杰　2016年8月出版 / 估价:88.00元

自贸区蓝皮书
中国自贸区发展报告（2016）
著(编)者:王力 王吉培　2016年10月出版 / 估价:69.00元

社会政法类

北京蓝皮书
中国社区发展报告（2016）
著(编)者:于燕燕　2017年2月出版 / 估价:79.00元

殡葬绿皮书
中国殡葬事业发展报告（2016）
著(编)者:李伯森　2016年8月出版 / 估价:158.00元

城市管理蓝皮书
中国城市管理报告（2015~2016）
著(编)者:刘林 刘承水　2016年5月出版 / 定价:158.00元

城市生活质量蓝皮书
中国城市生活质量报告（2016）
著(编)者:张连城 张平 杨春学 郎丽华
2016年8月出版 / 估价:89.00元

城市政府能力蓝皮书
中国城市政府公共服务能力评估报告（2016）
著(编)者:何艳玲　2016年4月出版 / 定价:68.00元

创新蓝皮书
中国创业环境发展报告（2016）
著(编)者:姚凯 曹祎遐　2016年8月出版 / 估价:69.00元

慈善蓝皮书
中国慈善发展报告（2016）
著(编)者:杨团　2016年6月出版 / 定价:79.00元

地方法治蓝皮书
中国地方法治发展报告 NO.2（2016）
著(编)者:李林　田禾　2016年3月出版 / 定价:108.00元

党建蓝皮书
党的建设研究报告 NO.1（2016）
著(编)者:崔建民　陈东平　2016年1月出版 / 定价:89.00元

法治蓝皮书
中国法治发展报告 NO.14（2016）
著(编)者:李林　田禾　2016年3月出版 / 定价:118.00元

反腐倡廉蓝皮书
中国反腐倡廉建设报告 NO.6
著(编)者:李秋芳　张英伟　2017年1月出版 / 估价:79.00元

非传统安全蓝皮书
中国非传统安全研究报告（2015～2016）
著(编)者:余潇枫　魏志江　2016年6月出版 / 定价:89.00元

妇女发展蓝皮书
中国妇女发展报告 NO.6
著(编)者:王金玲　2016年9月出版 / 估价:148.00元

妇女教育蓝皮书
中国妇女教育发展报告 NO.3
著(编)者:张李玺　2016年10月出版 / 估价:78.00元

妇女绿皮书
中国性别平等与妇女发展报告（2016）
著(编)者:谭琳　2016年12月出版 / 估价:99.00元

公共服务蓝皮书
中国城市基本公共服务力评价（2016）
著(编)者:钟君　吴正杲　2016年12月出版 / 估价:79.00元

公共管理蓝皮书
中国公共管理发展报告（2016）
著(编)者:贡森　李国强　杨维富
2016年8月出版 / 估价:69.00元

公共外交蓝皮书
中国公共外交发展报告（2016）
著(编)者:赵启正　雷蔚真　2016年8月出版 / 估价:89.00元

公民科学素质蓝皮书
中国公民科学素质报告（2015~2016）
著(编)者:李群　陈雄　马宗文　2016年1月出版 / 定价:89.00元

公益蓝皮书
中国公益慈善发展报告（2016）
著(编)者:朱健刚　2016年4月出版 / 定价:118.00元

国际人才蓝皮书
海外华侨华人专业人士报告（2016）
著(编)者:王辉耀　苗绿　2016年8月出版 / 估价:69.00元

国际人才蓝皮书
中国国际移民报告（2016）
著(编)者:王辉耀　2016年8月出版 / 估价:79.00元

国际人才蓝皮书
中国海归发展报告（2016）NO.3
著(编)者:王辉耀　苗绿　2016年10月出版 / 估价:69.00元

国际人才蓝皮书
中国留学发展报告（2016）NO.5
著(编)者:王辉耀　苗绿　2016年10月出版 / 估价:79.00元

国家公园蓝皮书
中国国家公园体制建设报告（2016）
著(编)者:苏杨　张玉钧　石金莲　刘锋　等
2016年10月出版 / 估价:69.00元

海洋社会蓝皮书
中国海洋社会发展报告（2016）
著(编)者:崔凤　宋宁而　2016年8月出版 / 估价:89.00元

行政改革蓝皮书
中国行政体制改革报告（2016）NO.5
著(编)者:魏礼群　2016年5月出版 / 定价:98.00元

华侨华人蓝皮书
华侨华人研究报告（2016）
著(编)者:贾益民　2016年12月出版 / 估价:98.00元

环境竞争力绿皮书
中国省域环境竞争力发展报告（2016）
著(编)者:李建平　李闽榕　王金南
2016年11月出版 / 估价:198.00元

环境绿皮书
中国环境发展报告（2016）
著(编)者:刘鉴强　2016年8月出版 / 估价:79.00元

基金会蓝皮书
中国基金会发展报告（2015~2016）
著(编)者:中国基金会发展报告课题组　2016年4月出版 / 定价:75.00元

基金会绿皮书
中国基金会发展独立研究报告（2016）
著(编)者:基金会中心网　中央民族大学基金会研究中心
2016年8月出版 / 估价:88.00元

基金会透明度蓝皮书
中国基金会透明度发展研究报告（2016）
著(编)者:基金会中心网　清华大学廉政与治理研究中心
2016年9月出版 / 估价:85.00元

教师蓝皮书
中国中小学教师发展报告（2016）
著(编)者:曾晓东　鱼霞　2016年8月出版 / 估价:69.00元

教育蓝皮书
中国教育发展报告（2016）
著(编)者:杨东平　2016年4月出版 / 定价:79.00元

科普蓝皮书
中国科普基础设施发展报告（2015）
著(编)者:任福君　2016年8月出版 / 估价:69.00元

科普蓝皮书
中国科普人才发展报告（2015）
著(编)者:郑念　任嵘嵘　2016年4月出版 / 定价:98.00元

科学教育蓝皮书
中国科学教育发展报告（2016）
著(编)者:罗晖　王康友　2016年10月出版 / 估价:79.00元

劳动保障蓝皮书
中国劳动保障发展报告（2016）
著(编)者:刘燕斌　2016年8月出版 / 估价:158.00元

老龄蓝皮书
中国老年宜居环境发展报告（2015）
著(编)者:党俊武　周燕珉　2016年1月出版 / 定价:79.00元

连片特困区蓝皮书
中国连片特困区发展报告（2016）
著(编)者:游俊　冷志明　丁建军
2016年8月出版 / 估价:98.00元

民间组织蓝皮书
中国民间组织报告（2016）
著(编)者:黄晓勇　2016年12月出版 / 估价:79.00元

民调蓝皮书
中国民生调查报告（2016）
著(编)者:谢耘耕　2016年8月出版 / 估价:128.00元

民族发展蓝皮书
中国民族发展报告（2016）
著(编)者:郝时远　王延中　王希恩
2016年8月出版 / 估价:98.00元

女性生活蓝皮书
中国女性生活状况报告 NO.10（2016）
著(编)者:韩湘景　2016年8月出版 / 估价:79.00元

汽车社会蓝皮书
中国汽车社会发展报告（2016）
著(编)者:王俊秀　2016年8月出版 / 估价:69.00元

青年蓝皮书
中国青年发展报告（2016）NO.4
著(编)者:廉思　等　2016年8月出版 / 估价:69.00元

青少年蓝皮书
中国未成年人互联网运用报告（2016）
著(编)者:李文革　沈杰　季为民
2016年11月出版 / 估价:89.00元

青少年体育蓝皮书
中国青少年体育发展报告（2016）
著(编)者:郭建军　杨桦　2016年9月出版 / 估价:69.00元

区域人才蓝皮书
中国区域人才竞争力报告 NO.2
著(编)者:桂昭明　王辉耀
2016年8月出版 / 估价:69.00元

群众体育蓝皮书
中国群众体育发展报告（2016）
著(编)者:刘国永　杨桦　2016年10月出版 / 估价:69.00元

群众体育蓝皮书
中国社会体育指导员发展报告（1994~2014）
著(编)者:刘国永　王欢　2016年4月出版 / 估价:78.00元

人才蓝皮书
中国人才发展报告（2016）
著(编)者:潘晨光　2016年9月出版 / 估价:85.00元

人权蓝皮书
中国人权事业发展报告 NO.6（2016）
著(编)者:李君如　2016年9月出版 / 估价:128.00元

社会保障绿皮书
中国社会保障发展报告（2016）NO.8
著(编)者:王延中　2016年8月出版 / 估价:99.00元

社会工作蓝皮书
中国社会工作发展报告（2016）
著(编)者:民政部社会工作研究中心
2016年8月出版 / 估价:79.00元

社会管理蓝皮书
中国社会管理创新报告 NO.4
著(编)者:连玉明　2016年11月出版 / 估价:89.00元

社会蓝皮书
2016年中国社会形势分析与预测
著(编)者:李培林　陈光金　张翼
2015年12月出版 / 定价:79.00元

社会体制蓝皮书
中国社会体制改革报告（2016）NO.4
著(编)者:龚维斌　2016年4月出版 / 定价:79.00元

社会心态蓝皮书
中国社会心态研究报告（2016）
著(编)者:王俊秀　杨宜音　2016年10月出版 / 估价:69.00元

社会责任管理蓝皮书
中国企业公众透明度报告（2015~2016）NO.2
著(编)者:黄速建　熊梦　肖红军　2016年1月出版 / 定价:98.00元

社会组织蓝皮书
中国社会组织评估发展报告（2016）
著(编)者:徐家良　廖鸿　2016年12月出版 / 估价:69.00元

生态城市绿皮书
中国生态城市建设发展报告（2016）
著(编)者:刘举科　孙伟平　胡文臻
2016年9月出版 / 估价:148.00元

生态文明绿皮书
中国省域生态文明建设评价报告（ECI 2016）
著(编)者:严耕　2016年12月出版 / 估价:85.00元

世界社会主义黄皮书
世界社会主义跟踪研究报告（2015～2016）
著(编)者:李慎明　2016年3月出版 / 定价:248.00元

水与发展蓝皮书
中国水风险评估报告（2016）
著(编)者:王浩　2016年9月出版 / 估价:69.00元

体育蓝皮书
长三角地区体育产业发展报告（2016）
著(编)者:张林　2016年8月出版 / 估价:79.00元

体育蓝皮书
中国公共体育服务发展报告（2016）
著(编)者:戴健　2016年12月出版 / 估价:79.00元

土地整治蓝皮书
中国土地整治发展研究报告 NO.3
著(编)者:国土资源部土地整治中心
2016年7月出版 / 定价:89.00元

土地政策蓝皮书
中国土地政策发展报告（2016）
著(编)者:高延利 李宪文
2015年12月出版 / 定价:89.00元

危机管理蓝皮书
中国危机管理报告（2016）
著(编)者:文学国 范正青
2016年8月出版 / 估价:89.00元

形象危机应对蓝皮书
形象危机应对研究报告（2016）
著(编)者:唐钧　2016年8月出版 / 估价:149.00元

医改蓝皮书
中国医药卫生体制改革报告（2016）
著(编)者:文学国 房志武　2016年11月出版 / 估价:98.00元

医疗卫生绿皮书
中国医疗卫生发展报告 NO.7（2016）
著(编)者:申宝忠 韩玉珍　2016年8月出版 / 估价:75.00元

政治参与蓝皮书
中国政治参与报告（2016）
著(编)者:房宁　2016年8月出版 / 估价:108.00元

政治发展蓝皮书
中国政治发展报告（2016）
著(编)者:房宁 杨海蛟　2016年8月出版 / 估价:88.00元

智慧社区蓝皮书
中国智慧社区发展报告（2016）
著(编)者:罗昌智 张辉德　2016年8月出版 / 估价:69.00元

中国农村妇女发展蓝皮书
农村流动女性城市生活发展报告（2016）
著(编)者:谢丽华　2016年12月出版 / 估价:79.00元

宗教蓝皮书
中国宗教报告（2015）
著(编)者:邱永辉　2016年4月出版 / 定价:79.00元

行业报告类

保健蓝皮书
中国保健服务产业发展报告 NO.2
著(编)者:中国保健协会 中共中央党校
2016年8月出版 / 估价:198.00元

保健蓝皮书
中国保健食品产业发展报告 NO.2
著(编)者:中国保健协会
　　　　中国社会科学院食品药品产业发展与监管研究中心
2016年8月出版 / 估价:198.00元

保健蓝皮书
中国保健用品产业发展报告 NO.2
著(编)者:中国保健协会
　　　　国务院国有资产监督管理委员会研究中心
2016年8月出版 / 估价:198.00元

保险蓝皮书
中国保险业创新发展报告（2016）
著(编)者:项俊波　2016年12月出版 / 估价:69.00元

保险蓝皮书
中国保险业竞争力报告（2016）
著(编)者:项俊波　2016年12月出版 / 估价:99.00元

采供血蓝皮书
中国采供血管理报告（2016）
著(编)者:朱永明 耿鸿武　2016年8月出版 / 估价:69.00元

彩票蓝皮书
中国彩票发展报告（2016）
著(编)者:益彩基金　2016年8月出版 / 估价:98.00元

餐饮产业蓝皮书
中国餐饮产业发展报告（2016）
著(编)者:邢颖　2016年6月出版 / 定价:98.00元

测绘地理信息蓝皮书
测绘地理信息转型升级研究报告（2016）
著(编)者:库热西·买合苏提　2016年12月出版 / 估价:98.00元

茶业蓝皮书
中国茶产业发展报告（2016）
著(编)者:杨江帆 李闽榕　2016年10月出版 / 估价:78.00元

产权市场蓝皮书
中国产权市场发展报告（2015～2016）
著(编)者:曹和平　2016年8月出版 / 估价:89.00元

产业安全蓝皮书
中国出版传媒产业安全报告（2015~2016）
著(编)者:北京印刷学院文化产业安全研究院
2016年3月出版 / 定价:79.00元

产业安全蓝皮书
中国文化产业安全报告（2016）
著(编)者:北京印刷学院文化产业安全研究院
2016年8月出版 / 估价:89.00元

产业安全蓝皮书
中国新媒体产业安全报告（2016）
著(编)者:北京印刷学院文化产业安全研究院
2016年8月出版 / 估价:69.00元

大数据蓝皮书
网络空间和大数据发展报告（2016）
著(编)者:杜平　2016年8月出版 / 估价:69.00元

电子商务蓝皮书
中国电子商务服务业发展报告 NO.3
著(编)者:荆林波 梁春晓　2016年8月出版 / 估价:69.00元

电子政务蓝皮书
中国电子政务发展报告（2016）
著(编)者:洪毅 杜平　2016年11月出版 / 估价:79.00元

杜仲产业绿皮书
中国杜仲橡胶资源与产业发展报告（2016）
著(编)者:杜红岩 胡文臻 俞锐
2016年8月出版 / 估价:85.00元

房地产蓝皮书
中国房地产发展报告 NO.13（2016）
著(编)者:李春华 王业强　2016年5月出版 / 定价:89.00元

服务外包蓝皮书
中国服务外包产业发展报告（2016）
著(编)者:王晓红 刘德军
2016年8月出版 / 估价:89.00元

服务外包蓝皮书
中国服务外包竞争力报告（2016）
著(编)者:王力 刘春生 黄育华
2016年11月出版 / 估价:85.00元

工业和信息化蓝皮书
世界网络安全发展报告（2015~2016）
著(编)者:洪京一　2016年4月出版 / 定价:79.00元

工业和信息化蓝皮书
世界信息化发展报告（2015~2016）
著(编)者:洪京一　2016年4月出版 / 定价:79.00元

工业和信息化蓝皮书
世界信息技术产业发展报告（2015~2016）
著(编)者:洪京一　2016年4月出版 / 定价:79.00元

工业和信息化蓝皮书
世界制造业发展报告（2016）
著(编)者:洪京一　2016年8月出版 / 估价:69.00元

工业和信息化蓝皮书
移动互联网产业发展报告（2015~2016）
著(编)者:洪京一　2016年4月出版 / 定价:79.00元

工业和信息化蓝皮书
战略性新兴产业发展报告（2015~2016）
著(编)者:洪京一　2016年4月出版 / 定价:79.00元

工业设计蓝皮书
中国工业设计发展报告（2016）
著(编)者:王晓红 于炜 张立群
2016年9月出版 / 估价:138.00元

黄金市场蓝皮书
中国商业银行黄金业务发展报告（2015~2016）
著(编)者:平安银行　2016年3月出版 / 定价:98.00元

互联网金融蓝皮书
中国互联网金融发展报告（2016）
著(编)者:李东荣　2016年8月出版 / 估价:79.00元

会展蓝皮书
中外会展业动态评估年度报告（2016）
著(编)者:张敏　2016年8月出版 / 估价:78.00元

节能汽车蓝皮书
中国节能汽车产业发展报告（2016）
著(编)者:中国汽车工程研究院股份有限公司
2016年12月出版 / 估价:69.00元

金融监管蓝皮书
中国金融监管报告（2016）
著(编)者:胡滨　2016年6月出版 / 定价:89.00元

金融蓝皮书
中国金融中心发展报告（2016）
著(编)者:王力 黄育华　2017年11月出版 / 估价:75.00元

金融蓝皮书
中国商业银行竞争力报告（2016）
著(编)者:王松奇　2016年8月出版 / 估价:69.00元

经济林产业绿皮书
中国经济林产业发展报告（2016）
著(编)者:李芳东 胡文臻 乌云塔娜 杜红岩
2016年12月出版 / 估价:69.00元

客车蓝皮书
中国客车产业发展报告（2016）
著(编)者:姚蔚　2016年8月出版 / 估价:85.00元

老龄蓝皮书
中国老龄产业发展报告（2016）
著(编)者:吴玉韶 党俊武　2016年9月出版 / 估价:79.00元

流通蓝皮书
中国商业发展报告（2016~2017）
著(编)者:王雪峰 林诗慧　2016年7月出版 / 定价:89.00元

旅游安全蓝皮书
中国旅游安全报告（2016）
著(编)者:郑向敏 谢朝武　2016年5月出版 / 定价:128.00元

旅游绿皮书
2015~2016年中国旅游发展分析与预测
著(编)者:宋瑞　2016年4月出版 / 定价:89.00元

煤炭蓝皮书
中国煤炭工业发展报告（2016）
著(编)者:岳福斌　2016年12月出版 / 估价:79.00元

民营企业社会责任蓝皮书
中国民营企业社会责任年度报告（2016）
著(编)者:中华全国工商业联合会
2016年8月出版 / 估价:69.00元

民营医院蓝皮书
中国民营医院发展报告（2016）
著(编)者:庄一强   2016年10月出版 / 估价:75.00元

能源蓝皮书
中国能源发展报告（2016）
著(编)者:崔民选 王军生 陈义和
2016年8月出版 / 估价:79.00元

农产品流通蓝皮书
中国农产品流通产业发展报告（2016）
著(编)者:贾敬敦 张东科 张玉玺 张鹏毅 周伟
2016年8月出版 / 估价:89.00元

期货蓝皮书
中国期货市场发展报告(2016)
著(编)者:李群 王在荣   2016年11月出版 / 估价:69.00元

企业公益蓝皮书
中国企业公益研究报告（2016）
著(编)者:钟宏武 汪杰 顾一 黄晓娟 等
2016年12月出版 / 估价:69.00元

企业公众透明度蓝皮书
中国企业公众透明度报告 (2016) NO.2
著(编)者:黄速建 王晓光 肖红军
2016年8月出版 / 估价:98.00元

企业国际化蓝皮书
中国企业国际化报告（2016）
著(编)者:王辉耀   2016年11月出版 / 估价:98.00元

企业蓝皮书
中国企业绿色发展报告 NO.2（2016）
著(编)者:李红玉 朱光辉 2016年8月出版 / 估价:79.00元

企业社会责任蓝皮书
中国企业社会责任研究报告（2016）
著(编)者:黄群慧 钟宏武 张蒽 等
2016年11月出版 / 估价:79.00元

企业社会责任能力蓝皮书
中国上市公司社会责任能力成熟度报告（2016）
著(编)者:肖红军 王晓光 李伟阳
2016年11月出版 / 估价:69.00元

汽车安全蓝皮书
中国汽车安全发展报告（2016）
著(编)者:中国汽车技术研究中心
2016年8月出版 / 估价:89.00元

汽车电子商务蓝皮书
中国汽车电子商务发展报告（2016）
著(编)者:中华全国工商业联合会汽车经销商商会
北京易观智库网络科技有限公司
2016年8月出版 / 估价:128.00元

汽车工业蓝皮书
中国汽车工业发展年度报告（2016）
著(编)者:中国汽车工业协会 中国汽车技术研究中心
丰田汽车（中国）投资有限公司
2016年4月出版 / 定价:128.00元

汽车蓝皮书
中国汽车产业发展报告（2016）
著(编)者:国务院发展研究中心产业经济研究部
中国汽车工程学会 大众汽车集团（中国）
2016年8月出版 / 估价:158.00元

清洁能源蓝皮书
国际清洁能源发展报告（2016）
著(编)者:苏树辉 袁国林 李玉崙
2016年11月出版 / 估价:99.00元

人力资源蓝皮书
中国人力资源发展报告（2016）
著(编)者:余兴安   2016年12月出版 / 估价:79.00元

融资租赁蓝皮书
中国融资租赁业发展报告（2015～2016）
著(编)者:李光荣 王力   2016年8月出版 / 估价:89.00元

软件和信息服务业蓝皮书
中国软件和信息服务业发展报告（2016）
著(编)者:洪京一   2016年12月出版 / 估价:198.00元

商会蓝皮书
中国商会发展报告NO.5（2016）
著(编)者:王钦敏   2016年8月出版 / 估价:89.00元

上市公司蓝皮书
中国上市公司社会责任信息披露报告（2016）
著(编)者:张旺 张杨   2016年11月出版 / 估价:69.00元

上市公司蓝皮书
中国上市公司质量评价报告（2015～2016）
著(编)者:张跃文 王力   2016年11月出版 / 估价:118.00元

设计产业蓝皮书
中国设计产业发展报告（2016）
著(编)者:陈冬亮 梁昊光   2016年8月出版 / 估价:89.00元

食品药品蓝皮书
食品药品安全与监管政策研究报告（2016）
著(编)者:唐民皓   2016年8月出版 / 估价:69.00元

世界能源蓝皮书
世界能源发展报告（2016）
著(编)者:黄晓勇   2016年6月出版 / 定价:99.00元

水利风景区蓝皮书
中国水利风景区发展报告（2016）
著(编)者:谢婵才 兰思仁   2016年5月出版 / 定价:89.00元

私募市场蓝皮书
中国私募股权市场发展报告（2016）
著(编)者:曹和平   2016年12月出版 / 估价:79.00元

碳市场蓝皮书
中国碳市场报告（2016）
著(编)者:宁金彪　2016年11月出版 / 估价:69.00元

体育蓝皮书
中国体育产业发展报告（2016）
著(编)者:阮伟 钟秉枢　2016年8月出版 / 估价:69.00元

土地市场蓝皮书
中国农村土地市场发展报告（2015~2016）
著(编)者:李光荣　2016年3月出版 / 定价:79.00元

网络空间安全蓝皮书
中国网络空间安全发展报告（2016）
著(编)者:惠志斌 唐涛　2016年8月出版 / 估价:79.00元

物联网蓝皮书
中国物联网发展报告（2016）
著(编)者:黄桂田 龚六堂 张全升
2016年8月出版 / 估价:69.00元

西部工业蓝皮书
中国西部工业发展报告（2016）
著(编)者:方行明 甘犁 刘方健 姜凌 等
2016年9月出版 / 估价:79.00元

西部金融蓝皮书
中国西部金融发展报告（2016）
著(编)者:李忠民　2016年8月出版 / 估价:75.00元

协会商会蓝皮书
中国行业协会商会发展报告（2016）
著(编)者:景朝阳 李勇　2016年8月出版 / 估价:99.00元

新能源汽车蓝皮书
中国新能源汽车产业发展报告（2016）
著(编)者:中国汽车技术研究中心
　　　　日产（中国）投资有限公司 东风汽车有限公司
2016年8月出版 / 估价:89.00元

新三板蓝皮书
中国新三板市场发展报告（2016）
著(编)者:王力　2016年6月出版 / 定价:79.00元

信托市场蓝皮书
中国信托业市场报告（2015~2016）
著(编)者:用益信托工作室
2016年1月出版 / 定价:198.00元

信息安全蓝皮书
中国信息安全发展报告（2016）
著(编)者:张晓东　2016年8月出版 / 估价:69.00元

信息化蓝皮书
中国信息化形势分析与预测（2016）
著(编)者:周宏仁　2016年8月出版 / 估价:98.00元

信用蓝皮书
中国信用发展报告（2016）
著(编)者:章政 田侃　2016年8月出版 / 估价:99.00元

休闲绿皮书
2016年中国休闲发展报告
著(编)者:宋瑞
2016年10月出版 / 估价:79.00元

药品流通蓝皮书
中国药品流通行业发展报告（2016）
著(编)者:佘鲁林 温再兴
2016年8月出版 / 估价:158.00元

医院蓝皮书
中国医院竞争力报告（2016）
著(编)者:庄一强 曾益新　2016年3月出版 / 定价:128.00元

医药蓝皮书
中国中医药产业园战略发展报告（2016）
著(编)者:裴长洪 房书亭 吴滁心
2016年8月出版 / 估价:89.00元

邮轮绿皮书
中国邮轮产业发展报告（2016）
著(编)者:汪泓　2016年10月出版 / 估价:79.00元

智能养老蓝皮书
中国智能养老产业发展报告（2016）
著(编)者:朱勇　2016年10月出版 / 估价:89.00元

中国SUV蓝皮书
中国SUV产业发展报告（2016）
著(编)者:靳军　2016年12月出版 / 估价:69.00元

中国金融行业蓝皮书
中国债券市场发展报告（2016）
著(编)者:谢多　2016年8月出版 / 估价:69.00元

中国上市公司蓝皮书
中国上市公司发展报告（2016）
著(编)者:中国社会科学院上市公司研究中心
2016年9月出版 / 估价:98.00元

中国游戏蓝皮书
中国游戏产业发展报告（2016）
著(编)者:孙立军 刘跃军 牛兴侦
2016年8月出版 / 估价:69.00元

中国总部经济蓝皮书
中国总部经济发展报告（2015~2016）
著(编)者:赵弘　2016年9月出版 / 估价:79.00元

资本市场蓝皮书
中国场外交易市场发展报告（2014~2015）
著(编)者:高峦　2016年3月出版 / 定价:79.00元

资产管理蓝皮书
中国资产管理行业发展报告（2016）
著(编)者:智信资产管理研究院
2016年6月出版 / 定价:89.00元

文化传媒类

传媒竞争力蓝皮书
中国传媒国际竞争力研究报告（2016）
著(编)者:李本乾 刘强
2016年11月出版 / 估价:148.00元

传媒蓝皮书
中国传媒产业发展报告（2016）
著(编)者:崔保国　2016年5月出版 / 定价:98.00元

传媒投资蓝皮书
中国传媒投资发展报告（2016）
著(编)者:张向东 谭云明
2016年8月出版 / 估价:128.00元

动漫蓝皮书
中国动漫产业发展报告（2016）
著(编)者:卢斌 郑玉明 牛兴侦
2016年8月出版 / 估价:79.00元

非物质文化遗产蓝皮书
中国非物质文化遗产发展报告（2016）
著(编)者:陈平　2016年8月出版 / 估价:98.00元

广电蓝皮书
中国广播电影电视发展报告（2016）
著(编)者:国家新闻出版广电总局发展研究中心
2016年8月出版 / 估价:98.00元

广告主蓝皮书
中国广告主营销传播趋势报告 NO.9
著(编)者:黄升民 杜国清 邵华冬 等
2016年10月出版 / 估价:148.00元

国际传播蓝皮书
中国国际传播发展报告（2016）
著(编)者:胡正荣 李继东 姬德强
2016年11月出版 / 估价:89.00元

纪录片蓝皮书
中国纪录片发展报告（2016）
著(编)者:何苏六　2016年10月出版 / 估价:79.00元

科学传播蓝皮书
中国科学传播报告（2016）
著(编)者:詹正茂　2016年8月出版 / 估价:69.00元

两岸创意经济蓝皮书
两岸创意经济研究报告（2016）
著(编)者:罗昌智 董泽平　2016年12月出版 / 估价:98.00元

两岸文化蓝皮书
两岸文化产业合作发展报告（2016）
著(编)者:胡惠林 李保宗　2016年8月出版 / 估价:79.00元

媒介与女性蓝皮书
中国媒介与女性发展报告(2015~2016)
著(编)者:刘利群　2016年8月出版 / 估价:118.00元

媒体融合蓝皮书
中国媒体融合发展报告（2016）
著(编)者:梅宁华 宋建武　2016年8月出版 / 估价:79.00元

全球传媒蓝皮书
全球传媒发展报告（2016）
著(编)者:胡正荣 李继东 唐晓芬
2016年12月出版 / 估价:79.00元

少数民族非遗蓝皮书
中国少数民族非物质文化遗产发展报告（2016）
著(编)者:肖远平（彝）柴立（满）
2016年8月出版 / 估价:128.00元

视听新媒体蓝皮书
中国视听新媒体发展报告（2016）
著(编)者:国家新闻出版广电总局发展研究中心
2016年8月出版 / 估价:98.00元

文化创新蓝皮书
中国文化创新报告（2016）NO.7
著(编)者:于平 傅才武　2016年8月出版 / 估价:98.00元

文化建设蓝皮书
中国文化发展报告（2015~2016）
著(编)者:江畅 孙伟平 戴茂堂
2016年6月出版 / 定价:116.00元

文化科技蓝皮书
文化科技创新发展报告（2016）
著(编)者:于平 李凤亮　2016年10月出版 / 估价:89.00元

文化蓝皮书
中国公共文化服务发展报告（2016）
著(编)者:刘新成 张永新 张旭　2016年10月出版 / 估价:98.00元

文化蓝皮书
中国公共文化投入增长测评报告（2016）
著(编)者:王亚南　2016年4月出版 / 定价:79.00元

文化蓝皮书
中国少数民族文化发展报告（2016）
著(编)者:武翠英 张晓明 任乌晶
2016年9月出版 / 估价:69.00元

文化蓝皮书
中国文化产业发展报告（2015~2016）
著(编)者:张晓明 王家新 章建刚
2016年2月出版 / 定价:79.00元

文化蓝皮书
中国文化产业供需协调检测报告（2016）
著(编)者:王亚南　2016年8月出版 / 估价:79.00元

文化蓝皮书
中国文化消费需求景气评价报告（2016）
著(编)者:王亚南　2016年4月出版 / 定价:79.00元

文化品牌蓝皮书
中国文化品牌发展报告（2016）
著(编)者:欧阳友权　2016年5月出版 / 估价:98.00元

文化遗产蓝皮书
中国文化遗产事业发展报告（2016）
著(编)者:刘世锦　2016年8月出版 / 估价:89.00元

文学蓝皮书
中国文情报告（2015～2016）
著(编)者:白烨　2016年5月出版 / 定价:49.00元

新媒体蓝皮书
中国新媒体发展报告NO.7（2016）
著(编)者:唐绪军　2016年7月出版 / 定价:79.00元

新媒体社会责任蓝皮书
中国新媒体社会责任研究报告（2016）
著(编)者:钟瑛　2016年10月出版 / 估价:79.00元

移动互联网蓝皮书
中国移动互联网发展报告（2016）
著(编)者:官建文　2016年6月出版 / 定价:79.00元

舆情蓝皮书
中国社会舆情与危机管理报告（2016）
著(编)者:谢耘耕　2016年8月出版 / 估价:98.00元

影视风控蓝皮书
中国影视舆情与风控报告（2016）
著(编)者:司若　2016年4月出版 / 定价:138.00元

地方发展类

安徽经济蓝皮书
芜湖创新型城市发展报告（2016）
著(编)者:张志宏　2016年8月出版 / 估价:69.00元

安徽蓝皮书
安徽社会发展报告（2016）
著(编)者:程桦　2016年4月出版 / 定价:89.00元

安徽社会建设蓝皮书
安徽社会建设分析报告（2015～2016）
著(编)者:黄家海　王开玉　蔡宪
2016年8月出版 / 估价:89.00元

澳门蓝皮书
澳门经济社会发展报告（2015～2016）
著(编)者:吴志良　郝雨凡　2016年6月出版 / 定价:98.00元

北京蓝皮书
北京公共服务发展报告（2015～2016）
著(编)者:施昌奎　2016年2月出版 / 定价:79.00元

北京蓝皮书
北京经济发展报告（2015～2016）
著(编)者:杨松　2016年6月出版 / 定价:79.00元

北京蓝皮书
北京社会发展报告（2015～2016）
著(编)者:李伟东　2016年6月出版 / 定价:79.00元

北京蓝皮书
北京社会治理发展报告（2015～2016）
著(编)者:殷星辰　2016年5月出版 / 定价:79.00元

北京蓝皮书
北京文化发展报告（2015～2016）
著(编)者:李建盛　2016年4月出版 / 定价:79.00元

北京旅游绿皮书
北京旅游发展报告（2016）
著(编)者:北京旅游学会　2016年8月出版 / 估价:88.00元

北京人才蓝皮书
北京人才发展报告（2016）
著(编)者:于淼　2016年12月出版 / 估价:128.00元

北京社会心态蓝皮书
北京社会心态分析报告（2015～2016）
著(编)者:北京社会心理研究所
2016年8月出版 / 估价:79.00元

北京社会组织管理蓝皮书
北京社会组织发展与管理（2015～2016）
著(编)者:黄江松　2016年8月出版 / 估价:78.00元

北京体育蓝皮书
北京体育产业发展报告（2016）
著(编)者:钟秉枢　陈杰　杨铁黎
2016年10月出版 / 估价:79.00元

北京养老产业蓝皮书
北京养老产业发展报告（2016）
著(编)者:周明明　冯喜良　2016年8月出版 / 估价:69.00元

滨海金融蓝皮书
滨海新区金融发展报告（2016）
著(编)者:王爱俭　张锐钢　2016年9月出版 / 估价:79.00元

城乡一体化蓝皮书
中国城乡一体化发展报告·北京卷（2015～2016）
著(编)者:张宝秀　黄序　2016年5月出版 / 定价:79.00元

创意城市蓝皮书
北京文化创意产业发展报告（2016）
著(编)者:张京成　王国华　2016年12月出版 / 估价:69.00元

创意城市蓝皮书
青岛文化创意产业发展报告（2016）
著(编)者:马达　张丹妮　2016年8月出版 / 估价:79.00元

创意城市蓝皮书
青岛文化创意产业发展报告（2016）
著(编)者:马达　张丹妮　2016年8月出版 / 估价:79.00元

创意城市蓝皮书
天津文化创意产业发展报告（2015~2016）
著(编)者:谢思全　　2016年6月出版 / 定价:79.00元

创意城市蓝皮书
台北文化创意产业发展报告（2016）
著(编)者:陈耀竹 邱琪瑄　　2016年11月出版 / 估价:89.00元

创意城市蓝皮书
无锡文化创意产业发展报告（2016）
著(编)者:谭军 张鸣年　　2016年10月出版 / 估价:79.00元

创意城市蓝皮书
武汉文化创意产业发展报告（2016）
著(编)者:黄永林 陈汉桥　　2016年12月出版 / 估价:89.00元

创意城市蓝皮书
重庆创意产业发展报告（2016）
著(编)者:程宇宁　　2016年8月出版 / 估价:89.00元

地方法治蓝皮书
南宁法治发展报告（2016）
著(编)者:杨维超　　2016年12月出版 / 估价:69.00元

福建妇女发展蓝皮书
福建省妇女发展报告（2016）
著(编)者:刘群英　　2016年11月出版 / 估价:88.00元

福建自贸区蓝皮书
中国（福建）自由贸易实验区发展报告（2015~2016）
著(编)者:黄茂兴　　2016年4月出版 / 定价:108.00元

甘肃蓝皮书
甘肃经济发展分析与预测（2016）
著(编)者:朱智文 罗哲　　2016年1月出版 / 定价:79.00元

甘肃蓝皮书
甘肃社会发展分析与预测（2016）
著(编)者:安文华 包晓霞 谢增虎　2016年1月出版 / 定价:79.00元

甘肃蓝皮书
甘肃文化发展分析与预测（2016）
著(编)者:安文华　周小华　　2016年1月出版 / 定价:79.00元

甘肃蓝皮书
甘肃县域和农村发展报告（2016）
著(编)者:刘进军 柳民 王建兵
2016年1月出版 / 定价:79.00元

甘肃蓝皮书
甘肃舆情分析与预测（2016）
著(编)者:陈双梅 张谦元　　2016年1月出版 / 定价:79.00元

甘肃蓝皮书
甘肃商贸流通发展报告（2016）
著(编)者:杨志武 王福生 王晓芳
2016年1月出版 / 定价:79.00元

广东蓝皮书
广东全面深化改革发展报告（2016）
著(编)者:周林生 涂成林　　2016年11月出版 / 估价:69.00元

广东蓝皮书
广东社会工作发展报告（2016）
著(编)者:罗观翠　　2016年8月出版 / 估价:89.00元

广东蓝皮书
广东省电子商务发展报告（2016）
著(编)者:程晓 邓顺国　　2016年8月出版 / 估价:79.00元

广东社会建设蓝皮书
广东省社会建设发展报告（2016）
著(编)者:广东省社会工作委员会
2016年12月出版 / 估价:99.00元

广东外经贸蓝皮书
广东对外经济贸易发展研究报告（2015~2016）
著(编)者:陈万灵　　2016年8月出版 / 估价:89.00元

广西北部湾经济区蓝皮书
广西北部湾经济区开放开发报告（2016）
著(编)者:广西北部湾经济区规划建设管理委员会办公室
　　　　广西社会科学院广西北部湾发展研究院
2016年10月出版 / 估价:79.00元

巩义蓝皮书
巩义经济社会发展报告（2016）
著(编)者:丁同民 朱军　　2016年4月出版 / 定价:58.00元

广州蓝皮书
2016年中国广州经济形势分析与预测
著(编)者:庾建设 陈浩钿 谢博能　　2016年7月出版 / 定价:85.00

广州蓝皮书
2016年中国广州社会形势分析与预测
著(编)者:张强 陈怡霓 杨秦　　2016年6月出版 / 定价:85.00元

广州蓝皮书
广州城市国际化发展报告（2016）
著(编)者:朱名宏　　2016年11月出版 / 估价:69.00元

广州蓝皮书
广州创新型城市发展报告（2016）
著(编)者:尹涛　　2016年10月出版 / 估价:69.00元

广州蓝皮书
广州经济发展报告（2016）
著(编)者:朱名宏　　2016年8月出版 / 估价:69.00元

广州蓝皮书
广州农村发展报告（2016）
著(编)者:朱名宏　　2016年8月出版 / 估价:69.00元

广州蓝皮书
广州汽车产业发展报告（2016）
著(编)者:杨再高 冯兴亚　　2016年9月出版 / 估价:69.00元

广州蓝皮书
广州青年发展报告（2015～2016）
著(编)者:魏国华 张强　　2016年8月出版 / 估价:69.00元

广州蓝皮书
广州商贸业发展报告（2016）
著(编)者:李江涛 肖振宇 荀振英
2016年8月出版 / 估价:69.00元

广州蓝皮书
广州社会保障发展报告（2016）
著(编)者:蔡国萱　2016年10月出版 / 估价:65.00元

广州蓝皮书
广州文化创意产业发展报告（2016）
著(编)者:甘新　2016年8月出版 / 估价:79.00元

广州蓝皮书
中国广州城市建设与管理发展报告（2016）
著(编)者:董皞　陈小钢　李江涛　2016年8月出版 / 估价:69.00元

广州蓝皮书
中国广州科技和信息化发展报告（2016）
著(编)者:邹采荣　马正勇　冯元　2016年8月出版 / 估价:79.00元

广州蓝皮书
中国广州文化发展报告（2016）
著(编)者:徐俊忠　陆志强　顾涧清　2016年8月出版 / 估价:69.00元

贵阳蓝皮书
贵阳城市创新发展报告·白云篇（2016）
著(编)者:连玉明　2016年10月出版 / 估价:89.00元

贵阳蓝皮书
贵阳城市创新发展报告·观山湖篇（2016）
著(编)者:连玉明　2016年10月出版 / 估价:89.00元

贵阳蓝皮书
贵阳城市创新发展报告·花溪篇（2016）
著(编)者:连玉明　2016年10月出版 / 估价:89.00元

贵阳蓝皮书
贵阳城市创新发展报告·开阳篇（2016）
著(编)者:连玉明　2016年10月出版 / 估价:89.00元

贵阳蓝皮书
贵阳城市创新发展报告·南明篇（2016）
著(编)者:连玉明　2016年10月出版 / 估价:89.00元

贵阳蓝皮书
贵阳城市创新发展报告·清镇篇（2016）
著(编)者:连玉明　2016年10月出版 / 估价:89.00元

贵阳蓝皮书
贵阳城市创新发展报告·乌当篇（2016）
著(编)者:连玉明　2016年10月出版 / 估价:89.00元

贵阳蓝皮书
贵阳城市创新发展报告·息烽篇（2016）
著(编)者:连玉明　2016年10月出版 / 估价:89.00元

贵阳蓝皮书
贵阳城市创新发展报告·修文篇（2016）
著(编)者:连玉明　2016年10月出版 / 估价:89.00元

贵阳蓝皮书
贵阳城市创新发展报告·云岩篇（2016）
著(编)者:连玉明　2016年10月出版 / 估价:89.00元

贵州房地产蓝皮书
贵州房地产发展报告NO.3（2016）
著(编)者:武廷方　2016年8月出版 / 估价:89.00元

贵州蓝皮书
贵州册亨经济社会发展报告 (2016)
著(编)者:黄德林　2016年3月出版 / 定价:79.00元

贵州蓝皮书
贵安新区发展报告（2015~2016）
著(编)者:马长青　吴大华　2016年6月出版 / 定价:79.00元

贵州蓝皮书
贵州法治发展报告（2016）
著(编)者:吴大华　2016年5月出版 / 定价:79.00元

贵州蓝皮书
贵州民航业发展报告（2016）
著(编)者:申振东　吴大华　2016年10月出版 / 估价:69.00元

贵州蓝皮书
贵州民营经济发展报告（2015）
著(编)者:杨静　吴大华　2016年3月出版 / 定价:79.00元

贵州蓝皮书
贵州人才发展报告（2016）
著(编)者:于杰　吴大华　2016年9月出版 / 估价:69.00元

贵州蓝皮书
贵州社会发展报告（2016）
著(编)者:王兴骥　2016年6月出版 / 定价:79.00元

海淀蓝皮书
海淀区文化和科技融合发展报告（2016）
著(编)者:陈名杰　孟景伟　2016年8月出版 / 估价:75.00元

海峡西岸蓝皮书
海峡西岸经济区发展报告（2016）
著(编)者:福建省人民政府发展研究中心
福建省人民政府发展研究中心咨询服务中心
2016年9月出版 / 估价:65.00元

杭州都市圈蓝皮书
杭州都市圈发展报告（2016）
著(编)者:沈翔　戚建国　2016年5月出版 / 定价:128.00元

杭州蓝皮书
杭州妇女发展报告（2016）
著(编)者:魏颖　2016年6月出版 / 定价:79.00元

河北经济蓝皮书
河北省经济发展报告（2016）
著(编)者:马树强　金浩　刘兵　张贵
2016年4月出版 / 定价:89.00元

河北蓝皮书
河北经济社会发展报告（2016）
著(编)者:郭金平　2016年1月出版 / 定价:79.00元

河北食品药品安全蓝皮书
河北食品药品安全研究报告（2016）
著(编)者:丁锦霞　2016年6月出版 / 定价:79.00元

河南经济蓝皮书
2016年河南经济形势分析与预测
著(编)者:胡五岳　2016年2月出版 / 定价:79.00元

河南蓝皮书
2016年河南社会形势分析与预测
著(编)者:刘道兴 牛苏林　2016年4月出版 / 定价:79.00元

河南蓝皮书
河南城市发展报告 (2016)
著(编)者:张占仓 王建国　2016年5月出版 / 定价:69.00元

河南蓝皮书
河南法治发展报告 (2016)
著(编)者:丁同民 张林海　2016年5月出版 / 定价:79.00元

河南蓝皮书
河南工业发展报告 (2016)
著(编)者:张占仓 丁同民　2016年5月出版 / 定价:69.00元

河南蓝皮书
河南金融发展报告 (2016)
著(编)者:河南省社会科学院　2016年8月出版 / 估价:69.00元

河南蓝皮书
河南经济发展报告 (2016)
著(编)者:张占仓　2016年3月出版 / 定价:79.00元

河南蓝皮书
河南农业农村发展报告 (2016)
著(编)者:吴海峰　2016年8月出版 / 估价:69.00元

河南蓝皮书
河南文化发展报告 (2016)
著(编)者:卫绍生　2016年3月出版 / 定价:78.00元

河南商务蓝皮书
河南商务发展报告 (2016)
著(编)者:焦锦淼 穆荣国　2016年6月出版 / 定价:88.00元

黑龙江产业蓝皮书
黑龙江产业发展报告 (2016)
著(编)者:于渤　2016年10月出版 / 估价:79.00元

黑龙江蓝皮书
黑龙江经济发展报告 (2016)
著(编)者:朱宇　2016年1月出版 / 定价:79.00元

黑龙江蓝皮书
黑龙江社会发展报告 (2016)
著(编)者:谢宝禄　2016年1月出版 / 定价:79.00元

湖南城市蓝皮书
区域城市群整合 (主题待定)
著(编)者:童中贤 韩未名　2016年12月出版 / 估价:79.00元

湖南蓝皮书
2016年湖南产业发展报告
著(编)者:梁志峰　2016年5月出版 / 定价:128.00元

湖南蓝皮书
2016年湖南电子政务发展报告
著(编)者:梁志峰　2016年5月出版 / 定价:128.00元

湖南蓝皮书
2016年湖南经济展望
著(编)者:梁志峰　2016年5月出版 / 定价:128.00元

湖南蓝皮书
2016年湖南两型社会与生态文明发展报告
著(编)者:梁志峰　2016年5月出版 / 定价:128.00元

湖南蓝皮书
2016年湖南社会发展报告
著(编)者:梁志峰　2016年5月出版 / 定价:128.00元

湖南蓝皮书
2016年湖南县域经济社会发展报告
著(编)者:梁志峰　2016年5月出版 / 定价:98.00元

湖南蓝皮书
湖南城乡一体化发展报告 (2016)
著(编)者:陈文胜 王文强 陆福兴 邝奕轩
2016年6月出版 / 定价:89.00元

湖南县域绿皮书
湖南县域发展报告 NO.3
著(编)者:袁准 周小毛　2016年9月出版 / 估价:69.00元

沪港蓝皮书
沪港发展报告 (2015~2016)
著(编)者:尤安山　2016年8月出版 / 估价:89.00元

京津冀金融蓝皮书
京津冀金融发展报告 (2015)
著(编)者:王爱俭 李向前　2016年3月出版 / 定价:89.00元

吉林蓝皮书
2016年吉林经济社会形势分析与预测
著(编)者:马克　2015年12月出版 / 定价:79.00元

吉林省城市竞争力蓝皮书
吉林省城市竞争力报告 (2015)
著(编)者:崔岳春 张磊　2016年3月出版 / 定价:69.00元

济源蓝皮书
济源经济社会发展报告 (2016)
著(编)者:喻新安　2016年8月出版 / 估价:69.00元

健康城市蓝皮书
北京健康城市建设研究报告 (2016)
著(编)者:王鸿春　2016年8月出版 / 估价:79.00元

江苏法治蓝皮书
江苏法治发展报告 NO.5 (2016)
著(编)者:李力 龚廷泰　2016年9月出版 / 估价:98.00元

江西蓝皮书
江西经济社会发展报告 (2016)
著(编)者:张勇 姜玮 梁勇　2016年10月出版 / 估价:79.00元

江西文化产业蓝皮书
江西文化产业发展报告 (2016)
著(编)者:张圣才 汪春翔　2016年10月出版 / 估价:128.00元

经济特区蓝皮书
中国经济特区发展报告（2016）
著(编)者:陶一桃　2016年12月出版 / 估价:89.00元

辽宁蓝皮书
2016年辽宁经济社会形势分析与预测
著(编)者:曹晓峰　梁启东
2016年1月出版 / 定价:79.00元

拉萨蓝皮书
拉萨法治发展报告（2016）
著(编)者:车明怀　2016年8月出版 / 估价:79.00元

洛阳蓝皮书
洛阳文化发展报告（2016）
著(编)者:刘福兴　陈启明　2016年8月出版 / 估价:79.00元

南京蓝皮书
南京文化发展报告（2016）
著(编)者:徐宁　2016年12月出版 / 估价:79.00元

内蒙古蓝皮书
内蒙古反腐倡廉建设报告 NO.2
著(编)者:张志华　无极　2016年12月出版 / 估价:69.00元

浦东新区蓝皮书
上海浦东经济发展报告（2016）
著(编)者:沈开艳　周奇　2016年1月出版 / 定价:69.00元

青海蓝皮书
2016年青海经济社会形势分析与预测
著(编)者:陈玮　2015年12月出版 / 定价:79.00元

人口与健康蓝皮书
深圳人口与健康发展报告（2016）
著(编)者:陆杰华　罗乐宣　苏杨
2016年11月出版 / 估价:89.00元

山东蓝皮书
山东经济形势分析与预测（2016）
著(编)者:李广杰　2016年11月出版 / 估价:89.00元

山东蓝皮书
山东社会形势分析与预测（2016）
著(编)者:涂可国　2016年8月出版 / 估价:89.00元

山东蓝皮书
山东文化发展报告（2016）
著(编)者:张华　唐洲雁　2016年8月出版 / 估价:98.00元

山西蓝皮书
山西资源型经济转型发展报告（2016）
著(编)者:李志强　2016年8月出版 / 估价:89.00元

陕西蓝皮书
陕西经济发展报告（2016）
著(编)者:任宗哲　白宽犁　裴成荣
2015年12月出版 / 定价:69.00元

陕西蓝皮书
陕西社会发展报告（2016）
著(编)者:任宗哲　白宽犁　牛昉
2015年12月出版 / 定价:69.00元

陕西蓝皮书
陕西文化发展报告（2016）
著(编)者:任宗哲　白宽犁　王长寿
2015年12月出版 / 定价:69.00元

陕西蓝皮书
丝绸之路经济带发展报告（2015~2016）
著(编)者:任宗哲　白宽犁　谷孟宾
2015年12月出版 / 定价:75.00元

上海蓝皮书
上海传媒发展报告（2016）
著(编)者:强荧　焦雨虹　2016年1月出版 / 定价:79.00元

上海蓝皮书
上海法治发展报告（2016）
著(编)者:叶青　2016年6月出版 / 定价:79.00元

上海蓝皮书
上海经济发展报告（2016）
著(编)者:沈开艳　2016年1月出版 / 定价:79.00元

上海蓝皮书
上海社会发展报告（2016）
著(编)者:杨雄　周海旺　2016年1月出版 / 定价:79.00元

上海蓝皮书
上海文化发展报告（2016）
著(编)者:荣跃明　2016年1月出版 / 定价:79.00元

上海蓝皮书
上海文学发展报告（2016）
著(编)者:陈圣来　2016年6月出版 / 定价:79.00元

上海蓝皮书
上海资源环境发展报告（2016）
著(编)者:周冯琦　汤庆合　任文伟
2016年1月出版 / 定价:79.00元

上饶蓝皮书
上饶发展报告（2015~2016）
著(编)者:朱寅健　2016年8月出版 / 估价:128.00元

社会建设蓝皮书
2016年北京社会建设分析报告
著(编)者:宋贵伦　冯虹　2016年8月出版 / 估价:79.00元

深圳蓝皮书
深圳法治发展报告（2016）
著(编)者:张骁儒　2016年6月出版 / 定价:69.00元

深圳蓝皮书
深圳经济发展报告（2016）
著(编)者:张骁儒　2016年8月出版 / 估价:89.00元

深圳蓝皮书
深圳劳动关系发展报告（2016）
著(编)者:汤庭芬　2016年6月出版 / 定价:69.00元

深圳蓝皮书
深圳社会建设与发展报告（2016）
著(编)者:张骁儒 陈东平　2016年7月出版 / 定价:79.00元

深圳蓝皮书
深圳文化发展报告(2016)
著(编)者:张骁儒　2016年8月出版 / 估价:69.00元

四川法治蓝皮书
四川依法治省年度报告 NO.2（2016）
著(编)者:李林 杨天宗 田禾
2016年3月出版 / 定价:108.00元

四川蓝皮书
2016四川经济形势分析与预测
著(编)者:杨钢　2016年1月出版 / 定价:98.00元

四川蓝皮书
四川城镇化发展报告（2016）
著(编)者:侯水平 陈炜　2016年4月出版 / 定价:75.00元

四川蓝皮书
四川法治发展报告（2016）
著(编)者:郑泰安　2016年8月出版 / 估价:69.00元

四川蓝皮书
四川企业社会责任研究报告（2015～2016）
著(编)者:侯水平 盛毅 翟刚　2016年4月出版 / 定价:79.00元

四川蓝皮书
四川社会发展报告（2016）
著(编)者:李羚　2016年5月出版 / 定价:79.00元

四川蓝皮书
四川生态建设报告（2016）
著(编)者:李晟之　2016年4月出版 / 定价:75.00元

四川蓝皮书
四川文化产业发展报告（2016）
著(编)者:向宝云 张立伟　2016年4月出版 / 定价:79.00元

西咸新区蓝皮书
西咸新区发展报告（2011~2015）
著(编)者:李扬 王军　2016年6月出版 / 定价:89.00元

体育蓝皮书
上海体育产业发展报告（2015～2016）
著(编)者:张林 黄海燕　2016年10月出版 / 估价:79.00元

体育蓝皮书
长三角地区体育产业发展报告（2015～2016）
著(编)者:张林　2016年8月出版 / 估价:79.00元

天津金融蓝皮书
天津金融发展报告（2016）
著(编)者:王爱俭 孔德昌　2016年9月出版 / 估价:89.00元

图们江区域合作蓝皮书
图们江区域合作发展报告（2016）
著(编)者:李铁　2016年6月出版 / 估价:98.00元

温州蓝皮书
2016年温州经济社会形势分析与预测
著(编)者:潘忠强 王春光 金浩　2016年4月出版 / 定价:69.00元

扬州蓝皮书
扬州经济社会发展报告（2016）
著(编)者:丁纯　2016年12月出版 / 估价:89.00元

长株潭城市群蓝皮书
长株潭城市群发展报告（2016）
著(编)者:张萍　2016年10月出版 / 估价:69.00元

郑州蓝皮书
2016年郑州文化发展报告
著(编)者:王哲　2016年9月出版 / 估价:65.00元

中医文化蓝皮书
北京中医药文化传播发展报告（2016）
著(编)者:毛嘉陵　2016年8月出版 / 估价:79.00元

珠三角流通蓝皮书
珠三角商圈发展研究报告（2016）
著(编)者:王先庆 林至颖　2016年8月出版 / 估价:98.00元

遵义蓝皮书
遵义发展报告（2016）
著(编)者:曾征 龚永育　2016年12月出版 / 估价:69.00元

国别与地区类

阿拉伯黄皮书
阿拉伯发展报告（2015～2016）
著(编)者:罗林　2016年11月出版 / 估价:79.00元

北部湾蓝皮书
泛北部湾合作发展报告（2016）
著(编)者:吕余生　2016年10月出版 / 估价:69.00元

大湄公河次区域蓝皮书
大湄公河次区域合作发展报告（2016）
著(编)者:刘稚　2016年9月出版 / 估价:79.00元

大洋洲蓝皮书
大洋洲发展报告（2015～2016）
著(编)者:喻常森　2016年10月出版 / 估价:89.00元

德国蓝皮书
德国发展报告（2016）
著(编)者:郑春荣　2016年6月出版 / 定价:79.00元

东北亚黄皮书
东北亚地区政治与安全（2016）
著(编)者:黄凤志 刘清才 张慧智 等
2016年8月出版 / 估价:69.00元

东盟黄皮书
东盟发展报告（2016）
著(编)者:杨晓强 庄国土　2016年8月出版 / 定价:89.00元

东南亚蓝皮书
东南亚地区发展报告（2015～2016）
著(编)者:厦门大学东南亚研究中心　王勤
2016年8月出版 / 定价:79.00元

俄罗斯黄皮书
俄罗斯发展报告（2016）
著(编)者:李永全　2016年7月出版 / 定价:89.00元

非洲黄皮书
非洲发展报告 NO.18（2015～2016）
著(编)者:张宏明　2016年9月出版 / 估价:79.00元

国际安全蓝皮书
中国国际安全研究报告(2016)
著(编)者:刘慧　2016年7月出版 / 定价:98.00元

国际形势黄皮书
全球政治与安全报告（2016）
著(编)者:李慎明 张宇燕
2015年12月出版 / 定价:69.00元

韩国蓝皮书
韩国发展报告（2016）
著(编)者:牛林杰 刘宝全
2016年12月出版 / 估价:89.00元

加拿大蓝皮书
加拿大发展报告（2016）
著(编)者:仲伟合　2016年8月出版 / 估价:89.00元

拉美黄皮书
拉丁美洲和加勒比发展报告（2015～2016）
著(编)者:吴白乙　2016年6月出版 / 定价:89.00元

美国蓝皮书
美国研究报告（2016）
著(编)者:郑秉文 黄平　2016年5月出版 / 定价:89.00元

缅甸蓝皮书
缅甸国情报告（2016）
著(编)者:李晨阳　2016年8月出版 / 估价:79.00元

欧洲蓝皮书
欧洲发展报告（2015～2016）
著(编)者:黄平 周弘 江时学
2016年6月出版 / 定价:89.00元

日本经济蓝皮书
日本经济与中日经贸关系研究报告（2016）
著(编)者:张季风　2016年5月出版 / 定价:89.00元

日本蓝皮书
日本研究报告（2016）
著(编)者:杨柏江　2016年5月出版 / 定价:89.00元

上海合作组织黄皮书
上海合作组织发展报告（2016）
著(编)者:李进峰 吴宏伟 李少捷
2016年6月出版 / 定价:89.00元

世界创新竞争力黄皮书
世界创新竞争力发展报告（2016）
著(编)者:李闽榕 李建平 赵新力
2016年8月出版 / 估价:148.00元

土耳其蓝皮书
土耳其发展报告（2016）
著(编)者:郭长刚 刘义　2016年8月出版 / 估价:69.00元

亚太蓝皮书
亚太地区发展报告（2016）
著(编)者:李向阳　2016年5月出版 / 估价:79.00元

印度蓝皮书
印度国情报告（2016）
著(编)者:吕昭义　2016年8月出版 / 估价:89.00元

印度洋地区蓝皮书
印度洋地区发展报告（2016）
著(编)者:汪戎　2016年8月出版 / 估价:89.00元

英国蓝皮书
英国发展报告（2015～2016）
著(编)者:王展鹏　2016年10月出版 / 估价:89.00元

越南蓝皮书
越南国情报告（2016）
著(编)者:广西社会科学院 罗梅 李碧华
2016年8月出版 / 估价:69.00元

越南蓝皮书
越南经济发展报告（2016）
著(编)者:黄志勇　2016年10月出版 / 估价:69.00元

以色列蓝皮书
以色列发展报告（2016）
著(编)者:张倩红　2016年9月出版 / 估价:89.00元

中东黄皮书
中东发展报告 NO.18（2015～2016）
著(编)者:杨光　2016年10月出版 / 估价:89.00元

中亚黄皮书
中亚国家发展报告（2016）
著(编)者:孙力 吴宏伟　2016年7月出版 / 定价:98.00元

❖ 皮书起源 ❖

"皮书"起源于十七、十八世纪的英国，主要指官方或社会组织正式发表的重要文件或报告，多以"白皮书"命名。在中国，"皮书"这一概念被社会广泛接受，并被成功运作、发展成为一种全新的出版形态，则源于中国社会科学院社会科学文献出版社。

❖ 皮书定义 ❖

皮书是对中国与世界发展状况和热点问题进行年度监测，以专业的角度、专家的视野和实证研究方法，针对某一领域或区域现状与发展态势展开分析和预测，具备原创性、实证性、专业性、连续性、前沿性、时效性等特点的公开出版物，由一系列权威研究报告组成。

❖ 皮书作者 ❖

皮书系列的作者以中国社会科学院、著名高校、地方社会科学院的研究人员为主，多为国内一流研究机构的权威专家学者，他们的看法和观点代表了学界对中国与世界的现实和未来最高水平的解读与分析。

❖ 皮书荣誉 ❖

皮书系列已成为社会科学文献出版社的著名图书品牌和中国社会科学院的知名学术品牌。2011年，皮书系列正式列入"十二五"国家重点出版规划项目；2012~2015年，重点皮书列入中国社会科学院承担的国家哲学社会科学创新工程项目；2016年，46种院外皮书使用"中国社会科学院创新工程学术出版项目"标识。

S子库介绍
ub-Database Introduction

中国经济发展数据库

涵盖宏观经济、农业经济、工业经济、产业经济、财政金融、交通旅游、商业贸易、劳动经济、企业经济、房地产经济、城市经济、区域经济等领域，为用户实时了解经济运行态势、把握经济发展规律、洞察经济形势、做出经济决策提供参考和依据。

中国社会发展数据库

全面整合国内外有关中国社会发展的统计数据、深度分析报告、专家解读和热点资讯构建而成的专业学术数据库。涉及宗教、社会、人口、政治、外交、法律、文化、教育、体育、文学艺术、医药卫生、资源环境等多个领域。

中国行业发展数据库

以中国国民经济行业分类为依据，跟踪分析国民经济各行业市场运行状况和政策导向，提供行业发展最前沿的资讯，为用户投资、从业及各种经济决策提供理论基础和实践指导。内容涵盖农业，能源与矿产业，交通运输业，制造业，金融业，房地产业，租赁和商务服务业，科学研究环境和公共设施管理，居民服务业，教育，卫生和社会保障，文化、体育和娱乐业等 100 余个行业。

中国区域发展数据库

以特定区域内的经济、社会、文化、法治、资源环境等领域的现状与发展情况进行分析和预测。涵盖中部、西部、东北、西北等地区，长三角、珠三角、黄三角、京津冀、环渤海、合肥经济圈、长株潭城市群、关中一天水经济区、海峡经济区等区域经济体和城市圈，北京、上海、浙江、河南、陕西等 34 个省份及中国台湾地区。

中国文化传媒数据库

包括文化事业、文化产业、宗教、群众文化、图书馆事业、博物馆事业、档案事业、语言文字、文学、历史地理、新闻传播、广播电视、出版事业、艺术、电影、娱乐等多个子库。

世界经济与国际政治数据库

以皮书系列中涉及世界经济与国际政治的研究成果为基础，全面整合国内外有关世界经济与国际政治的统计数据、深度分析报告、专家解读和热点资讯构建而成的专业学术数据库。包括世界经济、世界政治、世界文化、国际社会、国际关系、国际组织、区域发展、国别发展等多个子库。

权威报告·热点资讯·特色资源

皮书数据库
ANNUAL REPORT(YEARBOOK)
DATABASE

当代中国与世界发展高端智库平台

WWW.PISHU.COM.CN

皮书俱乐部会员服务指南

1. 谁能成为皮书俱乐部成员?
- 皮书作者自动成为俱乐部会员
- 购买了皮书产品（纸质书/电子书）的个人用户

2. 会员可以享受的增值服务
- 免费获赠皮书数据库100元充值卡
- 加入皮书俱乐部，免费获赠该纸质图书的电子书
- 免费定期获赠皮书电子期刊
- 优先参与各类皮书学术活动
- 优先享受皮书产品的最新优惠

3. 如何享受增值服务?
（1）免费获赠100元皮书数据库体验卡
第1步 刮开附赠充值的涂层（右下）；
第2步 登录皮书数据库网站（www.pishu.com.cn），注册账号；
第3步 登录并进入"会员中心"—"在线充值"—"充值卡充值"，充值成功后即可使用。

（2）加入皮书俱乐部，凭数据库体验卡获赠该书的电子书
第1步 登录社会科学文献出版社官网（www.ssap.com.cn），注册账号；
第2步 登录并进入"会员中心"—"皮书俱乐部"，提交加入皮书俱乐部申请；
第3步 审核通过后，再次进入皮书俱乐部，真写页面所需图书、体验卡信息即可自动兑换相应电子书。

4. 声明
解释权归社会科学文献出版社所有

皮书俱乐部会员可享受社会科学文献出版社其他相关免费增值服务，有任何疑问，均可与我们联系。

图书销售热线：010-59367070/7028
图书服务QQ：800045692
图书服务邮箱：duzhe@ssap.cn

数据库服务热线：400-008-6695
数据库服务QQ：2475522410
数据库服务邮箱：database@ssap.cn

欢迎登录社会科学文献出版社官网
（www.ssap.com.cn）
和中国皮书网（www.pishu.cn）
了解更多信息

社会科学文献出版社 皮书系列
SOCIAL SCIENCES ACADEMIC PRESS (CHINA)

卡号：7543921902363597
密码：